GKL 그랜드코리아 레저

□소능력평가 + 직무수행능력평가

GKL그랜드코리아레저

직업기초능력평가 + 직무수행능력평가

초판 발행	2019년 4월 3일
개정판 발행	2024년 7월 22일

편 저 자	취업적성연구소
발 행 처	㈜서원각
등록번호	1999-1A-107호
주 소	경기도 고양시 일산서구 덕산로 88-45(가좌동)
교재주문	031-923-2051
팩 스	031-923-3815
교재문의	카카오톡 플러스 친구[서원각]
홈페이지	goseowon.com

PREFACE

우리나라 기업들은 1960년대 이후 현재까지 비약적인 발전을 이루었다. 이렇게 급속한 성장을 이룰 수 있었던 배경에는 우리나라 국민들의 근면성 및 도전정신이 있었다. 그러나 빠르게 변화하는 세계 경제의 환경에 적응하기 위해서는 근면성과 도전정신 이외에 또 다른 성장 요인이 필요하다.

최근 많은 공사·공단에서는 기존의 직무 관련성에 대한 고려 없이 인·적성, 지식 중심으로 치러지던 필기전형을 탈피하고, 산업현장에서 직무를 수행하기 위해 요구되는 능력을 산업부문별·수준별로 체계화 및 표준화한 NCS를 기반으로 하여 채용공고 단계에서 제시되는 '직무 설명자료'상의 직업기초능력과 직무수행능력을 측정하기 위한 직업기초능력평가, 직무수행능력평가 등을 도입하고 있다.

그랜드코리아레저에서도 업무에 필요한 역량 및 책임감과 적응력 등을 구비한 인재를 선발하기 위하여 고유의 직업기초능력평가를 치르고 있다. 본서는 그랜드코리아레저 채용대비를 위한 필독서로 그랜드코리아레저 직업기초능력평가의 출제경향을 철저히 분석하여 응시자들이 보다 쉽게 시험유형을 파악하고 효율적으로 대비할 수 있도록 구성하였습니다.

신념을 가지고 도전하는 사람은 반드시 그 꿈을 이룰 수 있습니다. 처음에 품은 신념과 열정이 취업 성공의 그 날까지 빛바래지 않도록 서원각이 수험생 여러분을 응원합니다.

STRUCTURE

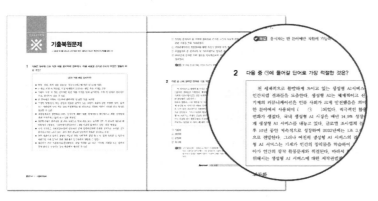

기출복원문제

출제된 문제들을 모아 기출복원문제를 수록하였습니다. 실전과 같이 문제를 풀어볼 수 있습니다.

핵심이론

NCS 기반 직업기초능력평가에 대해 핵심적으로 알아야 할 이론을 체계적으로 정리하여 단기간에 학습할 수 있도록 하였습니다.

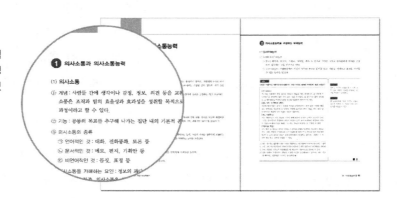

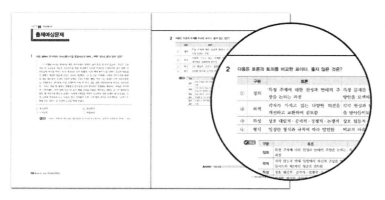

출제예상문제

적중률 높은 영역별 출제예상문제를 상세하고 꼼꼼한 해설과 함께 수록하여 학습효율을 확실하게 높였습니다.

CONTENTS

기출복원문제

PART

I

기출복원문제

기출복원문제

※ 수험생 후기를 바탕으로 서원각에서 복원 · 재구성한 것으로, 무단전재 및 복제를 금합니다.

1 다음은 G사의 신규 직원 채용 응시자격 일부이다. 다음 내용을 근거로 G사의 부합한 행동이 아닌 것은?

〈신규 직원 채용 응시자격〉

- 연령, 성별, 학력 제한 없음(단, 임금피크제도에 따라 만 57세 미만)
- e-메일 기재 시 학교명, 특정 단체명이 드러나는 메일 주소 기재를 금함
- 지원서 작성 시 개인 인적사항 관련 내용 기재를 일체 금지하며, 기재 시 임의로 블라인드 처리, 불이익이 있을 수 있음
- 한 분야에만 지원이 가능하며 중복지원 시 모두 무효 처리함
- 부정한 방법(본인 또는 본인과 밀접한 관계가 있는 타인이 채용에 관한 부당한 청탁, 압력 또는 재산상의 이익 제공 등의 부정행위를 한 경우)으로 채용된 사실이 적발된 경우 합격을 취소할 수 있음
- 최종합격자로 결정되었더라도 응시자격 제한 · 임용 결격사유가 확인되거나 채용 신체검사 결과 부적격자는 합격 또는 임용 취소됨
- 최종합격자가 결격사유 및 기타 사정으로 입사 취소 또는 포기할 경우 각 분야별 차순위 예비합격자 3명까지, 오리엔테이션일로부터 1개월 이내에 합격자로 선발 · 채용 예정임
- 토익 자격증은 유효기간(2년)이 만료되기 전에 인사혁신처에 유효한 성적으로 등록된 경우 응시일로부터 5년이 되는 날이 속한 연도의 말일까지 유효한 성적으로 인정
- 추후 제출서류 등으로 증빙이 가능한 경력 기재(추후 증빙 불가 시, 합격 취소될 수 있으며 허위사실 기재 등으로 향후 채용에서 응시자격이 제한될 수 있음)
- 해당직무 관련 지원자격(공인어학성적, 해당 자격증 등) 미달 · 미기재 · 미제출 또는 입사지원서 불성실 작성자는 응시 대상에서 제외될 수 있음

---

① 동일한 응시자가 두 직무에 중복으로 응시한 사실이 뒤늦게 발견되어 임의로 한 직무의 응시 관련 사항을 무효 처리하였다.

② 고위관계자에게 취업청탁을 했던 사실이 밝혀진 甲은 합격발표 이후에 합격 취소 처리되었다.

③ 최종합격자 중 결격사유 및 기타사정으로 입사를 취소하여 예비합격자를 추가 선발하였다.

④ 2022년에 응시한 토익 점수를 인사혁신처에 사전등록하여, 2027년까지 유효한 성적으로 인정하였다.

> ✔ 해설 응시자는 한 분야에만 지원이 가능하며 중복 지원 시 모두 무효 처리한다고 안내되어 있다.

2 다음 중 ⊙에 들어갈 단어로 가장 적절한 것은?

> 전 세계적으로 활발하게 쓰이고 있는 생성형 AI서비스는 방대한 데이터를 사전에 학습한 기계가 인간처럼 결과물을 도출한다. 생성형 AI는 체계적이고 신속하게 정보를 생산하는데, 이러한 인간과 기계의 커뮤니케이션은 인류 사회가 크게 발전했음을 의미한다. 이용자는 점점 증가해, 일상의 다양한 분야에서 사용되며 (⊙)되었다. 적극적인 활용으로 콘텐츠 산업 시장 전반에 적지 않은 변화가 생겼다. 국내 생성형 AI 시장은 매년 14.9% 성장하고 있으며, 글로벌 기업들도 하루가 다르게 생성형 AI 서비스를 내놓고 있다. 글로벌 조사업체 블룸버그는 생성형 AI 글로벌 시장 규모는 향후 10년 동안 지속적으로 성장하여 2032년에는 1조 3,000억 달러(한화 약 17,000조 원)에 달할 것으로 전망한다. 그러나 여전히 생성형 AI 서비스의 결과물에 대한 법적 규율이 명확하지 않다. 생성형 AI 서비스는 기계가 인간의 창작물을 학습하여 결과물을 생성하기 때문에 저작권 침해 문제, 나아가 인간의 창작 활동문제와 직결된다. 따라서 혁신적인 기술 발전에 적응해 나가며 안전한 사용을 위해서는 생성형 AI 서비스에 대한 저작권법적 고찰과 저작물 보호 방안 모색이 필요하다.

① 자동화

② 상용화

③ 분업화

④ 유기화

> ✔ 해설 ⊙의 앞부분에는 생성형 AI 서비스가 활발하게 쓰이며 이용자가 점점 증가해, 일상의 다양한 분야에서 사용된다는 내용이고 뒷부분에는 국내 생성형 AI 시장이 매년 성장하고 있으며 글로벌 기업들도 생성형 AI 서비스를 내놓고 있다는 내용이 나온다. 따라서 ⊙에는 '물품 따위가 일상적으로 쓰이게 됨'의 의미인 '상용화'가 적절하다.

Answer 1.① 2.②

3 ○○사 최종 면접자 A, B, C, D 중 채용 기준에 근거했을 때 채용되는 사람은?

〈채용 기준〉

■ 면접심사에서 가장 높은 점수를 받은 한 명을 최종적으로 채용한다.
■ 면접자별 평가항목의 점수와 가중치를 곱한 값을 합한 총점이 80점 이하인 경우 불합격 처리한다.
※ 1) 면접자별 점수는 100점 만 점이다.
   2) 총점이 동점일 경우 윤리 · 책임 항목의 점수가 더 높은 면접자를 우선으로 채용한다.

[표1] 면접심사 점수

평가 항목	가중치	면접자별 점수			
		A	B	C	D
소통 · 공감	30%	80	70	90	80
헌신 · 열정	20%	70	60	70	80
창의 · 혁신	20%	50	70	80	70
윤리 · 책임	30%	90	90	100	90

① A
② B
③ C
④ D

 해설

평가 항목	가중치	면접자별 접수			
		A	B	C	D
소통 · 공감	30%	24	21	27	24
헌신 · 열정	20%	14	12	14	16
창의 · 혁신	20%	10	14	16	14
윤리 · 책임	30%	27	27	30	27
총점		75	74	87	81
결과		탈락	탈락	1순위	2순위

따라서 C가 최종적으로 채용된다.

4 〈보기〉가 설명하고 있는 자기개발의 구성 요소로 옳은 것은?

〈보기〉
- 나의 목표와 인생의 가치를 주기적으로 되돌아본다.
- 업무 시 나의 성격 장단점이 무엇인지 고찰한다.
- 현재 맡은 업무가 나의 적성과 맞는 일인지 파악한다.
- 팀 내 혹은 다른 팀과 원만한 협력관계를 유지하는지 생각해본다.

---

① 의사결정

② 경력개발

③ 자기관리

④ 자아인식

> ✔ 해설 자아인식은 자신의 가치나 신념, 흥미, 적성, 성격 등 자신을 파악하는 일이다. 자기개발의 첫 단계로 이를 바르게 인식해야 적절한 자기개발이 이루어진다. 올바른 자아인식에는 자아정체감, 성장욕구 증가, 자기개발 방법 결정, 개인·팀 성과 향상 등이 있다.
> ① **의사결정** : 여러 대안 중 하나를 선택하는 것으로 조직 목표 달성을 위해 최적의 선택을 고르는 과정이다.
> ② **경력개발** : 인생에 걸쳐 지속적으로 이루어지는 업무와 관련된 경험으로, 개인의 경력 목표와 전략을 수립하고 실행하며 피드백하는 과정이다.
> ③ **자기관리** : 자신을 이해하고 목표를 성취하기 위해 행동 및 업무수행을 관리하고 조정하는 것을 말한다.

5 甲, 乙, 丙, 丁, 戊는 모두 자차로 출퇴근한다. 다음에 제시된 조건이 모두 참일 때 항상 참인 것을 고르시오.

> a. 모두 일렬로 주차되어 있으며 지정주차다.
> b. 차량의 색은 빨간색, 주황색, 노란색, 초록색, 파란색이다.
> c. 7년차, 5년차, 3년차, 2년차, 1년차로 연차가 높을수록 지정번호는 낮다.
> d. 지정번호가 가장 낮은 자리에 주차한 차량의 색은 주황색이다.
> e. 노란색 차량과 빨간색 차량의 사이에는 초록색 차량이 주차되어 있다.
> f. 乙의 차량 색상은 초록색이다.
> g. 1이 아닌 맨 뒷자리에 주차한 사람은 丙이다.
> h. 2년차 차량 색상은 빨간색이다.
> i. 戊의 차량은 甲의 옆자리에 주차되어 있다.

① 甲은 7년차이다.
② 戊의 차량은 주황색 차량이다.
③ 2년차 차량의 색은 빨간색이다.
④ 乙보다 연차가 높은 사람은 한 명이다.

✔ **해설** 먼저, 제시된 조건을 정리하면 다음과 같다.
　　a. 모두 일렬로 주차되어 있으며 지정주차다.
　　c. 7년차, 5년차, 3년차, 2년차, 1년차로 연차가 높을수록 지정번호는 낮다.

1	2	3	4	5
7년차	5년차	3년차	2년차	1년차

　　b. 차량의 색은 빨간색, 주황색, 노란색, 초록색, 파란색이다.
　　d. 지정번호가 가장 낮은 자리에 주차한 차량의 색은 주황색이다.
　　e. 노란색 차량과 빨간색 차량의 사이에는 초록색 차량이 주차되어 있다.
　　h. 2년차 차량 색상은 빨간색이다.

1	2	3	4	5
7년차	5년차	3년차	2년차	1년차
주황색	노란색	초록색	빨간색	

　　f. 乙의 차량 색상은 초록색이다.
　　g. 1이 아닌 맨 뒷자리에 주차한 사람은 丙이다.
　　i. 戊의 차량은 甲의 옆자리에 주차되어 있다.

1	2	3	4	5
7년차	5년차	3년차	2년차	1년차
주황색	노란색	초록색	빨간색	
甲 or 戊	甲 or 戊	乙		丙

戊의 차량과 甲의 차량이 옆자리여야 하므로 7년차와 5년차이다. 이를 조합하여 다시 표로 정리하면 다음과 같다.

1	2	3	4	5
7년차	5년차	3년차	2년차	1년차
주황색	노란색	초록색	빨간색	파란색
甲 or 戊	甲 or 戊	乙	丁	丙

③ 2년차 차량의 색은 빨간색이다. (O)
① 甲은 7년차 또는 5년차이므로 항상 참은 아니다.
② 戊의 차량은 주황색 차량 또는 노란색 차량이므로 항상 참은 아니다.
④ 乙은 3년차로, 乙보다 연차가 높은 사람은 7년차, 5년차 두 명이다.

6 K는 조직에서 입지를 굳히기 시작했으나 경력 정체에 이르렀다. 또한 새로운 환경 변화에 직면하여 생산성을 유지하는 데 어려움을 겪고, 반복되는 일상에 따분함을 느껴 다른 직업군으로의 이직을 고민하고 있다. K의 경력개발 단계는 무엇인가?

① 직업 선택
② 경력 초기
③ 경력 중기
④ 경력 말기

✔해설 경력 중기가 되면 직업이나 조직에서 어느 정도 입지를 굳히게 되어 승진 가능성이 적은 정체에 이르게 된다. 새로운 환경의 변화에 생산성을 유지하는 데 어려움을 겪고 현재의 직업이나 생활에도 불만을 느끼고 반복되는 일상에 권태로움을 느끼기도 한다. 지금까지의 경력과 무관한 다른 직업군으로 이직하는 경력변화가 나타나기도 한다.
① **직업 선택** : 자신에게 적합한 직업을 탐색하고 선택하여 이에 필요한 능력을 키우는 과정이다.
② **경력 초기** : 직무와 조직의 규칙 및 규범에 대해 배우고 적응해 나가는 과정이다. 궁극적으로 조직 내 입지를 확고히 다져나가며 승진에 관심을 가지는 시기이다.
④ **경력 말기** : 조직의 생산적인 기여자로 남고, 자신의 가치를 유지하기 위해 노력하는 동시에 퇴직을 고려하는 시기이다. 개인적인 고민과 함께 조직의 압력을 받기도 한다.

7 다음은 사업을 성공으로 이끈 A대표의 리더십에 대한 인터뷰 글이다. A대표가 가장 높게 평가할 수 있는 프로젝트 팀의 리더로 적절한 것은?

> A대표는 잡지사와 인터뷰에서 자신의 사업 성공 요인에 대하여 "신상품 개발에서 고객 서비스에 이르기까지 직원들이 자신의 업무에 확신을 가지고 노력한 결과 이렇게 엄청난 성과를 이뤄낼 수 있었다"고 말했다. 그는 "카리스마 있는 한 명의 리더보다 구성원 개개인이 가진 역량에 대한 자신감과 긍정적 사고를 높여준 것이 업무수행 성과를 높이는 계기가 되었다"고 언급하면서 "회사의 장기적인 목표 수립에 대한 이해가 구성원 모두에게 명확하게 전달되어야 한다. 그러면 직원들은 그 안에서 자신의 역할을 찾아 움직이게 된다. 이때 직원들이 스스로 해결책을 찾을 수 있도록 격려하는 것이 중요하다"고 하였다. A대표는 업무 지침과 책임에 따른 보상체계, 회사 비전 및 목표 공유, 멘토-멘티 팀 시스템이 성공의 밑거름이며, 직원이 역량을 발산할 수 있도록 도와주는 것이 전체 생산성에 막대한 영향을 끼치게 된다고 조언을 덧붙였다.

① 높은 과업지향적 행동으로 구체적인 업무를 지시하는 리더
② 구성원들에게 비전을 공유하고 자율과 책임을 부여하는 리더
③ 예산 관리 능력이 뛰어나고 관계지향적 행동이 높은 리더
④ 안정을 지향하며 현상 유지를 위해 노력하는 리더

✔ **해설** 장기적인 목표 수립에 대한 이해를 명확히 전달 후 직원들이 스스로 해결책을 찾을 수 있도록 격려하는 것이 중요하며, 직원들에게 업무 지침과 책임에 따른 보상체계, 회사 비전 및 목표 공유, 멘토-멘티 팀 시스템이 성공의 밑거름이라고 조언하고 있으므로 A대표는 구성원들에게 비전을 공유하고 자율과 책임을 부여하는 것을 중요하게 생각하고 있다.

8 甲이 임원급 리더가 되기까지의 과정에서 자기개발 태도로 보기 어려운 것은?

> 헬스뷰티 전문스토어 A사에서 영업을 담당하고 있는 甲은 높은 성과와 원활한 대인관계로 최우수 영업사원으로 수년간 선정되며 능력을 인정받고 있다. 각종 교육 및 진단 참여를 통해 소통능력과 지속적으로 자기개발을 하려는 열정이 자신의 강점이라는 것을 명확하게 인식하고 있다. 이를 바탕으로, 자신의 경력목표 계획서를 만들어 해마다 목표를 보완하고 있으며 자신의 비전과 노력, 성공사례를 사보에 실어 직원들에게 공유하고 있다. 최근에는 영업 트레이너라는 목표를 품고 회사에 의사를 표시했지만 조직 전체의 이익이나 팀 실적을 위해서 당분간은 이동하지 말라는 의견을 받았다. 늘 긍정적인 모습을 유지하는 甲은 실망하지 않고 오히려 더욱 의기투합하여 충실하게 직무를 수행하였다. 동시에 교육훈련과 관련된 사내외 교육에 참석하고 야간대학원에서 관련 전공 석사 학위를 취득하는 등 공부를 이어나갔다. 회사 사업은 날로 확대되었고 甲 과장은 새로운 영업 트레이닝팀의 팀장이 되었다. 이후에도 멈추지 않고, 목표를 확대하고 노력을 기울여 甲은 몇 년 후 사업 총괄 이사로 진급하게 되었다.

① 끊임없이 자기개발을 하는 태도
② 포기하지 않고 필요한 공부를 이어나가는 태도
③ 새로운 목표를 세우며 안주하지 않는 태도
④ 자신의 약점을 보완하려는 태도

✔해설 약점을 보완하기 위한 활동은 제시글에서 확인할 수 없다.
① 甲은 소통능력과 지속적으로 자기개발을 하려는 열정이 자신의 강점이라는 것을 인식하고 있다.
② 회사에서 거절 의견을 받았음에도 긍정적인 모습을 유지하며 실망하지 않고 甲은 충실하게 직무를 수행하는 동시에 관련 전공 석사 학위를 취득하였다.
③ 해마다 목표를 보완하고, 원하던 직무를 하게 되었어도 안주하지 않고 목표를 확대하고 노력을 기울였다.

Answer 7.② 8.④

9 A가 위반한 직업윤리는 무엇인가?

〈보기〉

입사한 지 3년차가 된 A는 그동안 자신이 해야 하는 업무임에도 불구하고 귀찮고 손이 많이 가는 일은 후배에게 시키고 자신이 한 것처럼 보고했다. 기한이 정해진 업무에도 불성실하게 처리하다가 실수했는데, 이를 숨기고 후배에게 떠넘기다가 결국 징계를 받았다.

① 정직과 신용의 원칙
② 고객중심의 원칙
③ 객관성의 원칙
④ 공정경쟁의 원칙

✔ **해설** 업무와 관련된 모든 것을 숨김없이 정직하게 수행하고, 본분과 약속을 지켜 신뢰를 유지하는 정직과 신용의 원칙을 위반하였다.

※ **직업윤리의 5대 원칙**

　㉠ **객관성의 원칙** : 업무의 공공성을 바탕으로 공사구분을 명확히 하고, 모든 것을 숨김없이 투명하게 처리하는 원칙

　㉡ **고객중심의 원칙** : 고객에 대한 봉사를 최우선으로 생각하고 현장중심, 실천중심으로 일하는 원칙이다.

　㉢ **전문성의 원칙** : 자기업무에 전문가로서의 능력과 의식을 가지고 책임을 다하며, 능력을 연마하는 것이다.

　㉣ **정직과 신용의 원칙** : 업무와 관련된 모든 것을 숨김없이 정직하게 수행하고, 본분과 약속을 지켜 신뢰를 유지하는 것이다.

　㉤ **공정경쟁의 원칙** : 법규를 준수하고, 경쟁원리에 따라 공정하게 행동하는 것이다.

10 다음 G사의 윤리실천 강령의 일부이다. ㉠ ~ ㉣ 중 잘못 배치된 것은?

우리 'G사'는 윤리적 가치관을 기반으로 업무를 수행하며 최고경영진 주도하에 내부 구성원 모두가 참여하여 윤리경영시스템을 구축하고 지속 가능 윤리경영 문화를 조성한다.

제1조. 공정한 직무수행
1. 사적 이해관계에 영향을 받지 아니하고 이해관계자로부터 부정청탁 및 금품 등의 수수를 금지함으로써 공정한 청렴한 직무수행을 보장한다.
2. ㉠지위를 이용하여 사칙에 위배되거나 회사 이익에 반하는 부정한 지시나 압력을 가해서는 안 된다.
3. ㉡지위와 부서 간 우월주의를 배척하고 대등한 관계로서 상호 간 노동의 가치를 존중한다.

제2조. 임직원 존중
1. 임직원 상호 간의 인격을 존중하고, 상호신뢰와 이해를 바탕으로 한 합리적이고 건전한 기업 문화를 정착시킨다.
2. ㉢개인의 창의성을 자유롭게 발휘할 수 있는 직장 분위기와 쾌적하고 안전한 근무환경을 조성한다.
3. 국가, 학벌, 지역, 성별, 연령, 종교, 장애, 정치성향, 혼인여부 등을 이유로 불합리한 차별을 하지 않는다.
5. 시작적, 언어적, 육체적으로 성적인 언어나 행동으로 고용상의 불이익을 초래하고 성적 굴욕감을 유발하는 일체의 성희롱 행위를 금한다.

제3조. 고객서비스
1. 전문성을 바탕으로 신속하고 정확한 서비스를 제공한다.
2. 이용하기 쾌적하고 편안한 환경을 조성한다.
3. ㉣불만 발생을 사전에 방지하기 위해 끊임없이 노력하며 고객의 기대와 요구를 중심으로 항상 고객을 존중한다.

① ㉠
② ㉡
③ ㉢
④ ㉣

✔해설 지위와 부서 간 우월주의를 배척하고 대등한 관계로서 상호 간 노동의 가치를 존중한다는 조항은 제2조 임직원 존중에 해당한다.

11 다음 중 카지노 합법 국가가 아닌 곳은?

① 홍콩   ② 미국

③ 태국   ④ 인도

✔ 해설 카지노 합법 국가는 우리나라를 포함하여 미국, 덴마크, 일본, 필리핀, 이탈리아, 스페인, 홍콩, 캐나다, 영국, 프랑스, 독일, 싱가포르, 호주 등이 있다. 최근 태국도 2029년까지 카지노가 포함된 복합 리조트를 건설한다는 계획을 세우며 카지노를 합법화하였다. 카지노세만 따질 때 싱가포르와 비슷하고 마카오(40%), 일본(30%), 필리핀(25%)보다는 크게 낮은 수준이다. 여기에 토지 소유 요건을 완화하고 부가가치세를 면제하는 등의 방안도 검토하고 있다.

12 다음 중 게임기구 용어와 뜻이 바르게 연결된 것은?

① RL-바카라   ② BW-비디오게임

③ CR-다이스   ④ MA-슬롯머신

✔ 해설 ① RL-룰렛(Roulette)
② BW-빅 휠(Big Wheel)
④ MA-마작(Mahjong)
※ 게임기구 용어

구분		게임기구 용어 정리
테이블게임 및 전자테이블게임	RL	룰렛(Roulette)
	BJ	블랙잭(Blackjack)
	BC	바카라(baccarat)
	PO	포커(Poker)
	TS	다이 사이(Tai Sai) 또는 식보(Sicbo)
	BW	빅 휠(Big Wheel)
	CW	카지노 워(Casino War)
	CR	크랩스(Craps) 또는 다이스(Dice)
	MA	마작(Mahjong)
	NIU	니우 니우(Niu Niu)
머신게임	SM	슬롯머신(Slot Machine)
	VG	비디오게임(Video Game)

13 현재 국내에서 카지노 업체가 가장 많이 허가된 시 · 도는?

① 서울
② 부산
③ 인천
④ 제주

> ✅ 해설 2024년 기준으로 국내 카지노 업체는 서울(3곳), 부산(2곳), 인천(2곳), 강원(2곳), 대구(1곳), 제주(8곳)이다. 이 중 강원도에 있는 강원랜드만이 유일하게 내국인을 허용하는 카지노다.

14 P/M이 속한 부서로 옳은 것은?

① 영업부서
② 해외마케팅실
③ 경영지원실
④ 재무관리실

> ✅ 해설 P/M은 피트 매니저(Pit Manager)로, 영업본부의 영업부서에 속한다. P/M은 1개, 또는 그 이상의 할당된 담당 피트 구역의 게임 운영을 관찰하고 관장하며 시프트 매니저(S/M)에게 뱅크롤 재고, 장비, 효율성 관리, 행정 등과 관련된 중요 사항을 보고한다.

15 칩스에 대한 설명으로 옳지 않은 것은?

① 각 카지노마다 칩스의 문양과 금액이 다르다.
② 국제 규격에 준하여 발행한 현금 대용 통화이다.
③ 밸류 칩스에는 플레이 칩스, 마킹 칩스, 프로모션 칩스 등이 있다.
④ 논 밸류 칩스는 액면가가 없는 칩스로 현금화할 수 없다.

> ✅ 해설 밸류 칩스는 액면가가 있는 칩스로 현금화할 수 있는 칩스다. 논 밸류 칩스는 액면가가 없고 현금화를 할 수 없는 칩스로 플레이 칩스, 마킹 칩스, 프로모션 칩스, 콤프 칩스, 롤링 칩스, 토너먼트 칩스가 있다.

Answer 11.④ 12.③ 13.④ 14.① 15.③

16 다음 중 칩스의 진위를 가려내는 도구로 옳지 않은 것은?

① EAS

② UV

③ RFID

④ CMV

✔해설 **칩스 감별 도구**
ㄱ EAS(Electronic Article Surveillance System) : 칩스 안에 마크네틱 태그를 부착하여 검색대 통과 시 부저가 울리게 하는 방식의 기본 도난 방지 장치로, EM(Electronic Magnetic)이라고도 한다.
ㄴ MGEYE(보안 잉크 리더기) : 칩스에 특수 잉크를 삽입하여 보안 잉크 검색 기계를 이용하여 칩스의 위·변조를 감별하는 전용 보안 장치이다.
ㄷ UV(Ultra Violet) : 칩스에 자외선 물질을 삽입하고 UV 센서를 이용하여 칩스의 위·변조를 감별하는 보안 장치이다.
ㄹ RFID(Radio Frequency IDentification) : 칩스 안에 RFID 태그를 심어서 칩스별 고유 정보를 기록, 관리하고, RFID 리더기를 이용하여 칩스의 위·변조를 감별하는 보안 장치이다. 카지노의 고액권 칩스에 많이 사용되고 있다.

17 칩스 폐기 업무 시 가장 먼저 해야 하는 일은 무엇인가?

① 칩스 폐기 날짜를 정한다.

② CMS에서 당해 1년간 파손 칩스 누적 현황을 출력한다.

③ 불량 칩스를 칩스 제작 업체에 보낸다.

④ 파손 칩 잔여 보유 현황과 보관 중인 파손 칩스 액면가 및 수량이 일치하는지 확인한다.

✔해설 칩스 폐기 업무 시 다음의 순서로 수행한다.
ㄱ 칩스 폐기 날짜 정한다.
ㄴ CMS에서 당해 1년간 파손 칩스 누적 현황을 출력한다.
ㄷ 파손 칩 잔여 보유 현황과 보관 중인 파손 칩스의 액면가 및 수량이 일치하는지 확인한다.
ㄹ 연말에 1년간 분류해 놓은 폐기할 불량 칩스를 칩스 제작 업체에 보낸다.
ㅁ 제작 업체에 칩스 관리 직원, 감사팀 직원, 재무회계 직원이 동행한다.
ㅂ 제작 업체에서 세 팀의 직원과 동영상으로 녹화하면서 칩스를 폐기한다.
ㅅ 칩스 폐기 영상은 칩스 관리 부서에 보관한다.

18 국내 거주자가 국내 머신 게임에서 200만 원 이하 잭팟 당첨 시 산정되는 실지급 금액은?

① 과세하지 아니한다.
② 당첨금의 100분의 2
③ 소득세의 100분의 10
④ 초과분에 대해 100분의 30

> **해설** 현행 소득세법에 따라 당첨금품·배당금품 또는 이에 준하는 금품은 건별로 200만 원 이하인 경우 소득세를 과세하지 않는다.

19 발행된 슬롯머신 바우처나 티켓 등을 무효 처리하는 절차로, 카지노에 따라 'Cancel'이라고도 하는 지불금 관련 용어는?

① 호퍼 필
② 쇼트 페이 처리
③ 보이드
④ 캔슬 크레디트

> **해설** ① 호퍼 필 : 머신 호퍼에 동전이 없을 때 채우는 업무다.
> ② 쇼트 페이 처리 : 머신 기기의 이상 및 비정상적인 상황으로 바우처를 강제 발행하여 지급하는 업무로, 정확한 증빙이 어려운 경우다.
> ④ 캔슬 크레디트 : 고객이 머신에 있는 잔여 코인을 Cash Out했을 때 절차에 따라 직원이 지급하는 업무다.

Answer　16.④　17.①　18.①　19.③

20 슬롯머신 영업 시 전산 장애가 발생했을 경우 Cashless 처리 응대로 옳지 않은 것은?

① 고객에게 사용할 수 없음을 알린다.

② 미지급된 내용이 확인되면 고객에게 오버라이드 바우처를 발행한다.

③ 전산 화면과 머신 화면 사진 등 자료를 확보한다.

④ 즉시 환전 처리하고 티켓을 무효 처리한다.

> ✔해설 Cashless 시스템은 고객 카드나 전자카드를 통해 현금을 적립하여 사용하는 것으로, 전산 장애가 발생했을 때는 사용이 불가하다. 따라서 다음의 절차로 신속하게 고객에게 안내한다.
>
> ※ **전산 장애 시 Cashless 처리**
> ㉠ 고객에게 사용할 수 없음을 알린다.
> ㉡ 고객별 Cashless 게임 내역을 확인하고 머신에서 게임 내역을 확인하여 비교한다.
> ㉢ 미지급된 내용이 확인되면 오버라이드 바우처를 발행하여 고객에게 지급한다.
> ㉣ 전산 화면과 머신 화면 사진 등 증빙 자료를 확보하고 바우처에 첨부한다.

21 다음 중 딜러의 직무가 아닌 것은?

① 테이블에서 고객이 현금을 주면 칩스로 교환하여 준다.

② 베팅의 정확성 유무 및 한도액과 일치 여부를 확인한다.

③ 영업 비품을 항상 점검한다.

④ 담당 테이블에서 발생하는 서류를 플로어 퍼슨에게 전달한다.

> ✔해설 담당 테이블에서 발생하는 서류를 확인하고 서명한다.

22 테이블 관리 용어의 설명이 옳은 것은?

① F.I.T – 베팅의 종료를 알리는 말

② 캐시아웃 – 칩을 현금으로 바꾸는 것

③ 폴드 – 부정직한 수단과 방법으로 게임 룰을 어기는 행위

④ 콤프 – 딜러가 게임 테이블을 떠날 때 손의 앞뒤를 보여주는 동작

> ✔해설 ① F.I.T – Foreign Individual Tourist, 외국인 개별 관광객
> ③ 폴드 – 포커 게임에서 자신의 핸드를 포기하는 행위
> ④ 콤프 – 게임을 하는 고객에게 제공하는 식음료 등의 무료 서비스

23 정킷(Junket) 프로그램 종류로 옳지 않은 것은?

① 롤링 게임
② 풋업 게임
③ 셰어 게임
④ 디스카운트 게임

> **✔해설** 정킷(Junket)은 게임을 목적으로 카지노를 방문하는 사람들을 지칭한다. 전문 모집인에 의해 2 ~ 3명에서 10명 내외로 팀을 구성하여 게임에 참가한다.
>
> ※ 정킷(Junket) 프로그램
> ㉠ **롤링 게임** : 카지노가 요구하는 일정 금액을 예치하고 이에 해당하는 금액의 정킷 게임 전용 데드 칩으로 진행하는 게임이다.
> ㉡ **커미션 게임** : 카지노가 요구하는 일정 금액을 예치하고 승패 관계없이 총 배팅 금액의 일정 비율을 커미션으로 지급하는 게임이다.
> ㉢ **디스카운트 게임** : 카지노가 요구하는 일정 금액을 예치한 고객이 게임으로 잃은 금액의 일정 비율을 돌려주는 게임이다.
> ㉣ **셰어 게임** : 카지노가 요구하는 일정 금액을 예치한 정킷 고객의 승패를 전문 모집인과 사전 예약한 비율로 나누거나 부담하는 게임이다.

24 출납 업무 수칙으로 옳지 않은 것은?

① 고객의 칩스를 현금으로 교환할 때 권종별로 10개 단위로 커팅하여 계수한다.
② 10개 미만 칩스는 모두 스프레드하여 고객에게 총금액을 확인시켜주어야 한다.
③ 환전 딜러나 고객으로부터 수취한 타행 수표는 별도로 관리하여 고객에게 재지급하는 것이 원칙이다.
④ 모든 타행 수표는 수표 조회를 한 후에 지급하여야 한다.

> **✔해설** 환전 딜러나 고객으로부터 수취한 타행 수표는 별도로 관리하여 고객에게 재지급하지 않는다. 단, 고객의 요청이 있을 경우 본인이 제시한 수표에 한하여 스캔한 후 지급할 수 있다. 또한 고액의 타행 수표는 고객에게 재지급하는 것을 우선으로 하나, 신분이 확실하고 마케팅팀에서 VIP로 관리하고 있는 고객에게 하우스 수표를 지급할 수 있다.

25 고객정보 관리를 위한 데이터베이스 전개 방법으로 옳은 것은?

① 단순 주문 금액으로 고객을 세분화한다.

② 고객과의 신뢰도 구축이 마련되어야 한다.

③ 체리피커를 비즈니스 성장에 기여하는 고객으로 성장시킨다.

④ 일대일 마케팅으로 전개되지 않도록 주의한다.

> ✔ 해설 고객정보 관리를 위한 데이터베이스의 전개 방법
> ㉠ 고객의 확실한 식별이 이루어져야 한다.
> ㉡ 고객 개개인의 욕구를 파악해야 한다.
> ㉢ 고객에 관한 구체적인 정보를 획득해야 한다.
> ㉣ 고객과의 신뢰도 구축이 마련되어야 한다(상호 정보 활용의 사전 동의 등).
> ㉤ 일대일 마케팅 구현으로 이어지도록 한다.

26 고객관리 전략목표를 도출하기 위한 자료 수집 시 원칙으로 옳지 않은 것은?

① 주관적 자료

② 최신 자료

③ 수집 범위 설정

④ MECE

> ✔ 해설 고객관리 전략목표 도출을 위한 자료 수집의 원칙
> ㉠ **객관적 자료** : 담당자 주관이 배제된 객관적 사실에 근거한 자료를 수집해야 한다.
> ㉡ **최신 자료** : 신뢰성 있는 최신 자료로 정확도를 높인다.
> ㉢ **수집 범위 설정** : 목표 기획 범위를 설정하고 범위 내 자료를 수집하여 시간과 비용을 효율적으로 활용한다.
> ㉣ **MECE** : Mutually Exclusive and Collectively Exhaustive, 자료는 수집 범위 내에서 중복되지 않고 빠트림이 없이 수집해야 한다.

27 영업활동 대상에 따른 고객을 유형별로 분류할 때 구체적 영업활동 대상, 관리하는 잠재적 고객을 의미하는 용어는?

① 가능 고객

② 이탈 고객

③ 가망 고객

④ 신규 고객

> ✓해설 ① 가능 고객 : 영업활동 전개 전의 대상 고객이나 고객화할 수 있는 잠재적 시장을 의미한다.
> ② 이탈 고객 : 장기실효 · 해약 또는 만기 경과 고객, 타사 이탈 고객 등을 의미한다.
> ④ 신규 고객 : 계약 체결 후 6개월 미만 고객을 의미한다.

28 신규 칩스 구매 원칙으로 옳지 않은 것은?

① 칩스 구매는 경쟁 계약을 원칙으로 한다.

② 칩스 보유 현황에 따라 추가 칩스를 구매한다.

③ 칩스 구매 수량은 영업장의 평균 칩스 보유량, 재고량 등을 파악하여 정한다.

④ 칩스 구매 입고 시 보안 장치 여부 검사를 거쳐야 한다.

> ✓해설 칩스 구매는 수의 계약을 원칙으로 하여 단가 협의 후 업체와 계약을 진행한다.

29 영업장에서 게임할 때 사용하는 카드에 대한 설명으로 옳지 않은 것은?

① 빨간색 카드 26장, 검은색 카드 26장으로 구성되어 있다.

② 하트(Heart) 카드의 순서는 A, 2 ~ 9, 10, J, Q, K다.

③ 카드의 무늬는 총 세 가지다.

④ 구성된 카드의 묶음을 1덱이라고 한다.

> ✓해설 카드의 무늬는 스페이드(♠), 다이아몬드(♦), 클로버(♣), 하트(♥)로 총 네 가지다.

30 카지노 게임 기구 및 기기의 불용품 처리 기준으로 옳은 것은?

① 예측할 수 없는 일정 기간의 수요를 초과하여 재고로 보유하고 있는 물품

② 훼손 또는 마모되어 수리 후 원래의 목적에 사용할 수 있으나 재고로 보유하고 있는 물품

③ 사용할 가능성이 없으며 향후 사용 전망이 없는 물품

④ 원장비가 사용 불능 상태로 새로 취득할 가능성이 있는 그 부속품

> ✔해설 **카지노 게임 기구 및 기기의 불용품 처리 기준**
> ㉠ 사용할 가능성이 없는 물품으로서 향후 사용 전망이 없는 것(잉여품)
> ㉡ 예측할 수 있는 일정 기간의 수요를 초과하여 재고로 보유하고 있는 물품(초과품)
> ㉢ 원장비가 사용 불능 상태이거나, 원장비가 없어지고 새로 취득할 가능성이 없는 경우의 그 부속품
> ㉣ 규격 또는 모형이 달라져서 수리.해도 원래의 목적에 사용할 수 없는 물품
> ㉤ 시설물에서 제거된 것으로서 활용할 수 없는 물품
> ㉥ 훼손 또는 마모되어 수리해도 원래의 목적에 사용할 수 없는 물품
> ㉦ 수선함이 비경제적인 것
> ㉧ 시설물 중 활용 가치가 없는 물품
> ㉨ 업무 수행 중 발생된 폐기물로서 활용 가치가 없는 물품

31 카지노업 영업준칙에 따라 CCTV로 녹화해야 하는 장면으로 옳지 않은 것은?

① 카지노 영업장 퇴장 장면

② 환전 및 출납 장면

③ 모든 게임 기구에서 행해지는 게임 장면

④ 모든 게임기구의 도어 개폐 장면

> ✔해설 **CCTV의 녹화** … 카지노 사업자는 다음 각 호에 해당하는 장면을 녹화하여야 한다〈카지노업 영업준칙 제9조 제1항〉.
> 1. 카지노 영업장 출입장면
> 2. 환전(재환전) 및 출납장면
> 3. 모든 게임기구에서 행해지는 게임장면
> 4. 카운트룸에서 행해지는 계산장면
> 5. 모든 게임기구의 도어 개폐장면
> 6. 기타 카지노에서 일어나는 행위

32 카지노 영업장 CCTV 녹화물은 촬영장소에 따라 관리번호를 부여하여 정한 기간 동안 보관하여야 한다. 카운트룸의 계산 장면은 녹화한 날부터 '며칠 이상 보관하여야 하는가?

① 6일 이상

② 10일 이상

③ 20일 이상

④ 6개월 이상

> ✔해설 CCTV의 녹화 … CCTV 녹화물은 촬영장소에 따라 관리번호(월 · 일 · 시간 표기)를 부여하여 다음 각 호에서 정한 기간 동안 보관하여야 한다〈카지노업 영업준칙 제9조 제2항〉.
> 1. **카운트룸의 계산 장면** : 녹화한 날부터 20일 이상
> 2. **기타 장면** : 녹화한 날부터 6일 이상

33 입장객 관련 정보 기록에 포함되지 않는 사항은?

① 입장객 국적

② 입장객 선호 게임

③ 입장객 사용 가능 언어

④ 입장객 금융 거래 내역

> ✔해설 입장객 관련 정보 기록 시 다음의 사항을 포함해야 한다.
> ㉠ 입장객 여권 및 스탬프 스캔
> ㉡ 입장객 국적
> ㉢ 교포인 경우 시민권인지 영주권인지 구별하여 입력
> ㉣ 마케팅팀 담당 마케터.
> ㉤ 마케팅팀 담당 사무소
> ㉥ 입장객 거주지
> ㉦ 입장객 휴대전화 번호와 전자 우편 주소
> ㉧ 입장객 사용 가능 언어
> ㉨ 호텔 투숙객인 경우 투숙하는 호텔명
> ㉩ 입장객 선호 게임

34 테이블 게임 시 웹패드 활용으로 옳지 않은 것은?

① 환율 조회

② 플레이어 선호 식음료 주문

③ 서베일런스 호출

④ 게임 참여 플레이어 번호 등록

> ✔해설 테이블 게임 시 웹패드 활용 내용은 다음과 같다.
> ㉠ 게임 참여 플레이어의 플레이어 번호 등록
> ㉡ 플레이어의 게임 내역
> • 드롭 금액
> • 칩인 · 칩아웃
> • 게임 시간
> • 게임 참여율
> ㉢ 플레이어 선호 식음료 주문
> ㉣ 플레이어 게임 성향 및 플레이어의 부정행위나 특이사항
> ㉤ 환율 조회
> ㉥ 외화 환전 시 환전 금액 등록: 원화 자동 계산 가능
> ㉦ 딜러 및 관리자의 근무 in/ou
> ㉧ 칩스 FILL./COLL 신청
> ㉨ 칩스 인벤토리 및 뱅크롤 등록

35 테이블에서 게임을 시작하기 위해 테이블로 칩스를 이동시키는 것을 무엇이라고 하는가?

① 칩스 필

② 뱅크 롤

③ 트랜스퍼

④ 칩스 크레딧

> ✔해설 ② **뱅크 롤** : 테이블 운영 자금으로, 게임자의 착수금 또는 게임 테이블의 딜러 앞 칩스 락 안에 있는 칩스 전체를 말한다.
> ③ **트랜스퍼** : 게임을 마친 플레이어가 칩스를 현금으로 교환하기 위해 칩스를 현금 출납으로 가져오면, 출납원이 칩스를 계산하여 현금으로 교환한다. 플레이어가 현금으로 바꾼 칩스는 모두 모아서 다시 칩 관리부서로 보내는데, 리필 또는 트랜스퍼라고 한다.
> ④ **칩스 크레딧** : 테이블 마감 또는 게임 도중 테이블 락에 칩스가 너무 많아 보관할 수 없을 때 플로어 슈퍼바이저는 칩 관리부서에 칩스 회수를 요청하는 것을 말한다.

36 카지노 영업장에서 플레이어의 부정행위에 해당하는 것은?

① 영업장 내 구걸 행위

② 억지성 컴플레인

③ 영업장 음주 소란 행위

④ 플레이어 테이블 자리 다툼

 ①④ 플레이어 간 문제 발생 행위
② 플레이어와 직원 간 문제 발생 행위
※ 문제 발생 유형
  ㉠ 플레이어의 부정행위
    • 절취 행위(칩스, 핸드폰, 슬롯머신 바우처 절취 등)
    • 영업장 음주 소란 행위
    • 사채 행위자
    • 시설물 파손 및 훼손
    • 사진 및 동영상 촬영
  ㉡ 플레이어 간 문제 발생
    • 플레이어 간 금전 거래로 인한 문제
    • 플레이어 테이블 자리 다툼
    • 영업장 내 구걸 행위
    • 영업장 내 취침 및 오폐물(껌, 침 등) 투기
  ㉢ 플레이어와 직원 간 문제 발생
    • 플레이어가 직원을 상대로 성희롱
    • 직원 폭행, 모독, 욕설 및 협박
    • 억지성 컴플레인
    • 게임 진행 방해 행위

37 게임 중인 테이블에서의 플레이어 응대로 옳지 않은 것은?

① 테이블 오픈 시 셔플을 기다리는 동안 플레이어에게 음료를 권한다.

② 플레이어가 칩스를 놓고 간 경우 칩스의 금액과 플레이어의 용모를 정확히 인수인계한다.

③ 플레이어가 돈을 잃은 경우 플레이어의 요구 사항을 미리 파악하여 더 적극적으로 응대한다.

④ 게임을 구경하는 플레이어에게 게임 진행에 지장을 줄 수 있으므로, 착석할 것을 권유한다.

해설 게임을 하지 않는 플레이어가 자리에 앉아 있는 경우 게임에 참여하는 플레이어만 착석할 수 있음을 정중히 설명해야 한다.

Answer 34.③ 35.① 36.③ 37.④

38 양손 딜링 시 칩스 락 정리 방법으로 옳은 것은?

① 저액 칩스를 락 가운데 비치한다.

② 고액 칩스를 락 가운데 비치한다.

③ 왼쪽에서부터 고액 → 저액 순으로 정리한다.

④ 오른쪽에서부터 고액 → 저액 순으로 정리한다.

✔해설 양손 딜의 경우 고액 칩스를 락 가운데 비치하고, 상대적으로 많이 사용하는 저액 칩스를 양쪽에 비치하여 게임을 원활하게 진행할 수 있도록 한다.

39 뱅크롤지에 작성할 내용으로 옳지 않은 것은?

① 플레이어 서명

② 테이블 번호

③ 날짜, 시간, Shift

④ 권종별 칩스 수량

✔해설 뱅크롤지에 작성할 내용은 다음과 같다.
ㄱ 테이블 번호
ㄴ 날짜, 시간, Shift
ㄷ 권종별 칩스 수량
ㄹ 딜러 서명
ㅁ 관리자 서명

40 상황별 콜링과 그 의미의 연결이 옳지 않은 것은?

① Betting Call – 플레이어의 베팅을 유도하는 콜

② Card Count Call – 플레이어의 의사결정에 도움을 주는 핸드의 카운트 콜

③ Check Call – 금전 거래의 정확성을 확보하기 위한 콜

④ Win, Lose, Bust(over) Call – 핸드별 승부 결과를 알리는 콜

✔ 해설 Check Call은 이례적 상황이 발생하거나 관리자의 주의를 환기하거나 지침을 받아야 할 경우에 행하는 콜이다.

PART

II

그랜드코리아레저 소개

기업 소개

(1) 회사개요

GKL은 외국인전용 카지노 '세븐럭(Seven Luck)'을 운영하고 있으며, '공공기관의 운영에 관한 법률'에 따라 준시장형 공기업으로 분류된다. GKL은 운영목적에 따라 관광산업 성장 지원, 사회적 가치 실현, 국민경제 발전을 위해 다양한 노력들을 기울이고 있다.

(2) 미션 및 주요경영목표

미션	관광산업 성장을 지원함으로써 국민경제 발전에 이바지한다.			
비전	관광산업의 미래와 함께하는 카지노 전문기업			
핵심가치	고객존중	지속혁신	공정윤리	소통협력
2028 경영목표	매출액 5,600억 원 영업이익률 25%	미래사업투자 200억 원	청렴도·ESG 평가 최우수기관	공공기관 혁신지수 최우수

(3) 사업분야

① 카지노

　㉠ 강남 코엑스점 : 총 3층(면적 6,094㎡)의 영업장 규모를 자랑하며 다양한 게임의 묘미를 느낄 수 있도록 테이블 게임 78대(바카라, 블랙잭, 포커, 룰렛 등)과 최신형 머신게임 108대 및 전자테이블 45대를 운영하고 있다. 세븐럭 카지노 강남 코엑스점은 코엑스몰과 우수한 호텔, 면세점, 대형 영화관, 백화점 등의 각종 엔터테인먼트 시설들이 가까이 위치하고 있어 다양한 관광 및 쇼핑의 즐거움을 마음껏 누릴 수 있다.

　㉡ 서울 드래곤시티점 : 3146.96㎡ 규모의 탁 트인 공간에 웅장한 층고를 강조한 감각적인 인테리어로 기품있고 편안함을 갖추고 있는 도심형 카지노이다. 바카라, 블랙잭, 룰렛, 다이사이, 세븐럭 포커, 카지노 워, ETG(전자테이블게임), 슬롯머신 등의 다양한 최신 시설을 완비하여 취향에 맞는 게임을 자유롭게 즐길 수 있다. 주변에는 다수의 유명 호텔, 관광지 등과 더불어 유서 깊은 문화 유적 현장들이 자리 잡고 있어 카지노와 함께 한국 전통문화와 현대적인 요소들을 다양하게 체험할 수 있다.

ⓒ 부산 롯데점 : 마카오의 카지노를 연상케 하는 화려한 분위기와 품격 있는 격조를 느끼실 뿐만 아니라 룰렛, 블랙잭, 바카라, 다이사이, 포커, 슬롯머신, 전자테이블 등 다양한 게임의 진수를 맛볼 수 있다.

② 스포츠단 … GKL은 비인기종목인 휠체어펜싱팀을 창단하여 국가경쟁력을 높이고 각종 국제대회에서 메달을 획득하여 국위선양에 앞장서고, 장애인스포츠 지원 및 활성화를 통한 국민체육진흥을 도모하고 공기업으로서 기업 이익의 사회 환원 및 사회적 책임 활동을 통하여 국가와 사회발전에 기여하고자 한다.

휠체어펜싱팀 : 신체 장애인을 위해 펜싱을 변형한 스포츠로 고정대 위에 휠체어를 일정간격을 두어 고정한 뒤 경기를 진행하며 일반 펜싱과 같이 에뻬, 플러뢰, 사브르 3종목이 있다. 현재 하계 패럴림픽 정식 종목으로 채택되어 있다.

채용안내

(1) 인재상

① 고객존중 … 신뢰받는 전문가

② 지속혁신 … 성장하는 전문가

③ 공정윤리 … 책임을 다하는 전문가

④ 소통협력 … 소통하는 전문가

(2) 채용부문

일반전형(신입)	딜러	서울	• 외국어 공인어학점수 소지
		부산	• 3교대 근무 고객 게임운영 서비스 직무수행 가능자 ※ 색맹·색약 지원불가(안경, 렌즈 등으로 교정가능한 자 지원 가능)

(3) 채용형태 및 처우

① 수습기간 6개월(교육기간 포함) 후 평가를 통해 우수자에 한해 정규직 임용

② 'GKL 직원연봉규정' 의거 임금 산정(수습기간 중 초임연봉의 80% 지급)

(4) 응시자격

① 연령, 성별, 학력 제한 없음(단, GKL 임금피크제도에 따라 만57세 미만)

② 국가공무원법 제33조에 해당하지 않는 자

③ 해외여행에 결격사유가 없는 자

④ 입사예정일부터 근무가 가능한 자. 단, 관광진흥법 제28조 의거 청소년(만19세 미만) 지원 불가

⑤ GKL 인사규정 제13조에 의거 채용 결격사유가 없는 자

⑥ 공통 지원자격 : 직무기술서의 직무수행 내용과 이와 관련한 필요지식, 기술, 태도, 직업기초능력 및 직무수행능력을 충족시키는 자

⑦ 일반전형 신입부문 자격

ㄱ 외국어 해당 공인어학성적 필수. 미달시 지원불가

ㄴ 어학요건 중 1가지 이상 충족자 지원 가능하며 유리한 성적 1개만 인정

ㄷ 딜러 신입부문 외국어 해당 공인어학성적 기준
- 영어 : TOEIC 700점, TOEIC Speaking 110점, OPIc IM1, TEPS 264점 이상(택1)
- 일본어 : JPT 430점, JLPT N3급, OPIc IM1 이상(택1)
- 중국어 : HSK 4급 195점, OPIc IM1 이상(택1)

ㄹ 공인어학점수는 입사예정일 기준 유효기간(2년)이 지나지 않았으며, 국내주관사에서 확인 가능한 시험성적으로 한함(국외응시 등으로 인한 국내주관사 확인 불가, 진위확인 불가, 조회불가, 증명서 제출불가, 특별시험 등의 성적 불인전). 별도의 유효기간이 없는 시험의 경우 해당성적 인정

ㅁ 단, 유효기간(2년)이 만료되기 전에 인사혁신처 사이버국가고시센터에 유효한 성적으로 등록된 경우 응시일로부터 5년이 되는 날이 속한 연도의 말일까지 유효한 성적으로 인정, 입사지원시 인사혁신처 '등록완료(조회성공)' 반드시 확인

⑧ 한 분야에만 지원이 가능하며 중복지원 시 모두 무효처리

(5) 우대사항

대상		내용	가점
유형 I	취업지원 대상자	「국가유공자 등 예우 및 지원에 관한 법률」 등 관계법령 의거 취업지원대상자	전형별 5~10%
유형 II	장애인	「장애인고용촉진 및 직업재활법」에 의거한 장애인 ※ 장애인 제한경쟁부문 제외	전형별 5점
	저소득층	「국민기초생활 보장법」 의거 국민기초생활수급자 및 차상위계층 수급대상자 증명서를 발급받은 자	
	북한이탈주민	「북한이탈주민의 보호 및 정착지원에 관한 법률」 의거 북한이탈주민 증명서를 발급받은 자	
	다문화가족	「다문화가족지원법」 의거 다문화가족	
	자립준비청년 (보호종료아동)	「아동복지법」 의거 보호시설 퇴소한지 5년 이내 인자	
	경력단절여성	「경력단절여성 등의 경제활동 촉진법」 제2조에 의거한 경력단절여성 중 임신·출산·육아 등으로 공고마감일 기준 6개월 이상 경력 단절되어 현재 무직인 여성	
유형 III	GKL청년인턴	GKL 청년인턴 프로그램 수료자	서류전형 5점

(6) 전형절차

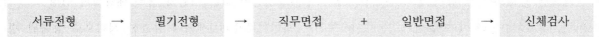

서류전형 → 필기전형 → 직무면접 + 일반면접 → 신체검사

(7) 전형별 평가기준

구분	평가기준 및 합격배수
서류전형	지원자격 적부 및 입사지원서 평가 • 해당직무 관련 지원자격(공인어학성적, 해당 자격증 등) 미달 및 미기재 · 미제출, 또는 입사지원서 불성실 작성자는 응시 대상에서 제외될 수 있음 • 일반전형 신입부문, '외국어' 해당 공인어학성적 30점 배점 환산 · 반영 • 70점 이상인자 중 고득점자 순으로 분야별 채용예정인원의 배수별 선발(가점 포함 70점 미만 순위와 관계없이 탈락) • 합격인원 : 채용 예정인원의 6배수. 동점자 발생시 전원 합격
필기전형	• 인성검사 : 조직적합성, 적응성 등 종합인성 검사. 적 · 부 심사로 부적격 · 부적응자 등은 필기전형 점수와 관계없이 불합격 처리 • 직업기초능력평가 : 채용 전 분야 공통 50문항(의사소통능력, 문제해결능력, 자기개발능력, 대인관계능력, 직업윤리) • 직무수행능력평가 : 직무 관련 지식, 정보, 기술에 대한 평가 30문항 • '직업기초능력평가+직무수행능력평가' 100점 환산으로 40점 이상인자 중 고득점자 순으로 분야별 채용 예정인원의 배수별 선발(가점 제외 40점 미만인 자는 순위에 상관없이 탈락. 40점 이상만 우대가점 적용) • 합격인원 : 채용 예정인원의 3배수. 동점자 발생시 전원 합격
직무면접	• 그룹별 상황면접 : 면접전형 종합점수 30% 반영 • 딜러 및 장애인제한경쟁부문, 손 및 시력기능(색맹, 색약 불가)의 직무수행 가능여부 확인 • 순위와 관계없이 가점포함 70점 미만 탈락
일반면접	• 그룹별 진행으로 인성 및 태도 등 종합적 평가 : 면접전형 종합점수 70% 반영 • 순위와 관계없이 가점포함 70점 미만 탈락
최종합격	• 우대가점 적용 면접전형 최종 종합점수 결과 고득점자 순으로 합격자 선정 • 동점자 발생시, (1순위) 취업보호지원대상자 → (2순위) 고졸자 → (3순위) 일반면접 고득점자 → (4순위) 일반전형 신입 필기전형 고득점자, 장애인제한경쟁 인성검사 고등급자 • 제출 및 증빙서류 진위여부 검증 • 채용신체검사 결과 확인

PART

인성검사

인성검사의 개요

1 인성(성격)검사의 개념과 목적

인성(성격)이란 개인을 특징짓는 평범하고 일상적인 사회적 이미지, 즉 지속적이고 일관된 공적 성격(Public – personality)이며, 환경에 대응함으로써 선천적·후천적 요소의 상호작용으로 결정화된 심리적·사회적 특성 및 경향을 의미한다.

인성검사는 직무적성검사를 실시하는 대부분의 기업체에서 병행하여 실시하고 있으며, 인성검사만 독자적으로 실시하는 기업도 있다.

기업체에서는 인성검사를 통하여 각 개인이 어떠한 성격 특성이 발달되어 있고, 어떤 특성이 얼마나 부족한지, 그것이 해당 직무의 특성 및 조직문화와 얼마나 맞는지를 알아보고 이에 적합한 인재를 선발하고자 한다. 또한 개인에게 적합한 직무 배분과 부족한 부분을 교육을 통해 보완하도록 할 수 있다.

인성검사의 측정요소는 검사방법에 따라 차이가 있다. 또한 각 기업체들이 사용하고 있는 인성검사는 기존에 개발된 인성검사방법에 각 기업체의 인재상을 적용하여 자신들에게 적합하게 재개발하여 사용하는 경우가 많다. 그러므로 기업체에서 요구하는 인재상을 파악하여 그에 따른 대비책을 준비하는 것이 바람직하다. 본서에서 제시된 인성검사는 크게 '특성'과 '유형'의 측면에서 측정하게 된다.

2 성격의 특성

(1) 정서적 측면

정서적 측면은 평소 마음의 당연시하는 자세나 정신상태가 얼마나 안정하고 있는지 또는 불안정한지를 측정한다.

정서의 상태는 직무수행이나 대인관계와 관련하여 태도나 행동으로 드러난다. 그러므로 정서적 측면을 측정하는 것에 의해, 장래 조직 내의 인간관계에 어느 정도 잘 적응할 수 있을까(또는 적응하지 못할까)를 예측하는 것이 가능하다.

그렇기 때문에, 정서적 측면의 결과는 채용 시에 상당히 중시된다. 아무리 능력이 좋아도 장기적으로 조직 내의 인간관계에 잘 적응할 수 없다고 판단되는 인재는 기본적으로는 채용되지 않는다.

일반적으로 인성(성격)검사는 채용과는 관계없다고 생각하나 정서적으로 조직에 적응하지 못하는 인재는 채용단계에서 가려내지는 것을 유의하여야 한다.

① **민감성**(신경도) … 꼼꼼함, 섬세함, 성실함 등의 요소를 통해 일반적으로 신경질적인지 또는 자신의 존재를 위협받는다는 불안을 갖기 쉬운지를 측정한다.

질문	전혀 그렇지 않다	그렇지 않다	그렇다	매우 그렇다
• 배려적이라고 생각한다. • 어지러진 방에 있으면 불안하다. • 실패 후에는 불안하다. • 세세한 것까지 신경쓴다. • 이유 없이 불안할 때가 있다.				

▶측정결과

㉠ '그렇다'가 많은 경우(상처받기 쉬운 유형) : 사소한 일에 신경 쓰고 다른 사람의 사소한 한마디 말에 상처를 받기 쉽다.

• 면접관의 심리 : '동료들과 잘 지낼 수 있을까?', '실패할 때마다 위축되지 않을까?'

• 면접대책 : 다소 신경질적이라도 능력을 발휘할 수 있다는 평가를 얻도록 한다. 주변과 충분한 의사소통이 가능하고, 결정한 것을 실행할 수 있다는 것을 보여주어야 한다.

㉡ '그렇지 않다'가 많은 경우(정신적으로 안정적인 유형) : 사소한 일에 신경 쓰지 않고 금방 해결하며, 주위 사람의 말에 과민하게 반응하지 않는다.

• 면접관의 심리 : '계약할 때 필요한 유형이고, 사고 발생에도 유연하게 대처할 수 있다.'

• 면접대책 : 일반적으로 '민감성'의 측정치가 낮으면 플러스 평가를 받으므로 더욱 자신감 있는 모습을 보여준다.

② **자책성**(과민도) ··· 자신을 비난하거나 책망하는 정도를 측정한다.

질문	전혀 그렇지 않다	그렇지 않다	그렇다	매우 그렇다
• 후회하는 일이 많다. • 자신이 하찮은 존재라 생각된다. • 문제가 발생하면 자기의 탓이라고 생각한다. • 무슨 일이든지 끙끙대며 진행하는 경향이 있다. • 온순한 편이다.				

▶측정결과

㉠ '그렇다'가 많은 경우(자책하는 유형) : 비관적이고 후회하는 유형이다.
  • 면접관의 심리 : '끙끙대며 괴로워하고, 일을 진행하지 못할 것 같다.'
  • 면접대책 : 기분이 저조해도 항상 의욕을 가지고 생활하는 것과 책임감이 강하다는 것을 보여준다.
㉡ '그렇지 않다'가 많은 경우(낙천적인 유형) : 기분이 항상 밝은 편이다.
  • 면접관의 심리 : '안정된 대인관계를 맺을 수 있고, 외부의 압력에도 흔들리지 않는다.'
  • 면접대책 : 일반적으로 '자책성'의 측정치가 낮아야 좋은 평가를 받는다.

③ **기분성**(불안도) ··· 기분의 굴곡이나 감정적인 면의 미숙함이 어느 정도인지를 측정하는 것이다.

질문	전혀 그렇지 않다	그렇지 않다	그렇다	매우 그렇다
• 다른 사람의 의견에 자신의 결정이 흔들리는 경우가 많다. • 기분이 쉽게 변한다. • 종종 후회한다. • 다른 사람보다 의지가 약한 편이라고 생각한다. • 금방 싫증을 내는 성격이라는 말을 자주 듣는다.				

▶측정결과

㉠ '그렇다'가 많은 경우(감정의 기복이 많은 유형) : 의지력보다 기분에 따라 행동하기 쉽다.
  • 면접관의 심리 : '감정적인 것에 약하며, 상황에 따라 생산성이 떨어지지 않을까?'
  • 면접대책 : 주변 사람들과 항상 협조한다는 것을 강조하고 한결같은 상태로 일할 수 있다는 평가를 받도록 한다.
㉡ '그렇지 않다'가 많은 경우(감정의 기복이 적은 유형) : 감정의 기복이 없고, 안정적이다.
  • 면접관의 심리 : '안정적으로 업무에 임할 수 있다.'
  • 면접대책 : 기분성의 측정치가 낮으면 플러스 평가를 받으므로 자신감을 가지고 면접에 임한다.

④ **독자성**(개인도) ··· 주변에 대한 견해나 관심, 자신의 견해나 생각에 어느 정도의 속박감을 가지고 있는 지를 측정한다.

질문	전혀 그렇지 않다	그렇지 않다	그렇다	매우 그렇다
• 창의적 사고방식을 가지고 있다. • 융통성이 없는 편이다. • 혼자 있는 편이 많은 사람과 있는 것보다 편하다. • 개성적이라는 말을 듣는다. • 교제는 번거로운 것이라고 생각하는 경우가 많다.				

▶측정결과

㉠ '그렇다'가 많은 경우 : 자기의 관점을 중요하게 생각하는 유형으로, 주위의 상황보다 자신의 느낌과 생각을 중시한다.
  • **면접관의 심리** : '제멋대로 행동하지 않을까?'
  • **면접대책** : 주위 사람과 협조하여 일을 진행할 수 있다는 것과 상식에 얽매이지 않는다는 인상을 심어준다.
㉡ '그렇지 않다'가 많은 경우 : 상식적으로 행동하고 주변 사람의 시선에 신경을 쓴다.
  • **면접관의 심리** : '다른 직원들과 협조하여 업무를 진행할 수 있겠다.'
  • **면접대책** : 협조성이 요구되는 기업체에서는 플러스 평가를 받을 수 있다.

⑤ **자신감**(자존심도) … 자기 자신에 대해 얼마나 긍정적으로 평가하는지를 측정한다

질문	전혀 그렇지 않다	그렇지 않다	그렇다	매우 그렇다
• 다른 사람보다 능력이 뛰어나다고 생각한다. • 다소 반대의견이 있어도 나만의 생각으로 행동할 수 있다. • 나는 다른 사람보다 기가 센 편이다. • 동료가 나를 모욕해도 무시할 수 있다. • 대개의 일을 목적한 대로 헤쳐나갈 수 있다고 생각한다.				

▶측정결과

㉠ '그렇다'가 많은 경우 : 자기 능력이나 외모 등에 자신감이 있고, 비판당하는 것을 좋아하지 않는다.
  • 면접관의 심리 : '자만하여 지시에 잘 따를 수 있을까?'
  • 면접대책 : 다른 사람의 조언을 잘 받아들이고, 겸허하게 반성하는 면이 있다는 것을 보여주고, 동료들과 잘 지내며 리더의 자질이 있다는 것을 강조한다.
㉡ '그렇지 않다'가 많은 경우 : 자신감이 없고 다른 사람의 비판에 약하다.
  • 면접관의 심리 : '패기가 부족하지 않을까?', '쉽게 좌절하지 않을까?'
  • 면접대책 : 극도의 자신감 부족으로 평가되지는 않는다. 그러나 마음이 약한 면은 있지만 의욕적으로 일을 하겠다는 마음가짐을 보여준다.

⑥ **고양성(분위기에 들뜨는 정도)** … 자유분방함, 명랑함과 같이 감정(기분)의 높고 낮음의 정도를 측정한다.

질문	전혀 그렇지 않다	그렇지 않다	그렇다	매우 그렇다
• 침착하지 못한 편이다. • 다른 사람보다 쉽게 우쭐해진다. • 모든 사람이 아는 유명인사가 되고 싶다. • 모임이나 집단에서 분위기를 이끄는 편이다. • 취미 등이 오랫동안 지속되지 않는 편이다.				

▶측정결과

㉠ '그렇다'가 많은 경우 : 자극이나 변화가 있는 일상을 원하고 기분을 들뜨게 하는 사람과 친밀하게 지내는 경향이 강하다.
  • 면접관의 심리 : '일을 진행하는 데 변덕스럽지 않을까?'
  • 면접대책 : 밝은 태도는 플러스 평가를 받을 수 있지만, 착실한 업무능력이 요구되는 직종에서는 마이너스 평가가 될 수 있다. 따라서 자기조절이 가능하다는 것을 보여준다.

㉡ '그렇지 않다'가 많은 경우 : 감정이 항상 일정하고, 속을 드러내 보이지 않는다.
  • 면접관의 심리 : '안정적인 업무 태도를 기대할 수 있겠다.'
  • 면접대책 : '고양성'의 낮음은 대체로 플러스 평가를 받을 수 있다. 그러나 '무엇을 생각하고 있는지 모르겠다' 등의 평을 듣지 않도록 주의한다.

⑦ 허위성(진위성) … 필요 이상으로 자기를 좋게 보이려 하거나 기업체가 원하는 '이상형'에 맞춘 대답을 하고 있는지, 없는지를 측정한다.

질문	전혀 그렇지 않다	그렇지 않다	그렇다	매우 그렇다
• 약속을 깨뜨린 적이 한 번도 없다. • 다른 사람을 부럽다고 생각해 본 적이 없다. • 꾸지람을 들은 적이 없다. • 사람을 미워한 적이 없다. • 화를 낸 적이 한 번도 없다.				

▶측정결과

㉠ '그렇다'가 많은 경우 : 실제의 자기와는 다른, 말하자면 원칙으로 해답할 가능성이 있다.
  • 면접관의 심리 : '거짓을 말하고 있다.'
  • 면접대책 : 조금이라도 좋게 보이려고 하는 '거짓말쟁이'로 평가될 수 있다. '거짓을 말하고 있다.'는 마음 따위가 전혀 없다 해도 결과적으로는 정직하게 답하지 않는다는 것이 되어 버린다. '허위성'의 측정 질문은 구분되지 않고 다른 질문 중에 섞여 있다. 그러므로 모든 질문에 솔직하게 답하여야 한다. 또한 자기 자신과 너무 동떨어진 이미지로 답하면 좋은 결과를 얻지 못한다. 그리고 면접에서 '허위성'을 기본으로 한 질문을 받게 되므로 당황하거나 또다른 모순된 답변을 하게 된다. 겉치레를 하거나 무리한 욕심을 부리지 말고 '이런 사회인이 되고 싶다.'는 현재의 자신보다, 조금 성장한 자신을 표현하는 정도가 적당하다.
㉡ '그렇지 않다'가 많은 경우 : 냉정하고 정직하며, 외부의 압력과 스트레스에 강한 유형이다. '대쪽 같음'의 이미지가 굳어지지 않도록 주의한다.

(2) 행동적인 측면

행동적 측면은 인격 중에 특히 행동으로 드러나기 쉬운 측면을 측정한다. 사람의 행동 특징 자체에는 선도 악도 없으나, 일반적으로는 일의 내용에 의해 원하는 행동이 있다. 때문에 행동적 측면은 주로 직종과 깊은 관계가 있는데 자신의 행동 특성을 살려 적합한 직종을 선택한다면 플러스가 될 수 있다.

행동 특성에서 보여 지는 특징은 면접장면에서도 드러나기 쉬운데 본서의 모의 TEST의 결과를 참고하여 자신의 태도, 행동이 면접관의 시선에 어떻게 비치는지를 점검하도록 한다.

① **사회적 내향성** … 대인관계에서 나타나는 행동경향으로 '낯가림'을 측정한다.

질문	선택
A : 파티에서는 사람을 소개받은 편이다. B : 파티에서는 사람을 소개하는 편이다.	
A : 처음 보는 사람과는 어색하게 시간을 보내는 편이다. B : 처음 보는 사람과는 즐거운 시간을 보내는 편이다.	
A : 친구가 적은 편이다. B : 친구가 많은 편이다.	
A : 자신의 의견을 말하는 경우가 적다. B : 자신의 의견을 말하는 경우가 많다.	
A : 사교적인 모임에 참석하는 것을 좋아하지 않는다. B : 사교적인 모임에 항상 참석한다.	

▶측정결과
㉠ 'A'가 많은 경우 : 내성적이고 사람들과 접하는 것에 소극적이다. 자신의 의견을 말하지 않고 조심스러운 편이다.
• 면접관의 심리 : '소극적인데 동료와 잘 지낼 수 있을까?'
• 면접대책 : 대인관계를 맺는 것을 싫어하지 않고 의욕적으로 일을 할 수 있다는 것을 보여준다.
㉡ 'B'가 많은 경우 : 사교적이고 자기의 생각을 명확하게 전달할 수 있다.
• 면접관의 심리 : '사교적이고 활동적인 것은 좋지만, 자기주장이 너무 강하지 않을까?'
• 면접대책 : 협조성을 보여주고, 자기주장이 너무 강하다는 인상을 주지 않도록 주의한다.

② 내성성(침착도) … 자신의 행동과 일에 대해 침착하게 생각하는 정도를 측정한다.

질문	선택
A : 시간이 걸려도 침착하게 생각하는 경우가 많다. B : 짧은 시간에 결정을 하는 경우가 많다.	
A : 실패의 원인을 찾고 반성하는 편이다. B : 실패를 해도 그다지(별로) 개의치 않는다.	
A : 결론이 도출되어도 몇 번 정도 생각을 바꾼다. B : 결론이 도출되면 신속하게 행동으로 옮긴다.	
A : 여러 가지 생각하는 것이 능숙하다. B : 여러 가지 일을 재빨리 능숙하게 처리하는 데 익숙하다.	
A : 여러 가지 측면에서 사물을 검토한다. B : 행동한 후 생각을 한다.	

▶측정결과
㉠ 'A'가 많은 경우 : 행동하기 보다는 생각하는 것을 좋아하고 신중하게 계획을 세워 실행한다.
 • 면접관의 심리 : '행동으로 실천하지 못하고, 대응이 늦은 경향이 있지 않을까?'
 • 면접대책 : 발로 뛰는 것을 좋아하고, 일을 더디게 한다는 인상을 주지 않도록 한다.
㉡ 'B'가 많은 경우 : 차분하게 생각하는 것보다 우선 행동하는 유형이다.
 • 면접관의 심리 : '생각하는 것을 싫어하고 경솔한 행동을 하지 않을까?'
 • 면접대책 : 계획을 세우고 행동할 수 있는 것을 보여주고 '사려깊다'라는 인상을 남기도록 한다.

③ **신체활동성** … 몸을 움직이는 것을 좋아하는가를 측정한다.

질문	선택
A : 민첩하게 활동하는 편이다. B : 준비행동이 없는 편이다.	
A : 일을 척척 해치우는 편이다. B : 일을 더디게 처리하는 편이다.	
A : 활발하다는 말을 듣는다. B : 얌전하다는 말을 듣는다.	
A : 몸을 움직이는 것을 좋아한다. B : 가만히 있는 것을 좋아한다.	
A : 스포츠를 하는 것을 즐긴다. B : 스포츠를 보는 것을 좋아한다.	

▶측정결과

㉠ 'A'가 많은 경우 : 활동적이고, 몸을 움직이게 하는 것이 컨디션이 좋다.
• 면접관의 심리 : '활동적으로 활동력이 좋아 보인다.'
• 면접대책 : 활동하고 얻은 성과 등과 주어진 상황의 대응능력을 보여준다.

㉡ 'B'가 많은 경우 : 침착한 인상으로, 차분하게 있는 타입이다.
• 면접관의 심리 : '좀처럼 행동하려 하지 않아 보이고, 일을 빠르게 처리할 수 있을까?'

④ **지속성(노력성)** … 무슨 일이든 포기하지 않고 끈기 있게 하려는 정도를 측정한다.

질문	선택
A : 일단 시작한 일은 시간이 걸려도 끝까지 마무리한다. B : 일을 하다 어려움에 부딪히면 단념한다.	
A : 끈질긴 편이다. B : 바로 단념하는 편이다.	
A : 인내가 강하다는 말을 듣는다. B : 금방 싫증을 낸다는 말을 듣는다.	
A : 집념이 깊은 편이다. B : 담백한 편이다.	
A : 한 가지 일에 구애되는 것이 좋다고 생각한다. B : 간단하게 체념하는 것이 좋다고 생각한다.	

▶측정결과

㉠ 'A'가 많은 경우 : 시작한 것은 어려움이 있어도 포기하지 않고 인내심이 높다.
 • 면접관의 심리 : '한 가지의 일에 너무 구애되고, 업무의 진행이 원활할까?'
 • 면접대책 : 인내력이 있는 것은 플러스 평가를 받을 수 있지만 집착이 강해 보이기도 한다.

㉡ 'B'가 많은 경우 : 뒤끝이 없고 조그만 실패로 일을 포기하기 쉽다.
 • 면접관의 심리 : '질리는 경향이 있고, 일을 정확히 끝낼 수 있을까?'
 • 면접대책 : 지속적인 노력으로 성공했던 사례를 준비하도록 한다.

⑤ **신중성(주의성)** … 자신이 처한 주변상황을 즉시 파악하고 자신의 행동이 어떤 영향을 미치는지를 측정한다.

질문	선택
A : 여러 가지로 생각하면서 완벽하게 준비하는 편이다. B : 행동할 때부터 임기응변적인 대응을 하는 편이다.	
A : 신중해서 타이밍을 놓치는 편이다. B : 준비 부족으로 실패하는 편이다.	
A : 자신은 어떤 일에도 신중히 대응하는 편이다. B : 순간적인 충동으로 활동하는 편이다.	
A : 시험을 볼 때 끝날 때까지 재검토하는 편이다. B : 시험을 볼 때 한 번에 모든 것을 마치는 편이다.	
A : 일에 대해 계획표를 만들어 실행한다. B : 일에 대한 계획표 없이 진행한다.	

▶측정결과

㉠ 'A'가 많은 경우 : 주변 상황에 민감하고, 예측하여 계획 있게 일을 진행한다.
- 면접관의 심리 : '너무 신중해서 적절한 판단을 할 수 있을까?', '앞으로의 상황에 불안을 느끼지 않을까?'
- 면접대책 : 예측을 하고 실행을 하는 것은 플러스 평가가 되지만, 너무 신중하면 일의 진행이 정체될 가능성을 보이므로 추진력이 있다는 강한 의욕을 보여준다.

㉡ 'B'가 많은 경우 : 주변 상황을 살펴보지 않고 착실한 계획 없이 일을 진행시킨다.
- 면접관의 심리 : '사려 깊지 않고, 실패하는 일이 많지 않을까?', '판단이 빠르고 유연한 사고를 할 수 있을까?'
- 면접대책 : 사전준비를 중요하게 생각하고 있다는 것 등을 보여주고, 경솔한 인상을 주지 않도록 한다. 또한 판단력이 빠르거나 유연한 사고 덕분에 일 처리를 잘 할 수 있다는 것을 강조한다.

(3) 의욕적인 측면

의욕적인 측면은 의욕의 정도, 활동력의 유무 등을 측정한다. 여기서의 의욕이란 우리들이 보통 말하고 사용하는 '하려는 의지'와는 조금 뉘앙스가 다르다. '하려는 의지'란 그 때의 환경이나 기분에 따라 변화하는 것이지만, 여기에서는 조금 더 변화하기 어려운 특징, 말하자면 정신적 에너지의 양으로 측정하는 것이다.

의욕적 측면은 행동적 측면과는 다르고, 전반적으로 어느 정도 점수가 높은 쪽을 선호한다. 모의검사의 의욕적 측면의 결과가 낮다면, 평소 일에 몰두할 때 조금 의욕 있는 자세를 가지고 서서히 개선하도록 노력해야 한다.

① 달성의욕 … 목적의식을 가지고 높은 이상을 가지고 있는지를 측정한다.

질문	선택
A : 경쟁심이 강한 편이다. B : 경쟁심이 약한 편이다.	
A : 어떤 한 분야에서 제1인자가 되고 싶다고 생각한다. B : 어느 분야에서든 성실하게 임무를 진행하고 싶다고 생각한다.	
A : 규모가 큰 일을 해보고 싶다. B : 맡은 일에 충실히 임하고 싶다.	
A : 아무리 노력해도 실패한 것은 아무런 도움이 되지 않는다. B : 가령 실패했을 지라도 나름대로의 노력이 있었으므로 괜찮다.	
A : 높은 목표를 설정하여 수행하는 것이 의욕적이다. B : 실현 가능한 정도의 목표를 설정하는 것이 의욕적이다.	

▶측정결과

㉠ 'A'가 많은 경우 : 큰 목표와 높은 이상을 가지고 승부욕이 강한 편이다.
 • 면접관의 심리 : '열심히 일을 해줄 것 같은 유형이다.'
 • 면접대책 : 달성의욕이 높다는 것은 어떤 직종이라도 플러스 평가가 된다.
㉡ 'B'가 많은 경우 : 현재의 생활을 소중하게 여기고 비약적인 발전을 위하여 기를 쓰지 않는다.
 • 면접관의 심리 : '외부의 압력에 약하고, 기획입안 등을 하기 어려울 것이다.'
 • 면접대책 : 일을 통하여 하고 싶은 것들을 구체적으로 어필한다.

② **활동의욕** … 자신에게 잠재된 에너지의 크기로, 정신적인 측면의 활동력이라 할 수 있다.

질문	선택
A : 하고 싶은 일을 실행으로 옮기는 편이다. B : 하고 싶은 일을 좀처럼 실행할 수 없는 편이다.	
A : 어려운 문제를 해결해 가는 것이 좋다. B : 어려운 문제를 해결하는 것을 잘하지 못한다.	
A : 일반적으로 결단이 빠른 편이다. B : 일반적으로 결단이 느린 편이다.	
A : 곤란한 상황에도 도전하는 편이다. B : 사물의 본질을 깊게 관찰하는 편이다.	
A : 시원시원하다는 말을 잘 듣는다. B : 꼼꼼하다는 말을 잘 듣는다.	

▶측정결과
㉠ 'A'가 많은 경우 : 꾸물거리는 것을 싫어하고 재빠르게 결단해서 행동하는 타입이다.
• 면접관의 심리 : '일을 처리하는 솜씨가 좋고, 일을 척척 진행할 수 있을 것 같다.'
• 면접대책 : 활동의욕이 높은 것은 플러스 평가가 된다. 사교성이나 활동성이 강하다는 인상을 준다.
㉡ 'B'가 많은 경우 : 안전하고 확실한 방법을 모색하고 차분하게 시간을 아껴서 일에 임하는 타입이다.
• 면접관의 심리 : '재빨리 행동을 못하고, 일의 처리속도가 느린 것이 아닐까?'
• 면접대책 : 활동성이 있는 것을 좋아하고 움직임이 더디다는 인상을 주지 않도록 한다.

3 성격의 유형

(1) 인성검사유형의 4가지 척도

정서적인 측면, 행동적인 측면, 의욕적인 측면의 요소들은 성격 특성이라는 관점에서 제시된 것들로 각 개인의 장·단점을 파악하는 데 유용하다. 그러나 전체적인 개인의 인성을 이해하는 데는 한계가 있다.

성격의 유형은 개인의 '성격적인 특색'을 가리키는 것으로, 사회인으로서 적합한지, 아닌지를 말하는 관점과는 관계가 없다. 따라서 채용의 합격 여부에는 사용되지 않는 경우가 많으며, 입사 후의 적정 부서 배치의 자료가 되는 편이라 생각하면 된다. 그러나 채용과 관계가 없다고 해서 아무런 준비도 필요없는 것은 아니다. 자신을 아는 것은 면접 대책의 밑거름이 되므로 모의검사 결과를 충분히 활용하도록 하여야 한다.

본서에서는 4개의 척도를 사용하여 기본적으로 16개의 패턴으로 성격의 유형을 분류하고 있다. 각 개인의 성격이 어떤 유형인지 재빨리 파악하기 위해 사용되며, '적성'에 맞는지, 맞지 않는지의 관점에 활용된다.

- 흥미·관심의 방향 : 내향형 ◄─────► 외향형
- 사물에 대한 견해 : 직관형 ◄─────► 감각형
- 판단하는 방법 : 감정형 ◄─────► 사고형
- 환경에 대한 접근방법 : 지각형 ◄─────► 판단형

(2) 성격유형

① 흥미·관심의 방향(내향⇆외향) … 흥미·관심의 방향이 자신의 내면에 있는지, 주위환경 등 외면에 향하는 지를 가리키는 척도이다.

질문	선택
A : 내성적인 성격인 편이다. B : 개방적인 성격인 편이다.	
A : 항상 신중하게 생각을 하는 편이다. B : 바로 행동에 착수하는 편이다.	
A : 수수하고 조심스러운 편이다. B : 자기 표현력이 강한 편이다.	
A : 다른 사람과 함께 있으면 침착하지 않다. B : 혼자서 있으면 침착하지 않다.	

▶측정결과
㉠ 'A'가 많은 경우(내향) : 관심의 방향이 자기 내면에 있으며, 조용하고 낯을 가리는 유형이다. 행동력은 부족하나 집중력이 뛰어나고 신중하고 꼼꼼하다.
㉡ 'B'가 많은 경우(외향) : 관심의 방향이 외부환경에 있으며, 사교적이고 활동적인 유형이다. 꼼꼼함이 부족하여 대충하는 경향이 있으나 행동력이 있다.

② **일(사물)을 보는 방법(직감⇆감각)** … 일(사물)을 보는 법이 직감적으로 형식에 얽매이는지, 감각적으로 상식적인지를 가리키는 척도이다.

질문	선택
A : 현실주의적인 편이다. B : 상상력이 풍부한 편이다.	
A : 정형적인 방법으로 일을 처리하는 것을 좋아한다. B : 만들어진 방법에 변화가 있는 것을 좋아한다.	
A : 경험에서 가장 적합한 방법으로 선택한다. B : 지금까지 없었던 새로운 방법을 개척하는 것을 좋아한다.	
A : 성실하다는 말을 듣는다. B : 호기심이 강하다는 말을 듣는다.	

▶측정결과
㉠ 'A'가 많은 경우(감각) : 현실적이고 경험주의적이며 보수적인 유형이다.
㉡ 'B'가 많은 경우(직관) : 새로운 주제를 좋아하며, 독자적인 시각을 가진 유형이다.

③ **판단하는 방법(감정⇆사고)** … 일을 감정적으로 판단하는지, 논리적으로 판단하는지를 가리키는 척도이다.

질문	선택
A : 인간관계를 중시하는 편이다. B : 일의 내용을 중시하는 편이다.	
A : 결론을 자기의 신념과 감정에서 이끌어내는 편이다. B : 결론을 논리적 사고에 의거하여 내리는 편이다.	
A : 다른 사람보다 동정적이고 눈물이 많은 편이다. B : 다른 사람보다 이성적이고 냉정하게 대응하는 편이다.	
A : 남의 이야기를 듣고 감정몰입이 빠른 편이다. B : 고민 상담을 받으면 해결책을 제시해주는 편이다.	

▶측정결과
㉠ 'A'가 많은 경우(감정) : 일을 판단할 때 마음·감정을 중요하게 여기는 유형이다. 감정이 풍부하고 친절하나 엄격함이 부족하고 우유부단하며, 합리성이 부족하다.
㉡ 'B'가 많은 경우(사고) : 일을 판단할 때 논리성을 중요하게 여기는 유형이다. 이성적이고 합리적이나 타인에 대한 배려가 부족하다.

④ **환경에 대한 접근방법** … 주변상황에 어떻게 접근하는지, 그 판단기준을 어디에 두는지를 측정한다.

질문	선택
A : 사전에 계획을 세우지 않고 행동한다. B : 반드시 계획을 세우고 그것에 의거해서 행동한다. A : 자유롭게 행동하는 것을 좋아한다. B : 조직적으로 행동하는 것을 좋아한다. A : 조직성이나 관습에 속박당하지 않는다. B : 조직성이나 관습을 중요하게 여긴다. A : 계획 없이 낭비가 심한 편이다. B : 예산을 세워 물건을 구입하는 편이다.	

▶측정결과

㉠ 'A'가 많은 경우(지각) : 일의 변화에 융통성을 가지고 유연하게 대응하는 유형이다. 낙관적이며 질서보다는 자유를 좋아하나 임기응변식의 대응으로 무계획적인 인상을 줄 수 있다.

㉡ 'B'가 많은 경우(판단) : 일의 진행시 계획을 세워서 실행하는 유형이다. 순차적으로 진행하는 일을 좋아하고 끈기가 있으나 변화에 대해 적절하게 대응하지 못하는 경향이 있다.

(3) 성격유형의 판정

성격유형은 합격 여부의 판정보다는 배치를 위한 자료로써 이용된다. 즉, 기업은 입사시험단계에서 입사 후에도 사용할 수 있는 정보를 입수하고 있다는 것이다. 성격검사에서는 어느 척도가 얼마나 고득점이었는지에 주시하고 각각의 측면에서 반드시 하나씩 고르고 편성한다. 편성은 모두 16가지가 되나 각각의 측면을 더 세분하면 200가지 이상의 유형이 나온다.

여기에서는 16가지 편성을 제시한다. 성격검사에 어떤 정보가 게재되어 있는지를 이해하면서 자기의 성격유형을 파악하기 위한 실마리로 활용하도록 한다.

① **내향 – 직관 – 감정 – 지각(TYPE A)**

관심이 내면에 향하고 조용하고 소극적이다. 사물에 대한 견해는 새로운 것에 대해 호기심이 강하고, 독창적이다. 감정은 좋아하는 것과 싫어하는 것의 판단이 확실하고, 감정이 풍부하고 따뜻한 느낌이 있는 반면, 합리성이 부족한 경향이 있다. 환경에 접근하는 방법은 순응적이고 상황의 변화에 대해 유연하게 대응하는 것을 잘한다.

② 내향 – 직관 – 감정 – 사고(TYPE B)

관심이 내면으로 향하고 조용하고 쑥쓰러움을 잘 타는 편이다. 사물을 보는 관점은 독창적이며, 자기 나름대로 궁리하며 생각하는 일이 많다. 좋고 싫음으로 판단하는 경향이 강하고 타인에게는 친절한 반면, 우유부단하기 쉬운 편이다. 환경 변화에 대해 유연하게 대응하는 것을 잘한다.

③ 내향 – 직관 – 사고 – 지각(TYPE C)

관심이 내면으로 향하고 얌전하고 교제범위가 좁다. 사물을 보는 관점은 독창적이며, 현실에서 먼 추상적인 것을 생각하기를 좋아한다. 논리적으로 생각하고 판단하는 경향이 강하고 이성적이지만, 남의 감정에 대해서는 무반응인 경향이 있다. 환경의 변화에 순응적이고 융통성 있게 임기응변으로 대응할 수가 있다.

④ 내향 – 직관 – 사고 – 판단(TYPE D)

관심이 내면으로 향하고 주의깊고 신중하게 행동을 한다. 사물을 보는 관점은 독창적이며 논리를 좋아해서 이치를 따지는 경향이 있다. 논리적으로 생각하고 판단하는 경향이 강하고, 객관적이지만 상대방의 마음에 대한 배려가 부족한 경향이 있다. 환경에 대해서는 순응하는 것보다 대응하며, 한 번 정한 것은 끈질기게 행동하려 한다.

⑤ 내향 – 감각 – 감정 – 지각(TYPE E)

관심이 내면으로 향하고 조용하며 소극적이다. 사물을 보는 관점은 상식적이고 그대로의 것을 좋아하는 경향이 있다. 좋음과 싫음으로 판단하는 경향이 강하고 타인에 대해서 동정심이 많은 반면, 엄격한 면이 부족한 경향이 있다. 환경에 대해서는 순응적이고, 예측할 수 없다해도 태연하게 행동하는 경향이 있다.

⑥ 내향 – 감각 – 감정 – 판단(TYPE F)

관심이 내면으로 향하고 얌전하며 쑥쓰러움을 많이 탄다. 사물을 보는 관점은 상식적이고 논리적으로 생각하는 것보다도 경험을 중요시하는 경향이 있다. 좋고 싫음으로 판단하는 경향이 강하고 사람이 좋은 반면, 개인적 취향이나 소원에 영향을 받는 일이 많은 경향이 있다. 환경에 대해서는 영향을 받지 않고, 자기 페이스 대로 꾸준히 성취하는 일을 잘한다.

⑦ 내향 – 감각 – 사고 – 지각(TYPE G)

관심이 내면으로 향하고 얌전하고 교제범위가 좁다. 사물을 보는 관점은 상식적인 동시에 실천적이며, 틀에 박힌 형식을 좋아한다. 논리적으로 판단하는 경향이 강하고 침착하지만 사람에 대해서는 엄격하여 차가운 인상을 주는 일이 많다. 환경에 대해서 순응적이고, 계획적으로 행동하지 않으며 자유로운 행동을 좋아하는 경향이 있다.

⑧ 내향 – 감각 – 사고 – 판단(TYPE H)

관심이 내면으로 향하고 주의 깊고 신중하게 행동을 한다. 사물을 보는 관점이 상식적이고 새롭고 경험하지 못한 일에 대응을 잘 하지 못한다. 논리적으로 생각하고 판단하는 경향이 강하고, 공평하지만 상대방의 감정에 대해 배려가 부족할 때가 있다. 환경에 대해서는 작용하는 편이고, 질서 있게 행동하는 것을 좋아한다.

⑨ 외향 – 직관 – 감정 – 지각(TYPE I)

관심이 외향으로 향하고 밝고 활동적이며 교제범위가 넓다. 사물을 보는 관점은 독창적이고 호기심이 강하며 새로운 것을 생각하는 것을 좋아한다. 좋음 싫음으로 판단하는 경향이 강하다. 사람은 좋은 반면 개인적 취향이나 소원에 영향을 받는 일이 많은 편이다.

⑩ 외향 – 직관 – 감정 – 판단(TYPE J)

관심이 외향으로 향하고 개방적이며 누구와도 쉽게 친해질 수 있다. 사물을 보는 관점은 독창적이고 자기 나름대로 궁리하고 생각하는 면이 많다. 좋음과 싫음으로 판단하는 경향이 강하고, 타인에 대해 동정적이기 쉽고 엄격함이 부족한 경향이 있다. 환경에 대해서는 작용하는 편이고 질서 있는 행동을 하는 것을 좋아한다.

⑪ 외향 – 직관 – 사고 – 지각(TYPE K)

관심이 외향으로 향하고 태도가 분명하며 활동적이다. 사물을 보는 관점은 독창적이고 현실과 거리가 있는 추상적인 것을 생각하는 것을 좋아한다. 논리적으로 생각하고 판단하는 경향이 강하고, 공평하지만 상대에 대한 배려가 부족할 때가 있다.

⑫ 외향 – 직관 – 사고 – 판단(TYPE L)

관심이 외향으로 향하고 밝고 명랑한 성격이며 사교적인 것을 좋아한다. 사물을 보는 관점은 독창적이고 논리적인 것을 좋아하기 때문에 이치를 따지는 경향이 있다. 논리적으로 생각하고 판단하는 경향이 강하고 침착성이 뛰어나지만 사람에 대해서 엄격하고 차가운 인상을 주는 경우가 많다. 환경에 대해 작용하는 편이고 계획을 세우고 착실하게 실행하는 것을 좋아한다.

⑬ 외향 – 감각 – 감정 – 지각(TYPE M)

관심이 외향으로 향하고 밝고 활동적이고 교제범위가 넓다. 사물을 보는 관점은 상식적이고 종래대로 있는 것을 좋아한다. 보수적인 경향이 있고 좋아함과 싫어함으로 판단하는 경향이 강하며 타인에게는 친절한 반면, 우유부단한 경우가 많다. 환경에 대해 순응적이고, 융통성이 있고 임기응변으로 대응할 가능성이 높다.

⑭ **외향 – 감각 – 감정 – 판단(TYPE N)**

　관심이 외향으로 향하고 개방적이며 누구와도 쉽게 대면할 수 있다. 사물을 보는 관점은 상식적이고 논리적으로 생각하기보다는 경험을 중시하는 편이다. 좋아함과 싫어함으로 판단하는 경향이 강하고 감정이 풍부하며 따뜻한 느낌이 있는 반면에 합리성이 부족한 경우가 많다. 환경에 대해서 작용하는 편이고, 한 번 결정한 것은 끈질기게 실행하려고 한다.

⑮ **외향 – 감각 – 사고 – 지각(TYPE O)**

　관심이 외향으로 향하고 시원한 태도이며 활동적이다. 사물을 보는 관점이 상식적이며 동시에 실천적이고 명백한 형식을 좋아하는 경향이 있다. 논리적으로 생각하고 판단하는 경향이 강하고, 객관적이지만 상대 마음에 대해 배려가 부족한 경향이 있다.

⑯ **외향 – 감각 – 사고 – 판단(TYPE P)**

　관심이 외향으로 향하고 밝고 명랑하며 사교적인 것을 좋아한다. 사물을 보는 관점은 상식적이고 경험하지 못한 새로운 것에 대응을 잘 하지 못한다. 논리적으로 생각하고 판단하는 경향이 강하고 이성적이지만 사람의 감정에 무심한 경향이 있다. 환경에 대해서는 작용하는 편이고, 자기 페이스대로 꾸준히 성취하는 것을 잘한다.

4 인성검사의 대책

(1) 미리 알아두어야 할 점

① 출제 문항 수 … 인성검사의 출제 문항 수는 특별히 정해진 것이 아니며 각 기업체의 기준에 따라 달라질 수 있다. 보통 100문항 이상에서 500문항까지 출제된다고 예상하면 된다.

② 출제형식

ㄱ '예' 아니면 '아니오'의 형식

다음 문항을 읽고 자신에게 해당되는지 안 되는지를 판단하여 해당될 경우 '예'를, 해당되지 않을 경우 '아니오'를 고르시오.

질문	예	아니오
1. 자신의 생각이나 의견은 좀처럼 변하지 않는다.	○	
2. 구입한 후 끝까지 읽지 않은 책이 많다.		○

다음 문항에 대해서 평소에 자신이 생각하고 있는 것이나 행동하고 있는 것에 ○표를 하시오.

질문	그렇다	약간 그렇다	그저 그렇다	별로 그렇지 않다	그렇지 않다
1. 시간에 쫓기는 것이 싫다.		○			
2. 여행가기 전에 계획을 세운다			○		

ㄴ A와 B의 선택형식

A와 B에 주어진 문장을 읽고 자신에게 해당되는 것을 고르시오.

질문	선택
A : 걱정거리가 있어서 잠을 못 잘 때가 있다.	(○)
B : 걱정거리가 있어도 잠을 잘 잔다.	( )

(2) 임하는 자세

① **솔직하게 있는 그대로 표현한다** … 인성검사는 평범한 일상생활 내용들을 다룬 짧은 문장과 어떤 대상이나 일에 대한 선로를 선택하는 문장으로 구성되었으므로 평소에 자신이 생각한 바를 너무 골똘히 생각하지 말고 문제를 보는 순간 떠오른 것을 표현한다.

② **모든 문제를 신속하게 대답한다** … 인성검사는 시간 제한이 없는 것이 원칙이지만 기업체들은 일정한 시간 제한을 두고 있다. 인성검사는 개인의 성격과 자질을 알아보기 위한 검사이기 때문에 정답이 없다. 다만, 기업체에서 바람직하게 생각하거나 기대되는 결과가 있을 뿐이다. 따라서 시간에 쫓겨서 대충 대답을 하는 것은 바람직하지 못하다.

CHAPTER 02 실전 인성검사

※ 인성검사는 개인의 인성 및 성향을 알아보기 위한 검사로 별도의 답이 존재하지 않습니다.

>> 예시 1

|1~250 | 다음 제시된 문항이 당신에게 해당한다면 YES, 그렇지 않다면 NO를 선택하시오.

	YES	NO
1. 조금이라도 나쁜 소식은 절망의 시작이라고 생각해버린다.	( )	( )
2. 언제나 실패가 걱정이 되어 어쩔 줄 모른다.	( )	( )
3. 다수결의 의견에 따르는 편이다.	( )	( )
4. 혼자서 커피숍에 들어가는 것은 전혀 두려운 일이 아니다.	( )	( )
5. 승부근성이 강하다.	( )	( )
6. 자주 흥분해서 침착하지 못하다.	( )	( )
7. 지금까지 살면서 타인에게 폐를 끼친 적이 없다.	( )	( )
8. 소곤소곤 이야기하는 것을 보면 자기에 대해 험담하고 있는 것으로 생각된다.	( )	( )
9. 무엇이든지 자기가 나쁘다고 생각하는 편이다.	( )	( )
10. 자신을 변덕스러운 사람이라고 생각한다.	( )	( )
11. 고독을 즐기는 편이다.	( )	( )
12. 자존심이 강하다고 생각한다.	( )	( )
13. 금방 흥분하는 성격이다.	( )	( )
14. 거짓말을 한 적이 없다.	( )	( )
15. 신경질적인 편이다.	( )	( )
16. 끙끙대며 고민하는 타입이다.	( )	( )
17. 감정적인 사람이라고 생각한다.	( )	( )

18. 자신만의 신념을 가지고 있다. ····································(   )(   )

19. 다른 사람을 바보 같다고 생각한 적이 있다. ······················(   )(   )

20. 금방 말해버리는 편이다. ··(   )(   )

21. 싫어하는 사람이 없다. ··(   )(   )

22. 대재앙이 오지 않을까 항상 걱정을 한다. ·························(   )(   )

23. 쓸데없는 고생을 사서 하는 일이 많다. ··························(   )(   )

24. 자주 생각이 바뀌는 편이다. ······································(   )(   )

25. 문제점을 해결하기 위해 여러 사람과 상의한다. ··················(   )(   )

26. 내 방식대로 일을 한다. ··(   )(   )

27. 영화를 보고 운 적이 많다. ·······································(   )(   )

28. 어떤 것에 대해서도 화낸 적이 없다. ····························(   )(   )

29. 사소한 충고에도 걱정을 한다. ····································(   )(   )

30. 자신은 도움이 안되는 사람이라고 생각한다. ····················(   )(   )

31. 금방 싫증을 내는 편이다. ··(   )(   )

32. 개성적인 사람이라고 생각한다. ··································(   )(   )

33. 자기 주장이 강한 편이다. ··(   )(   )

34. 산만하다는 말을 들은 적이 있다. ································(   )(   )

35. 학교를 쉬고 싶다고 생각한 적이 한 번도 없다. ·················(   )(   )

36. 사람들과 관계맺는 것을 보면 잘하지 못한다. ····················(   )(   )

37. 사려깊은 편이다. ··(   )(   )

38. 몸을 움직이는 것을 좋아한다. ····································(   )(   )

39. 끈기가 있는 편이다. ···(   )(   )

40. 신중한 편이라고 생각한다. ·······································(   )(   )

41. 인생의 목표는 큰 것이 좋다. ·····································(   )(   )

42. 어떤 일이라도 바로 시작하는 타입이다. ·························(   )(   )

43. 낯가림을 하는 편이다. ···(   )(   )

44. 생각하고 나서 행동하는 편이다. ·································(   )(   )

45. 쉬는 날은 밖으로 나가는 경우가 많다. ·····························(   )(   )

46. 시작한 일은 반드시 완성시킨다. ·····································(   )(   )

47. 면밀한 계획을 세운 여행을 좋아한다. ····························(   )(   )

48. 야망이 있는 편이라고 생각한다. ·····································(   )(   )

49. 활동력이 있는 편이다. ··(   )(   )

50. 많은 사람들과 와자지껄하게 식사하는 것을 좋아하지 않는다. ····(   )(   )

51. 돈을 허비한 적이 없다. ··(   )(   )

52. 운동회를 아주 좋아하고 기대했다. ································(   )(   )

53. 하나의 취미에 열중하는 타입이다. ·······························(   )(   )

54. 모임에서 회장에 어울린다고 생각한다. ··························(   )(   )

55. 입신출세의 성공이야기를 좋아한다. ·····························(   )(   )

56. 어떠한 일도 의욕을 가지고 임하는 편이다. ····················(   )(   )

57. 학급에서는 존재가 희미했다. ·······································(   )(   )

58. 항상 무언가를 생각하고 있다. ·····································(   )(   )

59. 스포츠는 보는 것보다 하는 게 좋다. ····························(   )(   )

60. '참 잘했네요'라는 말을 듣는다. ···································(   )(   )

61. 흐린 날은 반드시 우산을 가지고 간다. ··························(   )(   )

62. 주연상을 받을 수 있는 배우를 좋아한다. ·······················(   )(   )

63. 공격하는 타입이라고 생각한다. ····································(   )(   )

64. 리드를 받는 편이다. ···(   )(   )

65. 너무 신중해서 기회를 놓친 적이 있다. ··························(   )(   )

66. 시원시원하게 움직이는 타입이다. ·································(   )(   )

67. 야근을 해서라도 업무를 끝낸다. ··································(   )(   )

68. 누군가를 방문할 때는 반드시 사전에 확인한다. ···············(   )(   )

69. 노력해도 결과가 따르지 않으면 의미가 없다. ·················(   )(   )

70. 무조건 행동해야 한다. ··(   )(   )

71. 유행에 둔감하다고 생각한다. ·······································(   )(   )

72. 정해진 대로 움직이는 것은 시시하다. ···( )( )

73. 꿈을 계속 가지고 있고 싶다. ··( )( )

74. 질서보다 자유를 중요시하는 편이다. ···( )( )

75. 혼자서 취미에 몰두하는 것을 좋아한다. ···( )( )

76. 직관적으로 판단하는 편이다. ···( )( )

77. 영화나 드라마를 보면 등장인물의 감정에 이입된다. ·····························( )( )

78. 시대의 흐름에 역행해서라도 자신을 관철하고 싶다. ····························( )( )

79. 다른 사람의 소문에 관심이 없다. ··( )( )

80. 창조적인 편이다. ··( )( )

81. 비교적 눈물이 많은 편이다. ···( )( )

82. 융통성이 있다고 생각한다. ···( )( )

83. 친구의 휴대전화 번호를 잘 모른다. ···( )( )

84. 스스로 고안하는 것을 좋아한다. ···( )( )

85. 정이 두터운 사람으로 남고 싶다. ··( )( )

86. 조직의 일원으로 별로 안 어울린다. ···( )( )

87. 세상의 일에 별로 관심이 없다. ···( )( )

88. 변화를 추구하는 편이다. ···( )( )

89. 업무는 인간관계로 선택한다. ···( )( )

90. 환경이 변하는 것에 구애되지 않는다. ···( )( )

91. 불안감이 강한 편이다. ··( )( )

92. 인생은 살 가치가 없다고 생각한다. ···( )( )

93. 의지가 약한 편이다. ···( )( )

94. 다른 사람이 하는 일에 별로 관심이 없다. ···( )( )

95. 사람을 설득시키는 것은 어렵지 않다. ··( )( )

96. 심심한 것을 못 참는다. ···( )( )

97. 다른 사람을 욕한 적이 한 번도 없다. ···( )( )

98. 다른 사람에게 어떻게 보일지 신경을 쓴다. ···( )( )

99. 금방 낙심하는 편이다. ··( )( )

100. 다른 사람에게 의존하는 경향이 있다. ··( )( )

101. 그다지 융통성이 있는 편이 아니다. ··( )( )

102. 다른 사람이 내 의견에 간섭하는 것이 싫다. ······························( )( )

103. 낙천적인 편이다. ··( )( )

104. 숙제를 잊어버린 적이 한 번도 없다. ···( )( )

105. 밤길에는 발소리가 들리기만 해도 불안하다. ································( )( )

106. 상냥하다는 말을 들은 적이 있다. ···( )( )

107. 자신은 유치한 사람이다. ··( )( )

108. 잡담을 하는 것보다 책을 읽는 게 낫다. ······································( )( )

109. 나는 영업에 적합한 타입이라고 생각한다. ···································( )( )

110. 술자리에서 술을 마시지 않아도 흥을 돋울 수 있다. ····················( )( )

111. 한 번도 병원에 간 적이 없다. ··( )( )

112. 나쁜 일은 걱정이 되어서 어쩔 줄을 모른다. ·······························( )( )

113. 금세 무기력해지는 편이다. ···( )( )

114. 비교적 고분고분한 편이라고 생각한다. ···( )( )

115. 독자적으로 행동하는 편이다. ···( )( )

116. 적극적으로 행동하는 편이다. ···( )( )

117. 금방 감격하는 편이다. ···( )( )

118. 어떤 것에 대해서는 불만을 가진 적이 없다. ·······························( )( )

119. 밤에 못 잘 때가 많다. ···( )( )

120. 자주 후회하는 편이다. ···( )( )

121. 뜨거워지기 쉽고 식기 쉽다. ···( )( )

122. 자신만의 세계를 가지고 있다. ··( )( )

123. 많은 사람 앞에서도 긴장하는 일은 없다. ····································( )( )

124. 말하는 것을 아주 좋아한다. ···( )( )

125. 인생을 포기하는 마음을 가진 적이 한 번도 없다. ·······················( )( )

126. 어두운 성격이다. ·······································(   )(   )

127. 금방 반성한다. ···(   )(   )

128. 활동범위가 넓은 편이다. ·····························(   )(   )

129. 자신을 끈기 있는 사람이라고 생각한다. ·······(   )(   )

130. 좋다고 생각하더라도 좀 더 검토하고 나서 실행한다. ·······(   )(   )

131. 위대한 인물이 되고 싶다. ···························(   )(   )

132. 한 번에 많은 일을 떠맡아도 힘들지 않다. ····(   )(   )

133. 사람과 만날 약속은 부담스럽다. ··················(   )(   )

134. 질문을 받으면 충분히 생각하고 나서 대답하는 편이다. ·······(   )(   )

135. 머리를 쓰는 것보다 땀을 흘리는 일이 좋다. ·······(   )(   )

136. 결정한 것에는 철저히 구속받는다. ···············(   )(   )

137. 외출 시 문을 잠갔는지 몇 번을 확인한다. ·····(   )(   )

138. 이왕 할 거라면 일등이 되고 싶다. ··············(   )(   )

139. 과감하게 도전하는 타입이다. ······················(   )(   )

140. 자신은 사교적이 아니라고 생각한다. ············(   )(   )

141. 무심코 도리에 대해서 말하고 싶어진다. ········(   )(   )

142. '항상 건강하네요'라는 말을 듣는다. ·············(   )(   )

143. 단념하면 끝이라고 생각한다. ······················(   )(   )

144. 예상하지 못한 일은 하고 싶지 않다. ············(   )(   )

145. 파란만장하더라도 성공하는 인생을 걷고 싶다. ·······(   )(   )

146. 활기찬 편이라고 생각한다. ·························(   )(   )

147. 소극적인 편이라고 생각한다. ······················(   )(   )

148. 무심코 평론가가 되어 버린다. ·····················(   )(   )

149. 자신은 성급하다고 생각한다. ······················(   )(   )

150. 꾸준히 노력하는 타입이라고 생각한다. ··········(   )(   )

151. 내일의 계획이라도 메모한다. ······················(   )(   )

152. 리더십이 있는 사람이 되고 싶다. ················(   )(   )

153. 열정적인 사람이라고 생각한다. ··( )( )

154. 다른 사람 앞에서 이야기를 잘 하지 못한다. ······························( )( )

155. 통찰력이 있는 편이다. ···( )( )

156. 엉덩이가 가벼운 편이다. ···( )( )

157. 여러 가지로 구애됨이 있다. ··( )( )

158. 돌다리도 두들겨 보고 건너는 쪽이 좋다. ·······························( )( )

159. 자신에게는 권력욕이 있다. ··( )( )

160. 업무를 할당받으면 기쁘다. ··( )( )

161. 사색적인 사람이라고 생각한다. ··( )( )

162. 비교적 개혁적이다. ··( )( )

163. 좋고 싫음으로 정할 때가 많다. ··( )( )

164. 전통에 구애되는 것은 버리는 것이 적절하다. ·························( )( )

165. 교제 범위가 좁은 편이다. ··( )( )

166. 발상의 전환을 할 수 있는 타입이라고 생각한다. ····················( )( )

167. 너무 주관적이어서 실패한다. ···( )( )

168. 현실적이고 실용적인 면을 추구한다. ·····································( )( )

169. 내가 어떤 배우의 팬인지 아무도 모른다. ······························( )( )

170. 현실보다 가능성이다. ··( )( )

171. 마음이 담겨 있으면 선물은 아무 것이나 좋다. ·······················( )( )

172. 여행은 마음대로 하는 것이 좋다. ···( )( )

173. 추상적인 일에 관심이 있는 편이다. ·······································( )( )

174. 일은 대담히 하는 편이다. ··( )( )

175. 괴로워하는 사람을 보면 우선 동정한다. ·································( )( )

176. 가치기준은 자신의 안에 있다고 생각한다. ····························( )( )

177. 조용하고 조심스러운 편이다. ···( )( )

178. 상상력이 풍부한 편이라고 생각한다. ·····································( )( )

179. 의리, 인정이 두터운 상사를 만나고 싶다. ·····························( )( )

180. 인생의 앞날을 알 수 없어 재미있다. ┄┄┄┄┄┄┄┄┄┄┄┄┄┄┄┄┄┄┄┄┄┄( )( )

181. 밝은 성격이다. ┄┄┄┄┄┄┄┄┄┄┄┄┄┄┄┄┄┄┄┄┄┄┄┄┄┄┄┄┄┄┄┄┄( )( )

182. 별로 반성하지 않는다. ┄┄┄┄┄┄┄┄┄┄┄┄┄┄┄┄┄┄┄┄┄┄┄┄┄┄┄┄( )( )

183. 활동범위가 좁은 편이다. ┄┄┄┄┄┄┄┄┄┄┄┄┄┄┄┄┄┄┄┄┄┄┄┄┄┄( )( )

184. 자신을 시원시원한 사람이라고 생각한다. ┄┄┄┄┄┄┄┄┄┄┄┄┄┄( )( )

185. 좋다고 생각하면 바로 행동한다. ┄┄┄┄┄┄┄┄┄┄┄┄┄┄┄┄┄┄┄┄( )( )

186. 좋은 사람이 되고 싶다. ┄┄┄┄┄┄┄┄┄┄┄┄┄┄┄┄┄┄┄┄┄┄┄┄┄┄( )( )

187. 한 번에 많은 일을 떠맡는 것은 골칫거리라고 생각한다. ┄┄┄┄( )( )

188. 사람과 만날 약속은 즐겁다. ┄┄┄┄┄┄┄┄┄┄┄┄┄┄┄┄┄┄┄┄┄┄┄( )( )

189. 질문을 받으면 그때의 느낌으로 대답하는 편이다. ┄┄┄┄┄┄┄( )( )

190. 땀을 흘리는 것보다 머리를 쓰는 일이 좋다. ┄┄┄┄┄┄┄┄┄┄( )( )

191. 결정한 것이라도 그다지 구속받지 않는다. ┄┄┄┄┄┄┄┄┄┄┄( )( )

192. 외출 시 문을 잠갔는지 별로 확인하지 않는다. ┄┄┄┄┄┄┄┄( )( )

193. 지위에 어울리면 된다. ┄┄┄┄┄┄┄┄┄┄┄┄┄┄┄┄┄┄┄┄┄┄┄┄┄┄( )( )

194. 안전책을 고르는 타입이다. ┄┄┄┄┄┄┄┄┄┄┄┄┄┄┄┄┄┄┄┄┄┄┄( )( )

195. 자신은 사교적이라고 생각한다. ┄┄┄┄┄┄┄┄┄┄┄┄┄┄┄┄┄┄┄┄( )( )

196. 도리는 상관없다. ┄┄┄┄┄┄┄┄┄┄┄┄┄┄┄┄┄┄┄┄┄┄┄┄┄┄┄┄┄( )( )

197. '침착하네요'라는 말을 듣는다. ┄┄┄┄┄┄┄┄┄┄┄┄┄┄┄┄┄┄┄┄┄( )( )

198. 단념이 중요하다고 생각한다. ┄┄┄┄┄┄┄┄┄┄┄┄┄┄┄┄┄┄┄┄┄( )( )

199. 예상하지 못한 일도 해보고 싶다. ┄┄┄┄┄┄┄┄┄┄┄┄┄┄┄┄┄( )( )

200. 평범하고 평온하게 행복한 인생을 살고 싶다. ┄┄┄┄┄┄┄┄┄( )( )

201. 몹시 귀찮아하는 편이라고 생각한다. ┄┄┄┄┄┄┄┄┄┄┄┄┄┄( )( )

202. 특별히 소극적이라고 생각하지 않는다. ┄┄┄┄┄┄┄┄┄┄┄┄┄( )( )

203. 이것저것 평하는 것이 싫다. ┄┄┄┄┄┄┄┄┄┄┄┄┄┄┄┄┄┄┄┄┄( )( )

204. 자신은 성급하지 않다고 생각한다. ┄┄┄┄┄┄┄┄┄┄┄┄┄┄┄┄( )( )

205. 꾸준히 노력하는 것을 잘 하지 못한다. ┄┄┄┄┄┄┄┄┄┄┄┄┄( )( )

206. 내일의 계획은 머릿속에 기억한다. ┄┄┄┄┄┄┄┄┄┄┄┄┄┄┄┄( )( )

207. 협동성이 있는 사람이 되고 싶다. ···(   )(   )

208. 열정적인 사람이라고 생각하지 않는다. ···(   )(   )

209. 다른 사람 앞에서 이야기를 잘한다. ···(   )(   )

210. 행동력이 있는 편이다. ··(   )(   )

211. 엉덩이가 무거운 편이다. ···(   )(   )

212. 특별히 구애받는 것이 없다. ···(   )(   )

213. 돌다리는 두들겨 보지 않고 건너도 된다. ···(   )(   )

214. 자신에게는 권력욕이 없다. ··(   )(   )

215. 업무를 할당받으면 부담스럽다. ··(   )(   )

216. 활동적인 사람이라고 생각한다. ··(   )(   )

217. 비교적 보수적이다. ···(   )(   )

218. 손해인지 이익인지로 정할 때가 많다. ···(   )(   )

219. 전통을 견실히 지키는 것이 적절하다. ···(   )(   )

220. 교제 범위가 넓은 편이다. ···(   )(   )

221. 상식적인 판단을 할 수 있는 타입이라고 생각한다. ···(   )(   )

222. 너무 객관적이어서 실패한다. ···(   )(   )

223. 보수적인 면을 추구한다. ···(   )(   )

224. 내가 누구의 팬인지 주변의 사람들이 안다. ··(   )(   )

225. 가능성보다 현실이다. ··(   )(   )

226. 그 사람이 필요한 것을 선물하고 싶다. ···(   )(   )

227. 여행은 계획적으로 하는 것이 좋다. ···(   )(   )

228. 구체적인 일에 관심이 있는 편이다. ···(   )(   )

229. 일은 착실히 하는 편이다. ···(   )(   )

230. 괴로워하는 사람을 보면 우선 이유를 생각한다. ···(   )(   )

231. 가치기준은 자신의 밖에 있다고 생각한다. ···(   )(   )

232. 밝고 개방적인 편이다. ···(   )(   )

233. 현실 인식을 잘하는 편이라고 생각한다. ···( )( )

234. 공평하고 공적인 상사를 만나고 싶다. ···( )( )

235. 시시해도 계획적인 인생이 좋다. ···( )( )

236. 적극적으로 사람들과 관계를 맺는 편이다. ···( )( )

237. 활동적인 편이다. ···( )( )

238. 몸을 움직이는 것을 좋아하지 않는다. ···( )( )

239. 쉽게 질리는 편이다. ···( )( )

240. 경솔한 편이라고 생각한다. ···( )( )

241. 인생의 목표는 손이 닿을 정도면 된다. ···( )( )

242. 무슨 일도 좀처럼 시작하지 못한다. ···( )( )

243. 초면인 사람과도 바로 친해질 수 있다. ···( )( )

244. 행동하고 나서 생각하는 편이다. ···( )( )

245. 쉬는 날은 집에 있는 경우가 많다. ···( )( )

246. 완성되기 전에 포기하는 경우가 많다. ···( )( )

247. 계획 없는 여행을 좋아한다. ···( )( )

248. 욕심이 없는 편이라고 생각한다. ···( )( )

249. 활동력이 별로 없다. ···( )( )

250. 많은 사람들과 왁자지껄하게 식사하는 것을 좋아한다. ·····························( )( )

〉〉 예시 2

▎1~15▎ 다음 주어진 보기 중에서 자신과 가장 가깝다고 생각하는 것은 'ㄱ'에 표시하고, 자신과 가장 멀다고 생각하는 것은 'ㅁ'에 표시하시오.

1
① 모임에서 리더에 어울리지 않는다고 생각한다.
② 착실한 노력으로 성공한 이야기를 좋아한다.
③ 어떠한 일에도 의욕이 없이 임하는 편이다.
④ 학급에서는 존재가 두드러졌다.

ㄱ	① ② ③ ④
ㅁ	① ② ③ ④

2
① 아무것도 생각하지 않을 때가 많다.
② 스포츠는 하는 것보다는 보는 게 좋다.
③ 성격이 급한 편이다.
④ 비가 오지 않으면 우산을 가지고 가지 않는다.

ㄱ	① ② ③ ④
ㅁ	① ② ③ ④

3
① 1인자보다는 조력자의 역할을 좋아한다.
② 의리를 지키는 타입이다.
③ 리드를 하는 편이다.
④ 남의 이야기를 잘 들어준다.

ㄱ	① ② ③ ④
ㅁ	① ② ③ ④

4
① 여유 있게 대비하는 타입이다.
② 업무가 진행 중이라도 야근을 하지 않는다.
③ 즉흥적으로 약속을 잡는다.
④ 노력하는 과정이 결과보다 중요하다.

ㄱ	① ② ③ ④
ㅁ	① ② ③ ④

5

① 무리해서 행동할 필요는 없다.

② 유행에 민감하다고 생각한다.

③ 정해진 대로 움직이는 편이 안심된다.

④ 현실을 직시하는 편이다.

ㄱ	① ② ③ ④
ㅁ	① ② ③ ④

6

① 자유보다 질서를 중요시하는 편이다.

② 사람들과 이야기하는 것을 좋아한다.

③ 경험에 비추어 판단하는 편이다.

④ 영화나 드라마는 각본의 완성도나 화면구성에 주목한다.

ㄱ	① ② ③ ④
ㅁ	① ② ③ ④

7

① 혼자 자유롭게 생활하는 것이 편하다.

② 다른 사람의 소문에 관심이 많다.

③ 실무적인 편이다.

④ 비교적 냉정한 편이다.

ㄱ	① ② ③ ④
ㅁ	① ② ③ ④

8

① 협조성이 있다고 생각한다.

② 친한 친구의 휴대폰 번호는 대부분 외운다.

③ 정해진 순서에 따르는 것을 좋아한다.

④ 이성적인 사람으로 남고 싶다.

ㄱ	① ② ③ ④
ㅁ	① ② ③ ④

9
① 단체 생활을 잘 한다.
② 세상의 일에 관심이 많다.
③ 안정을 추구하는 편이다.
④ 도전하는 것이 즐겁다.

ㄱ	① ② ③ ④
ㅁ	① ② ③ ④

10
① 되도록 환경은 변하지 않는 것이 좋다.
② 밝은 성격이다.
③ 지나간 일에 연연하지 않는다.
④ 활동범위가 좁은 편이다.

ㄱ	① ② ③ ④
ㅁ	① ② ③ ④

11
① 자신을 시원시원한 사람이라고 생각한다.
② 좋다고 생각하면 바로 행동한다.
③ 세상에 필요한 사람이 되고 싶다.
④ 한 번에 많은 일을 떠맡는 것은 골칫거리라고 생각한다.

ㄱ	① ② ③ ④
ㅁ	① ② ③ ④

12
① 사람과 만나는 것이 즐겁다.
② 질문을 받으면 그때의 느낌으로 대답하는 편이다.
③ 땀을 흘리는 것보다 머리를 쓰는 일이 좋다.
④ 이미 결정된 것이라도 그다지 구속받지 않는다.

ㄱ	① ② ③ ④
ㅁ	① ② ③ ④

13

① 외출시 문을 잠갔는지 잘 확인하지 않는다.
② 권력욕이 있다.
③ 안전책을 고르는 타입이다.
④ 자신이 사교적이라고 생각한다.

ㄱ	①	②	③	④	
ㅁ	①	②	③	④	

14

① 예절 · 규칙 · 법 따위에 민감하다.
② '참 착하네요'라는 말을 자주 듣는다.
③ 내가 즐거운 것이 최고다.
④ 누구도 예상하지 못한 일을 해보고 싶다.

ㄱ	①	②	③	④	
ㅁ	①	②	③	④	

15

① 평범하고 평온하게 행복한 인생을 살고 싶다.
② 모험하는 것이 좋다.
③ 특별히 소극적이라고 생각하지 않는다.
④ 이것저것 평하는 것이 싫다.

ㄱ	①	②	③	④	
ㅁ	①	②	③	④	

>> 예시 3

┃1~10┃ 다음은 직장생활이나 사회생활에서 겪을 수 있는 상황들이다. 각 상황에 대한 반응의 적당한 정도를 표시하시오.

1 회사의 아이디어 공모에 평소 당신이 생각했던 것을 알고 있던 동료가 자기 이름으로 제안을 하여 당선이 되었다면 당신은 어떻게 할 것인가?

a. 나의 아이디어였음을 솔직히 말하고 당선을 취소시킨다.

매우 바람직하다						전혀 바람직하지 않다.
①	②	③	④	⑤	⑥	⑦

b. 동료에게 나의 아이디어였음을 말하고 설득한다.

매우 바람직하다						전혀 바람직하지 않다.
①	②	③	④	⑤	⑥	⑦

c. 모른 척 그냥 넘어간다.

매우 바람직하다						전혀 바람직하지 않다.
①	②	③	④	⑤	⑥	⑦

d. 상사에게 동료가 가로챈 것이라고 알린다.

매우 바람직하다						전혀 바람직하지 않다.
①	②	③	④	⑤	⑥	⑦

2 회사에서 근무를 하던 중 본의 아닌 실수를 저질렀다. 그로 인하여 상사로부터 꾸지람을 듣게 되었는데 당신의 실수에 비해 상당히 심한 인격적 모독까지 듣게 되었다면 당신은 어떻게 할 것인가?

a. 부당한 인격적 모욕에 항의한다.

매우 바람직하다						전혀 바람직하지 않다.
①	②	③	④	⑤	⑥	⑦

b. 그냥 자리로 돌아가 일을 계속 한다.

매우 바람직하다						전혀 바람직하지 않다.
①	②	③	④	⑤	⑥	⑦

c. 더 위의 상사에게 보고하여 그 상사의 사직을 권고한다.

매우 바람직하다						전혀 바람직하지 않다.
①	②	③	④	⑤	⑥	⑦

d. 동료들에게 상사의 험담을 한다.

매우 바람직하다						전혀 바람직하지 않다.
①	②	③	④	⑤	⑥	⑦

3 회사의 비품이 점점 없어지고 있다. 그런데 당신이 범인이라는 소문이 퍼져 있다면 당신은 어떻게 할 것인가?

a. 내가 아니면 그만이므로 그냥 참고 모른 척 한다.

매우 바람직하다　　　　　　　　　　　　　　　　　　　　전혀 바람직하지
　　　　　　　　　　　　　　　　　　　　　　　　　　　　않다.
　　①　　　②　　　③　　　④　　　⑤　　　⑥　　　⑦

b. 소문을 퍼트린 자를 찾아낸다.

매우 바람직하다　　　　　　　　　　　　　　　　　　　　전혀 바람직하지
　　　　　　　　　　　　　　　　　　　　　　　　　　　　않다.
　　①　　　②　　　③　　　④　　　⑤　　　⑥　　　⑦

c. 사람들에게 억울함을 호소한다.

매우 바람직하다　　　　　　　　　　　　　　　　　　　　전혀 바람직하지
　　　　　　　　　　　　　　　　　　　　　　　　　　　　않다.
　　①　　　②　　　③　　　④　　　⑤　　　⑥　　　⑦

d. 회사 물품뿐만 아니라 회사 기밀도 마구 빼돌렸다고 과장된 거짓말을 한다.

매우 바람직하다　　　　　　　　　　　　　　　　　　　　전혀 바람직하지
　　　　　　　　　　　　　　　　　　　　　　　　　　　　않다.
　　①　　　②　　　③　　　④　　　⑤　　　⑥　　　⑦

4   상사가 직원들과 대화를 할 때 항상 반말을 하며, 이름을 함부로 부른다. 당신은 어떻게 하겠는가?

a. 참고 지나간다.

매우 바람직하다   전혀 바람직하지
                                                                                않다.

①   ②   ③   ④   ⑤   ⑥   ⑦

b. 상사에게 존댓말과 바른 호칭을 쓸 것을 요구한다.

매우 바람직하다   전혀 바람직하지
                                                                                않다.

①   ②   ③   ④   ⑤   ⑥   ⑦

c. 더 위의 상사에게 이런 상황에 대한 불쾌감을 호소한다.

매우 바람직하다   전혀 바람직하지
                                                                                않다.

①   ②   ③   ④   ⑤   ⑥   ⑦

d. 듣지 못한 척 한다.

매우 바람직하다   전혀 바람직하지
                                                                                않다.

①   ②   ③   ④   ⑤   ⑥   ⑦

5 신입사원으로 출근을 한 지 한 달이 지났지만 사무실의 분위기와 환경이 잘 맞지 않아 적응하는 게 무척 힘들고 어렵다고 느끼고 있다. 그러나 어렵게 입사한 직장이라 더욱 부담은 커지고 하루 하루 지친다는 생각이 든다. 당신은 어떻게 하겠는가?

a. 분위기에 적응하려고 애쓴다.

매우 바람직하다						전혀 바람직하지 않다.
①	②	③	④	⑤	⑥	⑦

b. 상사에게 힘든 사항을 말하고 조언을 구한다.

매우 바람직하다						전혀 바람직하지 않다.
①	②	③	④	⑤	⑥	⑦

c. 여가시간을 활용한 다른 취미생활을 찾아본다.

매우 바람직하다						전혀 바람직하지 않다.
①	②	③	④	⑤	⑥	⑦

d. 다른 직장을 알아본다.

매우 바람직하다						전혀 바람직하지 않다.
①	②	③	④	⑤	⑥	⑦

6 당신이 야근을 마치고 엘리베이터를 타고 내려가고 있는데 갑자기 정전이 되었다면 어떻게 할 것인가?

a. 비상벨을 누른다.

매우 바람직하다						전혀 바람직하지 않다.
①	②	③	④	⑤	⑥	⑦

b. 사람을 부른다.

매우 바람직하다						전혀 바람직하지 않다.
①	②	③	④	⑤	⑥	⑦

c. 핸드폰으로 도움을 요청한다.

매우 바람직하다						전혀 바람직하지 않다.
①	②	③	④	⑤	⑥	⑦

d. 소리를 지른다.

매우 바람직하다						전혀 바람직하지 않다.
①	②	③	④	⑤	⑥	⑦

7 30명의 회사직원들과 함께 산악회를 결성하여 산행을 가게 되었다. 그런데 오후 12시에 산 밑으로 배달되기로 했던 도시락이 배달되지 않아, 우유와 빵으로 점심을 때우게 되었다. 점심을 다 먹고 난 후 도시락 배달원이 도착하였는데 음식점 주인이 실수로 배달장소를 다른 곳으로 알려주는 바람에 늦었다고 한다. 당신은 어떻게 할 것인가?

a. 음식점 주인의 잘못이므로 돈을 주지 않는다.

매우 바람직하다   전혀 바람직하지 않다.

①   ②   ③   ④   ⑤   ⑥   ⑦

b. 빵과 우유값을 공제한 음식값을 지불한다.

매우 바람직하다   전혀 바람직하지 않다.

①   ②   ③   ④   ⑤   ⑥   ⑦

c. 음식점 주인의 잘못이므로 절반의 돈만 준다.

매우 바람직하다   전혀 바람직하지 않다.

①   ②   ③   ④   ⑤   ⑥   ⑦

d. 늦게라도 도착하였으므로 돈을 전액 주도록 한다.

매우 바람직하다   전혀 바람직하지 않다.

①   ②   ③   ④   ⑤   ⑥   ⑦

8 회사의 사정이 좋지 않아 직원을 채용하지 못해 업무량만 늘어나고 있다. 동료 중 한 명이 회사를 떠나려고 사직을 준비하고 있다. 당신은 어떻게 하겠는가?

a. 회사 사정이 좋아질 때까지 조금만 더 참을 것을 요구한다.

매우 바람직하다　　　　　　　　　　　　　　　　　　　　　　　전혀 바람직하지 않다.

①　　　②　　　③　　　④　　　⑤　　　⑥　　　⑦

b. 내 업무만 신경 쓴다.

매우 바람직하다　　　　　　　　　　　　　　　　　　　　　　　전혀 바람직하지 않다.

①　　　②　　　③　　　④　　　⑤　　　⑥　　　⑦

c. 동료가 다른 직장을 구했는지 알아보고 그 회사가 직원을 더 구하고 있는지 알아본다.

매우 바람직하다　　　　　　　　　　　　　　　　　　　　　　　전혀 바람직하지 않다.

①　　　②　　　③　　　④　　　⑤　　　⑥　　　⑦

d. 같이 퇴사할 것을 고려해 본다.

매우 바람직하다　　　　　　　　　　　　　　　　　　　　　　　전혀 바람직하지 않다.

①　　　②　　　③　　　④　　　⑤　　　⑥　　　⑦

9 회사에서 구조조정을 한다는 소문이 돌고 있으며, 상사와 동료들로부터 냉정하고 따가운 시선이 느껴진다면 당신은 어떻게 하겠는가?

a. 모르는 척 무시한다.

매우 바람직하다   전혀 바람직하지 않다.

①   ②   ③   ④   ⑤   ⑥   ⑦

b. 퇴사를 준비한다.

매우 바람직하다   전혀 바람직하지 않다.

①   ②   ③   ④   ⑤   ⑥   ⑦

c. 싸늘한 시선이 느껴짐을 사람들 앞에서 큰소리로 말한다.

매우 바람직하다   전혀 바람직하지 않다.

①   ②   ③   ④   ⑤   ⑥   ⑦

d. 다른 사람의 잘못된 점을 은근슬쩍 꼬집어 상사에게 말한다.

매우 바람직하다   전혀 바람직하지 않다.

①   ②   ③   ④   ⑤   ⑥   ⑦

10 평소 애인과 함께 보고 싶었던 유명한 오케스트라 공연 티켓을 간신히 구했다. 회사를 막 퇴근하려고 하는데 상사로부터 전원 야근이라는 소리를 들었다. 당신은 어떻게 하겠는가?

a. 상사에게 양해를 구하고 공연을 보러 간다.

매우 바람직하다						전혀 바람직하지 않다.
①	②	③	④	⑤	⑥	⑦

b. 티켓을 환불하고 다음에 다른 공연을 보러 가자고 애인에게 알린다.

매우 바람직하다						전혀 바람직하지 않다.
①	②	③	④	⑤	⑥	⑦

c. 공연 관람 후 다시 회사로 돌아와 야근을 한다.

매우 바람직하다						전혀 바람직하지 않다.
①	②	③	④	⑤	⑥	⑦

d. 애인에게 티켓을 주고 다른 사람과 보러 가라고 한다.

매우 바람직하다						전혀 바람직하지 않다.
①	②	③	④	⑤	⑥	⑦

PART

IV

NCS
직업기초능력평가

CHAPTER 01 의사소통능력

1 의사소통과 의사소통능력

(1) 의사소통

① 개념 : 사람들 간에 생각이나 감정, 정보, 의견 등을 교환하는 총체적인 행위로, 직장생활에서의 의사소통은 조직과 팀의 효율성과 효과성을 성취할 목적으로 이루어지는 구성원 간의 정보와 지식 전달 과정이라고 할 수 있다.

② 기능 : 공동의 목표를 추구해 나가는 집단 내의 기본적 존재 기반이며 성과를 결정하는 핵심 기능이다.

③ 의사소통의 종류

    ㉠ 언어적인 것 : 대화, 전화통화, 토론 등

    ㉡ 문서적인 것 : 메모, 편지, 기획안 등

    ㉢ 비언어적인 것 : 몸짓, 표정 등

④ 의사소통을 저해하는 요인 : 정보의 과다, 메시지의 복잡성 및 메시지 간의 경쟁, 상이한 직위와 과업지향형, 신뢰의 부족, 의사소통을 위한 구조상의 권한, 잘못된 매체의 선택, 폐쇄적인 의사소통 분위기 등

(2) 의사소통능력

① 개념 : 직장생활에서 문서나 상대방이 하는 말의 의미를 파악하는 능력, 자신의 의사를 정확하게 표현하는 능력, 간단한 외국어 자료를 읽거나 외국인의 의사표시를 이해하는 능력을 포함한다.

② 의사소통능력 개발을 위한 방법

    ㉠ 사후검토와 피드백을 활용한다.

    ㉡ 명확한 의미를 가진 이해하기 쉬운 단어를 선택하여 이해도를 높인다.

    ㉢ 적극적으로 경청한다.

    ㉣ 메시지를 감정적으로 곡해하지 않는다.

② 의사소통능력을 구성하는 하위능력

(1) 문서이해능력

① 문서와 문서이해능력

ㄱ 문서 : 제안서, 보고서, 기획서, 이메일, 팩스 등 문자로 구성된 것으로 상대방에게 의사를 전달하여 설득하는 것을 목적으로 한다.

ㄴ 문서이해능력 : 직업현장에서 자신의 업무와 관련된 문서를 읽고, 내용을 이해하고 요점을 파악할 수 있는 능력을 말한다.

예제 1

다음은 신용카드 약관의 주요내용이다. 규정 약관을 제대로 이해하지 못한 사람은?

[부가서비스]
카드사는 법령에서 정한 경우를 제외하고 상품을 새로 출시한 후 1년 이내에 부가서비스를 줄이거나 없앨 수가 없다. 또한 부가서비스를 줄이거나 없앨 경우에는 그 세부내용을 변경일 6개월 이전에 회원에게 알려주어야 한다.

[중도 해지 시 연회비 반환]
연회비 부과기간이 끝나기 이전에 카드를 중도해지하는 경우 남은 기간에 해당하는 연회비를 계산하여 10 영업일 이내에 돌려줘야 한다. 다만, 카드 발급 및 부가서비스 제공에 이미 지출된 비용은 제외된다.

[카드 이용한도]
카드 이용한도는 카드 발급을 신청할 때에 회원이 신청한 금액과 카드사의 심사기준을 종합적으로 반영하여 회원이 신청한 금액 범위 이내에서 책정되며 회원의 신용도가 변동되었을 때에는 카드사는 회원의 이용한도를 조정할 수 있다.

[부정사용 책임]
카드 위조 및 변조로 인하여 발생된 부정사용 금액에 대해서는 카드사가 책임을 진다. 다만, 회원이 비밀번호를 다른 사람에게 알려주거나 카드를 다른 사람에게 빌려주는 등의 중대한 과실로 인해 부정사용이 발생하는 경우에는 회원이 그 책임의 전부 또는 일부를 부담할 수 있다.

① 혜수 : 카드사는 법령에서 정한 경우를 제외하고는 1년 이내에 부가서비스를 줄일 수 없어
② 진성 : 카드 위조 및 변조로 인하여 발생된 부정사용 금액은 일괄 카드사가 책임을 지게 돼
③ 영훈 : 회원의 신용도가 변경되었을 때 카드사가 이용한도를 조정할 수 있어
④ 영호 : 연회비 부과기간이 끝나기 이전에 카드를 중도해지하는 경우에는 남은 기간에 해당하는 연회비를 카드사는 돌려줘야 해

출제의도

주어진 약관의 내용을 읽고 그에 대한 상세 내용의 정보를 이해하는 능력을 측정하는 문항이다.

해 설

② 부정사용에 대해 고객의 과실이 있으면 회원이 그 책임의 전부 또는 일부를 부담할 수 있다.

답 ②

② 문서의 종류

    ㉠ 공문서 : 정부기관에서 공무를 집행하기 위해 작성하는 문서로, 단체 또는 일반회사에서 정부기관을 상대로 사업을 진행할 때 작성하는 문서도 포함된다. 엄격한 규격과 양식이 특징이다.

    ㉡ 기획서 : 아이디어를 바탕으로 기획한 프로젝트에 대해 상대방에게 전달하여 시행하도록 설득하는 문서이다.

    ㉢ 기안서 : 업무에 대한 협조를 구하거나 의견을 전달할 때 작성하는 사내 공문서이다.

    ㉣ 보고서 : 특정한 업무에 관한 현황이나 진행 상황, 연구 · 검토 결과 등을 보고하고자 할 때 작성하는 문서이다.

    ㉤ 설명서 : 상품의 특성이나 작동 방법 등을 소비자에게 설명하기 위해 작성하는 문서이다.

    ㉥ 보도자료 : 정부기관이나 기업체 등이 언론을 상대로 자신들의 정보를 기사화 되도록 하기 위해 보내는 자료이다.

    ㉦ 자기소개서 : 개인이 자신의 성장과정이나, 입사 동기, 포부 등에 대해 구체적으로 기술하여 자신을 소개하는 문서이다.

    ㉧ 비즈니스 레터(E-mail) : 사업상의 이유로 고객에게 보내는 편지다.

    ㉨ 비즈니스 메모 : 업무상 확인해야 할 일을 메모형식으로 작성하여 전달하는 글이다.

③ 문서이해의 절차 : 문서의 목적 이해→문서 작성 배경 · 주제 파악→정보 확인 및 현안문제 파악→문서 작성자의 의도 파악 및 자신에게 요구되는 행동 분석→목적 달성을 위해 취해야 할 행동 고려→문서 작성자의 의도를 도표나 그림 등으로 요약 · 정리

(2) 문서작성능력

① 작성되는 문서에는 대상과 목적, 시기, 기대효과 등이 포함되어야 한다.

② 문서작성의 구성요소

    ㉠ 짜임새 있는 골격, 이해하기 쉬운 구조

    ㉡ 객관적이고 논리적인 내용

    ㉢ 명료하고 설득력 있는 문장

    ㉣ 세련되고 인상적인 레이아웃

다음은 들은 내용을 구조적으로 정리하는 방법이다. 순서에 맞게 배열하면?

ⓞ 관련 있는 내용끼리 묶는다.
ⓛ 묶은 내용에 적절한 이름을 붙인다.
ⓒ 전체 내용을 이해하기 쉽게 구조화한다.
ⓔ 중복된 내용이나 덜 중요한 내용을 삭제한다.

---

① ㉠ㄴㄷㄹ   ② ㉠ㄴㄹㄷ
③ ㄴㄱㄷㄹ   ④ ㄴㄱㄹㄷ

출제의도

음성정보는 문자정보와는 달리 쉽게 잊혀지기 때문에 음성정보를 구조화 시키는 방법을 묻는 문항이다.

해 설

내용을 구조적으로 정리하는 방법은 'ⓞ 관련 있는 내용끼리 묶는다. → ⓛ 묶은 내용에 적절한 이름을 붙인다. → ⓔ 중복된 내용이나 덜 중요한 내용을 삭제한다. → ⓒ 전체 내용을 이해하기 쉽게 구조화 한다.'가 적절하다.

답 ②

---

③ 문서의 종류에 따른 작성방법

　㉠ 공문서

　　• 육하원칙이 드러나도록 써야 한다.
　　• 날짜는 반드시 연도와 월, 일을 함께 언급하며, 날짜 다음에 괄호를 사용할 때는 마침표를 찍지 않는다.
　　• 대외문서이며, 장기간 보관되기 때문에 정확하게 기술해야 한다.
　　• 내용이 복잡할 경우 '-다음-', '-아래-'와 같은 항목을 만들어 구분한다.
　　• 한 장에 담아내는 것을 원칙으로 하며, 마지막엔 반드시 '끝'자로 마무리 한다.

　㉡ 설명서

　　• 정확하고 간결하게 작성한다.
　　• 이해하기 어려운 전문용어의 사용은 삼가고, 복잡한 내용은 도표화 한다.
　　• 명령문보다는 평서문을 사용하고, 동어 반복보다는 다양한 표현을 구사하는 것이 바람직하다.

　㉢ 기획서

　　• 상대를 설득하여 기획서가 채택되는 것이 목적이므로 상대가 요구하는 것이 무엇인지 고려하여 작성하며, 기획의 핵심을 잘 전달하였는지 확인한다.
　　• 분량이 많을 경우 전체 내용을 한눈에 파악할 수 있도록 목차구성을 신중히 한다.
　　• 효과적인 내용 전달을 위한 표나 그래프를 적절히 활용하고 산뜻한 느낌을 줄 수 있도록 한다.
　　• 인용한 자료의 출처 및 내용이 정확해야 하며 제출 전 충분히 검토한다.

　㉣ 보고서

　　• 도출하고자 하는 핵심내용을 구체적이고 간결하게 작성한다.
　　• 내용이 복잡할 경우 도표나 그림을 활용하고, 참고자료는 정확하게 제시한다.
　　• 제출하기 전에 최종점검을 하며 질의를 받을 것에 대비한다.

다음 중 공문서 작성에 대한 설명으로 가장 적절하지 못한 것은?

① 공문서나 유가증권 등에 금액을 표시할 때에는 한글로 기재하고 그 옆에 괄호를 넣어 숫자로 표기한다.

② 날짜는 숫자로 표기하되 년, 월, 일의 글자는 생략하고 그 자리에 온점(.)을 찍어 표시한다.

③ 첨부물이 있는 경우에는 붙임 표시문 끝에 1자 띄우고 "끝."이라고 표시한다.

④ 공문서의 본문이 끝났을 경우에는 1자를 띄우고 "끝."이라고 표시한다.

출제의도

업무를 할 때 필요한 공문서 작성법을 잘 알고 있는지를 측정하는 문항이다.

해 설

공문서 금액 표시

아라비아 숫자로 쓰고, 숫자 다음에 괄호를 하여 한글로 기재한다.

예) 123,456원의 표시 : 금 123,456(금 일십이만삼천사백오십육원)

답 ①

④ 문서작성의 원칙

　ㄱ 문장은 짧고 간결하게 작성한다.(간결체 사용)

　ㄴ 상대방이 이해하기 쉽게 쓴다.

　ㄷ 불필요한 한자의 사용을 자제한다.

　ㄹ 문장은 긍정문의 형식을 사용한다.

　ㅁ 간단한 표제를 붙인다.

　ㅂ 문서의 핵심내용을 먼저 쓰도록 한다.(두괄식 구성)

⑤ 문서작성 시 주의사항

　ㄱ 육하원칙에 의해 작성한다.

　ㄴ 문서 작성시기가 중요하다.

　ㄷ 한 사안은 한 장의 용지에 작성한다.

　ㄹ 반드시 필요한 자료만 첨부한다.

　ㅁ 금액, 수량, 일자 등은 기재에 정확성을 기한다.

　ㅂ 경어나 단어사용 등 표현에 신경 쓴다.

　ㅅ 문서작성 후 반드시 최종적으로 검토한다.

⑥ 효과적인 문서작성 요령

　ⓐ 내용이해 : 전달하고자 하는 내용과 핵심을 정확하게 이해해야 한다.

　ⓑ 목표설정 : 전달하고자 하는 목표를 분명하게 설정한다.

　ⓒ 구성 : 내용 전달 및 설득에 효과적인 구성과 형식을 고려한다.

　ⓓ 자료수집 : 목표를 뒷받침할 자료를 수집한다.

　ⓔ 핵심전달 : 단락별 핵심을 하위목차로 요약한다.

　ⓕ 대상파악 : 대상에 대한 이해와 분석을 통해 철저히 파악한다.

　ⓖ 보충설명 : 예상되는 질문을 정리하여 구체적인 답변을 준비한다.

　ⓗ 문서표현의 시각화 : 그래프, 그림, 사진 등을 적절히 사용하여 이해를 돕는다.

(3) 경청능력

① 경청의 중요성 : 경청은 다른 사람의 말을 주의 깊게 들으며 공감하는 능력으로 경청을 통해 상대방을 한 개인으로 존중하고 성실한 마음으로 대하게 되며, 상대방의 입장에 공감하고 이해하게 된다.

② 경청을 방해하는 습관 : 짐작하기, 대답할 말 준비하기, 걸러내기, 판단하기, 다른 생각하기, 조언하기, 언쟁하기, 옳아야만 하기, 슬쩍 넘어가기, 비위 맞추기 등

③ 효과적인 경청방법

　ⓐ 준비하기 : 강연이나 프레젠테이션 이전에 나누어주는 자료를 읽어 미리 주제를 파악하고 등장하는 용어를 익혀둔다.

　ⓑ 주의 집중 : 말하는 사람의 모든 것에 집중해서 적극적으로 듣는다.

　ⓒ 예측하기 : 다음에 무엇을 말할 것인가를 추측하려고 노력한다.

　ⓓ 나와 관련짓기 : 상대방이 전달하고자 하는 메시지를 나의 경험과 관련지어 생각해 본다.

　ⓔ 질문하기 : 질문은 듣는 행위를 적극적으로 하게 만들고 집중력을 높인다.

　ⓕ 요약하기 : 주기적으로 상대방이 전달하려는 내용을 요약한다.

　ⓖ 반응하기 : 피드백을 통해 의사소통을 점검한다.

다음은 면접스터디 중 일어난 대화이다. 민아의 고민을 해소하기 위한 조언으로 가장 적절한 것은?

> 지섭 : 민아씨, 어디 아파요? 표정이 안 좋아 보여요.
>
> 민아 : 제가 원서 넣은 공단이 내일 면접이어서요. 그동안 스터디를 통해서 면접 연습을 많이 했는데도 벌써부터 긴장이 되네요.
>
> 지섭 : 민아씨는 자기 의견도 명확히 피력할 줄 알고 조리 있게 설명을 잘 하시니 걱정 안하셔도 될 것 같아요. 아, 손에 꽉 쥐고 계신 건 뭔가요?
>
> 민아 : 아, 제가 예상 답변을 정리해서 모아둔거예요. 내용은 거의 외웠는데 이렇게 쥐고 있지 않으면 불안해서..
>
> 지섭 : 그 정도로 준비를 철저히 하셨으면 걱정할 이유 없을 것 같아요.
>
> 민아 : 그래도 압박면접이거나 예상치 못한 질문이 들어오면 어떻게 하죠?
>
> 지섭 : _____

① 시선을 적절히 처리하면서 부드러운 어투로 말하는 연습을 해보는 건 어때요?
② 공식적인 자리인 만큼 옷차림을 신경 쓰는 게 좋을 것 같아요.
③ 당황하지 말고 질문자의 의도를 잘 파악해서 침착하게 대답하면 되지 않을까요?
④ 예상 질문에 대한 답변을 좀 더 정확하게 외워보는 건 어떨까요?

출제의도

상대방이 하는 말을 듣고 질문 의도에 따라 올바르게 답하는 능력을 측정하는 문항이다.

해 설

민아는 압박질문이나 예상치 못한 질문에 대해 걱정을 하고 있으므로 침착하게 대응하라고 조언을 해주는 것이 좋다.

답 ③

(4) 의사표현능력

① 의사표현의 개념과 종류

> ㉠ 개념 : 화자가 자신의 생각과 감정을 청자에게 음성언어나 신체언어로 표현하는 행위이다.
>
> ㉡ 종류
> - 공식적 말하기 : 사전에 준비된 내용을 대중을 대상으로 말하는 것으로 연설, 토의, 토론 등이 있다.
> - 의례적 말하기 : 사회·문화적 행사에서와 같이 절차에 따라 하는 말하기로 식사, 주례, 회의 등이 있다.
> - 친교적 말하기 : 친근한 사람들 사이에서 자연스럽게 주고받는 대화 등을 말한다.

② 의사표현의 방해요인

> ㉠ 연단공포증 : 연단에 섰을 때 가슴이 두근거리거나 땀이 나고 얼굴이 달아오르는 등의 현상으로 충분한 분석과 준비, 더 많은 말하기 기회 등을 통해 극복할 수 있다.
>
> ㉡ 말 : 말의 장단, 고저, 발음, 속도, 쉼 등을 포함한다.
>
> ㉢ 음성 : 목소리와 관련된 것으로 음색, 고저, 명료도, 완급 등을 의미한다.
>
> ㉣ 몸짓 : 비언어적 요소로 화자의 외모, 표정, 동작 등이다.
>
> ㉤ 유머 : 말하기 상황에 따른 적절한 유머를 구사할 수 있어야 한다.

③ 상황과 대상에 따른 의사표현법

    ⊙ 잘못을 지적할 때 : 모호한 표현을 삼가고 확실하게 지적하며, 당장 꾸짖고 있는 내용에만 한정한다.

    ⓛ 칭찬할 때 : 자칫 아부로 여겨질 수 있으므로 센스 있는 칭찬이 필요하다.

    ⓒ 부탁할 때 : 먼저 상대방의 사정을 듣고 응하기 쉽게 구체적으로 부탁하며 거절을 당해도 싫은 내색을 하지 않는다.

    ⓡ 요구를 거절할 때 : 먼저 사과하고 응해줄 수 없는 이유를 설명한다.

    ⓜ 명령할 때 : 강압적인 말투보다는 'ㅇㅇ을 이렇게 해주는 것이 어떻겠습니까?'와 같은 식으로 부드럽게 표현하는 것이 효과적이다.

    ⓗ 설득할 때 : 일방적으로 강요하기보다는 먼저 양보해서 이익을 공유하겠다는 의지를 보여주는 것이 좋다.

    ⓢ 충고할 때 : 충고는 가장 최후의 방법이다. 반드시 충고가 필요한 상황이라면 예화를 들어 비유적으로 깨우쳐주는 것이 바람직하다.

    ⓞ 질책할 때 : 샌드위치 화법(칭찬의 말 + 질책의 말 + 격려의 말)을 사용하여 청자의 반발을 최소화한다.

예제 5

당신은 팀장님께 업무 지시내용을 수행하고 결과물을 보고 드렸다. 하지만 팀장님께서는 "최대리 업무를 이렇게 처리하면 어떡하나? 누락된 부분이 있지 않은가."라고 말하였다. 이에 대해 당신이 행할 수 있는 가장 부적절한 대처 자세는?

① "죄송합니다. 제가 잘 모르는 부분이라 이수혁 과장님께 부탁을 했는데 과장님께서 실수를 하신 것 같습니다."

② "주의를 기울이지 못해 죄송합니다. 어느 부분을 수정보완하면 될까요?"

③ "지시하신 내용을 제가 충분히 이해하지 못하였습니다. 내용을 다시 한 번 여쭤보아도 되겠습니까?"

④ "부족한 내용을 보완하는 자료를 취합하기 위해서 하루정도가 더 소요될 것 같습니다. 언제까지 재작성하여 드리면 될까요?"

출제의도

상사가 잘못을 지적하는 상황에서 어떻게 대처해야 하는지를 묻는 문항이다.

해 설

상사가 부탁한 지시사항을 다른 사람에게 부탁하는 것은 옳지 못하며 설사 그렇다고 해도 그 일의 과오에 대해 책임을 전가하는 것은 지양해야 할 자세이다.

답 ①

---

④ 원활한 의사표현을 위한 지침

    ⊙ 올바른 화법을 위해 독서를 하라.

    ⓛ 좋은 청중이 되라.

    ⓒ 칭찬을 아끼지 마라.

      ② 공감하고, 긍정적으로 보이게 하라.

      ⑩ 겸손은 최고의 미덕임을 잊지 마라.

      ⑪ 과감하게 공개하라.

      ⊗ 뒷말을 숨기지 마라.

      ⊙ 첫마디 말을 준비하라.

      ⊗ 이성과 감성의 조화를 꾀하라.

      ⊗ 대화의 룰을 지켜라.

      ⊙ 문장을 완전하게 말하라.

⑤ 설득력 있는 의사표현을 위한 지침

      ㉠ 'Yes'를 유도하여 미리 설득 분위기를 조성하라.

      ㉡ 대비 효과로 분발심을 불러 일으켜라.

      ㉢ 침묵을 지키는 사람의 참여도를 높여라.

      ㉣ 여운을 남기는 말로 상대방의 감정을 누그러뜨려라.

      ㉤ 하던 말을 갑자기 멈춤으로써 상대방의 주의를 끌어라.

      ㉥ 호칭을 바꿔서 심리적 간격을 좁혀라.

      ㉦ 끄집어 말하여 자존심을 건드려라.

      ㉧ 정보전달 공식을 이용하여 설득하라.

      ㉨ 상대방의 불평이 가져올 결과를 강조하라.

      ㉩ 권위 있는 사람의 말이나 작품을 인용하라.

      ㉪ 약점을 보여 주어 심리적 거리를 좁혀라.

      ㉫ 이상과 현실의 구체적 차이를 확인시켜라.

      ㉬ 자신의 잘못도 솔직하게 인정하라.

      ㉭ 집단의 요구를 거절하려면 개개인의 의견을 물어라.

      ⓐ 동조 심리를 이용하여 설득하라.

      ⓑ 지금까지의 노고를 치하한 뒤 새로운 요구를 하라.

      ⓒ 담당자가 대변자 역할을 하도록 하여 윗사람을 설득하게 하라.

      ⓓ 겉치레 양보로 기선을 제압하라.

      ⓔ 변명의 여지를 만들어 주고 설득하라.

      ⓕ 혼자 말하는 척하면서 상대의 잘못을 지적하라.

(5) 기초외국어능력

① 기초외국어능력의 개념과 필요성

　　㉠ 개념 : 외국어로 된 간단한 자료를 이해하거나, 외국인과의 전화응대와 간단한 대화 등 외국인의 의사표현을 이해하고, 자신의 의사를 기초외국어로 표현할 수 있는 능력이다.

　　㉡ 필요성 : 국제화·세계화 시대에 다른 나라와의 무역을 위해 우리의 언어가 아닌 국제적인 통용어를 사용하거나 그들의 언어로 의사소통을 해야 하는 경우가 생길 수 있다.

② 외국인과의 의사소통에서 피해야 할 행동

　　㉠ 상대를 볼 때 흘겨보거나, 노려보거나, 아예 보지 않는 행동

　　㉡ 팔이나 다리를 꼬는 행동

　　㉢ 표정이 없는 것

　　㉣ 다리를 흔들거나 펜을 돌리는 행동

　　㉤ 맞장구를 치지 않거나 고개를 끄덕이지 않는 행동

　　㉥ 생각 없이 메모하는 행동

　　㉦ 자료만 들여다보는 행동

　　㉧ 바르지 못한 자세로 앉는 행동

　　㉨ 한숨, 하품, 신음소리를 내는 행동

　　㉩ 다른 일을 하며 듣는 행동

　　㉪ 상대방에게 이름이나 호칭을 어떻게 부를지 묻지 않고 마음대로 부르는 행동

③ 기초외국어능력 향상을 위한 공부법

　　㉠ 외국어공부의 목적부터 정하라.

　　㉡ 매일 30분씩 눈과 손과 입에 밸 정도로 반복하라.

　　㉢ 실수를 두려워하지 말고 기회가 있을 때마다 외국어로 말하라.

　　㉣ 외국어 잡지나 원서와 친해져라.

　　㉤ 소홀해지지 않도록 라이벌을 정하고 공부하라.

　　㉥ 업무와 관련된 주요 용어의 외국어는 꼭 알아두자.

　　㉦ 출퇴근 시간에 외국어 방송을 보거나, 듣는 것만으로도 귀가 트인다.

　　㉧ 어린이가 단어를 배우듯 외국어 단어를 암기할 때 그림카드를 사용해 보라.

　　㉨ 가능하면 외국인 친구를 사귀고 대화를 자주 나눠 보라.

출제예상문제

1 다음 글에서 형식이가 의사소통능력을 향상시키기 위해 노력한 것으로 옳지 않은 것은?

> ○○기업에 다니는 형식이는 평소 자기주장이 강하고 남의 말을 잘 듣지 않는다. 오늘도 그는 같은 팀 동료들과 새로운 프로젝트를 위한 회의에서 자신의 의견만을 고집하다가 결국 일부 팀 동료들이 자리를 박차고 나가 마무리를 짓지 못했다. 이로 인해 형식은 팀 내에서 은근히 따돌림을 당했고 자신의 행동에 잘못이 있음을 깨달았다. 그 후 그는 서점에서 다양한 의사소통과 관련된 책을 읽으면서 조금씩 자신의 단점을 고쳐나가기로 했다. 먼저 그는 자신이 너무 자기주장만을 내세운다고 생각하고 이를 절제하기 위해 꼭 하고 싶은 말만 간단명료하게 하기로 마음먹었다. 그리고 말을 할 때에도 상대방의 입장에서 먼저 생각하고 상대방을 배려하는 마음을 가지려고 노력하였다. 또한 남의 말을 잘 듣기 위해 중요한 내용은 메모하는 습관을 들이고 상대방이 말할 때 적절하게 반응을 보였다. 이렇게 6개월을 꾸준히 노력하자 등을 돌렸던 팀 동료들도 그의 노력에 감탄하며 다시 마음을 열기 시작했고 이후 그의 팀은 중요한 프로젝트를 성공적으로 해내 팀원 전원이 한 직급씩 승진을 하게 되었다.

① 메모하기   ② 배려하기
③ 시선공유   ④ 반응하기

✔해설 시선공유도 바람직한 의사소통을 위한 중요한 요소이지만 위 글에 나오는 형식이의 노력에서는 찾아볼 수 없다.

2 다음은 토론과 토의를 비교한 표이다. 옳지 않은 것은?

	구분	토론	토의
①	정의	특정 주제에 대한 찬성과 반대의 주장을 논하는 과정	특정 문제를 해결하기 위한 다양한 해결방안을 모색하는 과정
②	목적	각자가 가지고 있는 다양한 의견을 개진하고 교환하며 검토함	각각 찬성과 반대 입장에서 자신의 주장을 받아들이도록 제3자인 청중을 설득함
③	특성	상호 대립적·공격적·경쟁적·논쟁적	상호 협동적·협조적·협력적
④	형식	일정한 형식과 규칙에 따라 발언함	비교적 자유롭게 발언함

✔해설

구분	토론	토의
정의	특정 주제에 대한 찬성과 반대의 주장을 논하는 과정	특정 문제를 해결하기 위한 다양한 해결방안을 모색하는 과정
목적	각각 찬성과 반대 입장에서 자신의 주장을 받아들이도록 제3자인 청중을 설득함	각자가 가지고 있는 다양한 의견을 개진하고 교환하며 검토함
특성	상호 대립적·공격적·경쟁적·논쟁적	상호 협동적·협조적·협력적
형식	일정한 형식과 규칙에 따라 발언함	비교적 자유롭게 발언함
효과	문제의 본질에 대한 이해를 높여줌	문제 해결책을 도출함
결과	승패	타협

∎3~5∎ 다음 글을 읽고 물음에 답하시오.

봉수는 햇불과 연기로써 급한 소식을 전하던 전통시대의 통신제도로 높은 산에 올라가 불을 피워 낮에는 연기로, 밤에는 불빛으로 신호하는 방식이었다. 봉수제도는 우역제와 더불어 신식우편과 전기통신이 창시되기 이전의 전근대국가에서는 가장 중요하고 보편적인 통신방법이었는데 역마나 인편보다 시간적으로 단축되었고, 신속한 효용성을 발휘하여 지방의 급변하는 민정상황이나 국경지방의 적의 동태를 상급기관인 중앙의 병조에 쉽게 연락할 수 있었기 때문이다. 보통 봉수제는 국가의 정치·군사적인 전보기능을 목적으로 설치되었는데 우리나라에서 군사적인 목적으로 설치된 봉수제가 처음 문헌기록에 나타난 시기는 고려 중기 무렵이다. 이후 조선이 건국되면서 조선의 지배층들은 고려시대 봉수제를 이어받았는데 특히 세종 때에는 종래에 계승되어 온 고려의 봉수제를 바탕으로 하고 중국의 제도를 크게 참고하여 그 면모를 새롭게 하였다. 하지만 이러한 봉수제는 시간이 지날수록 점점 유명무실하게 되었고 결국 임진왜란이 일어나자 이에 대한 대비책으로 파발제가 등장하게 되었다. 봉수는 경비가 덜 들고 신속하게 전달할 수 있는 장점이 있으나 적정을 오직 5거의 방법으로만 전하여, 그 내용을 자세히 전달할 수 없어 군령의 시달이 어렵고 또한 비와 구름·안개로 인한 판단곤란과 중도단절 등의 결점이 있었다. 반면에 파발은 경비가 많이 소모되고 봉수보다는 전달속도가 늦은 결점이 있으나 문서로써 전달되기 때문에 보안유지는 물론 적의 병력 수·장비·이동상황 그리고 아군의 피해상황 등을 상세하게 전달할 수 있는 장점이 있었다.

---

3 다음 중 옳지 않은 것은?

① 봉수는 전통시대의 통신제도로 높은 산에 올라가 낮에는 연기로, 밤에는 불빛으로 신호를 보냈다.

② 보통 봉수제는 국가의 정치·군사적인 전보기능을 목적으로 설치되었는데 우리나라에서는 고려 중기 무렵에 처음으로 문헌기록으로 나타난다.

③ 봉수는 역마나 인편보다 시간적으로 단축되었고, 신속한 효용성을 발휘하여 지방의 급박한 상황을 중앙에 쉽게 연락할 수 있었다.

④ 봉수제도는 조선시대 들어서 그 기틀이 확고히 자리 잡아 임진왜란 당시에는 큰 역할을 하였다.

> ✔️**해설** ④ 봉수제도는 조선 초기에 여러 제도를 참고하여 그 면모를 새롭게 하였지만 시간이 지날수록 점점 유명무실하게 되었고 결국 임진왜란이 일어나자 이에 대한 대비책으로 파발제가 등장하게 되었다.

4 위 글에서 봉수는 적정을 5거의 방법으로 전한다고 한다. 다음은 조선시대 봉수제도의 5거의 각 단계와 오늘날 정규전에 대비해 발령하는 전투준비태세인 데프콘의 각 단계를 설명한 것이다. 오늘날의 데프콘 4는 봉수의 5거제 중 어디에 가장 가까운가?

> • 봉수제 : 봉수대에서는 거수를 달리하여 정세의 완급을 나타냈는데 평상시에는 1거, 왜적이 해상에 나타나거나 적이 국경에 나타나면 2거, 왜적이 해안에 가까이 오거나 적이 변경에 가까이 오면 3거, 우리 병선과 접전하거나 국경을 침범하면 4거, 왜적이 상륙하거나 국경에 침범한 적과 접전하면 5거씩 올리도록 하였다.
> • 데프콘 : 데프콘은 정보감시태세인 워치콘 상태의 분석 결과에 따라 전군에 내려지는데 데프콘 5는 적의 위협이 없는 안전한 상태일 때, 데프콘 4는 적과 대립하고 있으나 군사개입 가능성이 없는 상태일 때, 데프콘 3은 중대하고 불리한 영향을 초래할 수 있는 긴장상태가 전개되거나 군사개입 가능성이 있을 때, 데프콘 2는 적이 공격 준비태세를 강화하려는 움직임이 있을 때, 데프콘 1은 중요 전략이나 전술적 적대행위 징후가 있고 전쟁이 임박해 전쟁계획 시행을 위한 준비가 요구되는 최고준비태세일 때 발령된다.

① 1거   ② 2거

③ 3거   ④ 4거

✔ 해설   오늘날 데프콘 4는 조선시대 봉수의 5거제 중 2거에 가장 가깝다고 볼 수 있다. 참고로 우리나라는 1953년 정전 이래 데프콘 4가 상시 발령되어 있다.

5 다음 중 위 글의 '봉수'에 해당하는 한자로 옳은 것은?

① 烽燧   ② 逢受

③ 鳳首   ④ 封手

✔ 해설   ② 남의 돈이나 재물을 맡음
         ③ 봉황의 머리
         ④ 바둑이나 장기에서 대국이 하루 만에 끝나지 아니할 경우 그 날의 마지막 수를 종이에 써서 봉하여 놓음. 또는 그 마지막 수

Answer   3.④   4.②   5.①

6 다음 중 김 씨에게 해 줄 수 있는 조언으로 적절하지 않은 것은 무엇인가?

> 기획팀 사원 김 씨는 좋은 아이디어를 가지고 있지만, 이를 제대로 표현하지 못한다. 평상시 성격도 소심하고 내성적이라 남들 앞에서 프레젠테이션을 하는 상황만 되면 당황하여 목소리가 떨리고 말이 잘 나오지 않는다. 머릿속엔 아무런 생각도 나지 않고 어떻게 하면 빨리 이 자리를 벗어날 수 있을까 궁리하게 된다. 아무리 발표 준비를 철저하게 하더라도 윗사람이 많은 자리나 낯선 상황에 가면 김 씨는 자신도 모르게 목소리가 작아지고 중얼거리며, 시선은 아래로 떨어져 한 곳을 응시하게 된다. 이뿐만 아니라 발표 내용은 산으로 흘러가고, 간투사를 많이 사용하여 상대와의 원활한 의사소통이 이루어지지 않는다.

① 프레젠테이션 전에 심호흡 등을 통해 마음의 평정을 유지해 보세요.

② 청중을 너무 의식하지 말고, 리허설을 통해 상황에 익숙해지도록 하세요.

③ 프레젠테이션을 할 때는 긴장이 되더라도 밝고 자신감 넘치는 표정과 박력 있는 목소리로 준비한 내용을 표현하세요.

④ 목소리 톤은 좋은데 몸동작이 부자연스러워 주의가 분산되고 있으니 상황에 따른 적절한 비언어적 표현을 사용하세요.

✔ **해설** 김 씨는 연단에서 발표를 할 때 말하기 불안 증세를 보이고 있다. 이를 극복하기 위해서는 완벽한 준비, 상황에 익숙해지기, 청자 분석 등이 필요하다. 다른 내용과 달리 해당 글에서 신체 비언어적 표현에 관해 언급하는 내용은 확인할 수 없다. 따라서 '몸동작이 부자연스럽다'는 것은 알 수 없다. 또한 발표 시에 목소리가 '작아진다'고 하였으므로 '목소리 톤이 좋다'는 내용도 적절하지 않다.

7 다음은 신입 사원이 작성한 기획서이다. 귀하가 해당 기획서를 살펴보니 수정해야 할 부분이 있어서 신입사원에게 조언을 해 주고자 한다. 다음 기획서에서 수정해야 할 부분이 아닌 것은 무엇인가?

[행사 기획서]

제목 : 홍보 행사에 대한 기획

2007년부터 지구 온난화에 대한 경각심을 일깨우기 위해 호주에서 시작된 지구촌 불끄기 행사는 세계 최대 규모의 민간자연보호단체인 세계자연보호기금(WWF)에서 약 한 시간가량 가정과 기업이 소등을 해 기후에 어떠한 변화로 나타나는지 보여주기 위한 행사입니다. 본 부서는 현재 135개국 이상 5000여 개의 도시가 참여를 하고 있는 이 운동을 알리고, 기후변화에 대한 인식을 확산하며 탄소 배출량을 감축시키기 위해 다음과 같은 홍보 행사를 진행하려고 합니다.

– 다음 –

1) 일정 : 2022년 4월 22일
2) 장소 : 광화문 앞 광장
3) 예상 참여인원 : ○○명

2022년 3월 2일
홍보팀 사원 김○○

---

① 행사 담당 인원과 담당자가 누구인지 밝힌다.
② 행사를 진행했을 때 거둘 수 있는 긍정적 기대효과에 대한 내용을 추가한다.
③ 구체적으로 어떤 종류의 홍보 행사를 구성하고자 하는지 목차에 그 내용을 추가한다.
④ 제목에 가두 홍보 행사라는 점을 드러내어 제목만으로도 기획서의 내용을 예상할 수 있도록 한다.

✔해설 다른 내용들은 주어진 행사 보고서를 통해 확인할 수 없다. 하지만 행사를 진행했을 때 얻을 수 있는 기대효과는 '이 운동을 알리고, 기후변화에 대한 인식을 확산하며 탄소 배출량을 감축시키기 위해'라고 본문에 제시되어 있다.

8 다음은 근로장려금 신청자격 요건에 대한 정부제출안과 국회통과안의 내용이다. 이에 근거하여 옳은 내용은?

요건	정부제출안	국회통과안
총소득	부부의 연간 총소득이 1,700만 원 미만일 것(총소득은 근로소득과 사업소득 등 다른 소득을 합산한 소득)	좌동
부양자녀	다음 항목을 모두 갖춘 자녀를 2인 이상 부양할 것 (1) 거주자의 자녀이거나 동거하는 입양자일 것 (2) 18세 미만일 것(단, 중증장애인은 연령제한을 받지 않음) (3) 연간 소득금액의 합계액이 100만 원 이하일 것	다음 항목을 모두 갖춘 자녀를 1인 이상 부양할 것 (1)~(3) 좌동
주택	세대원 전원이 무주택자일 것	세대원 전원이 무주택자이거나 기준시가 5천만 원 이하의 주택을 한 채 소유할 것
재산	세대원 전원이 소유하고 있는 재산 합계액이 1억 원 미만일 것	좌동
신청 제외자	(1) 3개월 이상 국민기초생활보장급여 수급자 (2) 외국인(단, 내국인과 혼인한 외국인은 신청 가능)	좌동

① 정부제출안보다 국회통과안에 의할 때 근로장려금 신청자격을 갖춘 대상자의 수가 더 줄어들 것이다.

② 두 안의 총소득요건과 부양자녀요건을 충족하고, 소유 재산이 주택(5천만 원), 토지(3천만 원), 자동차(2천만 원)인 A는 정부제출안에 따르면 근로장려금을 신청할 수 없지만 국회통과안에 따르면 신청할 수 있다.

③ 소득이 없는 20세 중증장애인 자녀 한 명만을 부양하는 B가 국회통과안에서의 다른 요건들을 모두 충족하고 있다면 B는 국회통과안에 의해 근로장려금을 신청할 수 있다.

④ 총소득, 부양자녀, 주택, 재산 요건을 모두 갖춘 한국인과 혼인한 외국인은 정부제출안에 따르면 근로장려금을 신청할 수 없지만 국회통과안에 따르면 신청할 수 있다.

✔해설 ③ 중증장애인은 연령제한을 받지 않고, 국회통과안의 경우 부양자녀가 1인 이상이면 근로장려금을 신청할 수 있으므로, 다른 요건들을 모두 충족하고 있다면 B는 근로장려금을 신청할 수 있다.
① 정부제출안보다 국회통과안에 의할 때 근로장려금 신청자격을 갖춘 대상자의 수가 더 늘어날 것이다.
② 정부제출안과 국회통과안 모두 세대원 전원이 소유하고 있는 재산 합계액이 1억 원 미만이어야 한다. A는 소유 재산이 1억 원으로 두 안에 따라 근로장려금을 신청할 수 없다.
④ 정부제출안과 국회통과안 모두 내국인과 혼인한 외국인은 근로장려금 신청이 가능하다.

9 다음은 광고회사에 다니는 甲이 '광고의 표현 요소에 따른 전달 효과'라는 주제로 발표한 발표문이다. 甲이 활용한 매체 자료에 대한 설명으로 적절하지 않은 것은?

> 저는 오늘 광고의 표현 요소에 따른 전달 효과에 대해 말씀드리겠습니다. 발표에 앞서 제가 텔레비전 광고 한 편을 보여 드리겠습니다. (광고를 보여 준 후) 의미가 강렬하게 다가오지 않나요? 어떻게 이렇게 짧은 광고에서 의미가 잘 전달되는 것일까요?
>
> 광고는 여러 가지 표현 요소를 활용하여 효과적으로 의미를 전달합니다.
>
> 이러한 요소에는 음향, 문구, 사진 등이 있습니다. 이 중 우리 반 학생들은 어떤 요소가 가장 전달 효과가 높다고 생각하는지 설문 조사를 해 보았는데요, 그 결과를 그래프로 보여 드리겠습니다. 3위는 음향이나 음악 같은 청각적 요소, 2위는 광고 문구, 1위는 사진이나 그림 같은 시각적 요소였습니다. 그래프로 보니 1위의 응답자 수가 3위보다 두 배가량 많다는 것을 한눈에 볼 수 있네요. 그러면 각 요소의 전달 효과에 대해 살펴볼까요?
>
> 먼저 청각적 요소의 효과를 알아보기 위해 음향을 들려 드리겠습니다. (자동차 엔진 소리와 급정거 소음, 자동차 부딪치는 소리) 어떠세요? 무엇을 전달하려는지 의미는 정확하게 알 수 없지만 상황은 생생하게 느껴지시지요?
>
> 이번에는 광고 문구의 효과에 대해 설명드리겠습니다. 화면에 '안전띠를 매는 습관, 생명을 지키는 길입니다.'라고 쓰여 있네요. 이렇게 광고 문구는 우리에게 광고의 내용과 의도를 직접적으로 전달해 줍니다.
>
> 끝으로 시각적 요소의 효과에 대해 설명드리겠습니다. 이 광고의 마지막 장면은 포스터로도 제작되었는데요. 이 포스터를 함께 보시지요. 포스터를 꽉 채운 큰 한자는 '몸 신' 자네요. 마지막 획을 안전띠 모양으로 만들어서 오른쪽 위에서 왼쪽 아래까지 '몸 신' 자 전체를 묶어 주고 있는 것이 보이시죠? 이 포스터는 안전띠가 몸을 보호해 준다는 의미를 참신하고 기발하게 표현한 것입니다. 이렇게 광고를 통해 전달하려는 의도가 시각적 이미지로 표현될 때 더 인상적으로 전달됨을 알 수 있습니다.
>
> 여러분도 인터넷에서 다른 광고들을 찾아 전달 효과를 분석해 보시기 바랍니다. 이상 발표를 마치겠습니다.

① 동영상을 활용하여 청중의 흥미를 유발하고 있다.
② 그래프를 활용하여 설문 조사 결과를 효과적으로 제시하고 있다.
③ 음향을 활용하여 광고 속 상황을 실감이 나도록 전달하고 있다.
④ 인터넷을 활용하여 다양한 자료 검색 방법을 알려 주고 있다.

✔ **해설** 인터넷을 활용하여 다양한 자료 검색 방법을 알려 주는 것은 발표문에 나타나지 않았다.

Answer 8.③ 9.④

10 다음 A, B 두 사람의 논쟁에 대한 분석으로 가장 적절한 것은?

> A : 최근 인터넷으로 대표되는 정보통신기술 혁명은 과거 유례를 찾을 수 없을 정도로 세상이
> 돌아가는 방식을 근본적으로 바꿔놓았다. 정보통신기술 혁명은 물리적 거리의 파괴로 이어
> 졌고, 그에 따라 국경 없는 세계가 출현하면서 국경을 넘나드는 자본, 노동, 상품에 대한 규
> 제가 철폐될 수밖에 없는 사회가 되었다. 이제 개인이나 기업 혹은 국가는 과거보다 훨씬
> 더 유연한 자세를 견지해야 하고, 이를 위해서는 강력한 시장 자유화가 필요하다.
>
> B : 변화를 인식할 때 우리는 가장 최근의 것을 가장 혁신적인 것으로 생각하는 경향이 있다.
> 인터넷 혁명의 경제적, 사회적 영향은 최소한 지금까지는 세탁기를 비롯한 가전제품만큼 크
> 지 않았다. 가전제품은 집안일에 들이는 노동시간을 대폭 줄여줌으로써 여성들의 경제활동
> 을 촉진했고, 가족 내의 전통적인 역학관계를 바꾸었다. 옛 것을 과소평가해서도 안 되고
> 새것을 과대평가해서도 안 된다. 그렇게 할 경우 국가의 경제정책이나 기업의 정책은 물론
> 이고 우리 자신의 직업과 관련해서도 여러 가지 잘못된 결정을 내리게 된다.
>
> A : 인터넷이 가져온 변화는 가전제품이 초래한 변화에 비하면 전 지구적인 규모이고 동시적이
> 라는 점에 주목해야 한다. 정보통신기술이 초래한 국경 없는 세계의 모습을 보라. 국경을
> 넘어 자본, 노동, 상품이 넘나들게 됨으로써 각 국가의 행정 시스템은 물론 세계 경제 시스
> 템에도 변화가 불가피하게 되었다. 그럼 점에서 정보통신기술의 영향력은 가전제품의 영향
> 력과 비교될 수 없다.
>
> B : 최근의 기술 변화는 100년 전에 있었던 변화만큼 혁명적이라고 할 수 없다. 100년 전의 세
> 계는 1960 ~ 1980년에 비해 통신과 운송 부문에서의 기술은 훨씬 뒤떨어졌으나 세계화는 오
> 히려 월등히 진전된 상태였다. 사실 1960 ~ 1980년 사이에 강대국 정부가 자본, 노동, 상품
> 이 국경을 넘어 들어오는 것을 엄격하게 규제했기에 세계화의 정보는 그리 높지 않았다. 이
> 처럼 세계화의 정도를 결정하는 것은 정치이지 기술력이 아니다.

① 이 논쟁의 핵심 쟁점은 정보통신기술 혁명과 가전제품을 비롯한 제조분야 혁명의 영향력 비
교이다.

② A는 최근의 정보통신 혁명으로 말미암아 자본, 노동, 상품이 국경을 넘나드는 것이 현실이
되었다는 점을 근거로 삼고 있다.

③ B는 A가 제시한 근거가 다 옳다고 하더라도 A의 주장을 받아들일 수 없다고 주장하고 있다.

④ B와 A는 인터넷의 영향력에 대한 평가에는 의견을 달리 하지만 가전제품의 영향력에 대한 평
가에는 의견이 일치한다.

✔해설
① 이 논쟁의 핵심 쟁점은 정보통신기술 혁명은 맞지만 가전제품을 비롯한 제조분야혁명의 영향력 비교는 쟁점 사안이 아니다.
③ B는 옛것을 과소평가해서도 안 되고 새것을 과대평가해서도 안 된다는 주장으로 볼 때 전면 부정하는 것이 아니라 부분 수용으로 볼 수 있다.
④ A의 통신기술의 영향력은 가전제품의 영향력과 비교될 수 없다는 주장을 보면 올바르지 않음을 알 수 있다.

11 ㉠~㉣ 중 통일성을 해치는 문장은?

> 우리의 생각과 판단은 언어에 의해 결정되는가 아니면 경험에 의해 결정되는가? ㉠언어결정론자들은 우리의 생각과 판단이 언어를 반영하고 있고 실제로 언어에 의해 결정된다고 주장한다. 에스키모인들의 눈에 관한 언어를 생각해보자. ㉡언어결정론자들의 주장에 따르면 에스키모인들은 눈에 관한 다양한 언어 표현들을 갖고 있어서 눈이 올 때 우리가 미처 파악하지 못한 미묘한 차이점들을 찾아낼 수 있다. 또 ㉢언어결정론자들은 '노랗다', '샛노랗다', '누르스름하다' 등 노랑에 대한 다양한 우리말 표현들이 있어서 노란색들의 미묘한 차이가 구분되고 그 덕분에 색에 관한 우리의 인지 능력이 다른 언어 사용자들보다 뛰어나다고 본다. ㉣다시 말해 언어적 표현은 다양한 경험에서 비롯된 것이라고 보는 것이다. 이렇듯 언어결정론자들은 사용하는 언어에 의해서 우리의 사고 능력이 결정된다고 말한다.

① ㉠

② ㉡

③ ㉢

④ ㉣

✔해설 제시된 내용은 사용하는 언어에 의해 사고 능력이 결정된다는 언어결정론자의 입장을 보여준 글이다.
따라서 ㉣은 언어적 표현이 경험에서 비롯된다는 경험결정론의 입장이므로 통일성을 해치는 문장이 된다.

▮12~13▮ 다음은 어느 회사의 송·배전용 전기설비 이용규정의 일부이다. 다음을 보고 물음에 답하시오.

제00조 이용신청 시기

　고객의 송·배전용 전기설비 이용신청은 이용 희망일부터 행정소요일수와 표본 공정(접속설비의 설계·공사계약체결·공사시공기간 등) 소요일수를 합산한 기간 이전에 하는 것을 원칙으로 한다. 다만, 필요시 고객과 협의하여 이용신청시기를 조정할 수 있다.

제00조 이용신청시 기술검토용 제출자료

　고객은 이용신청시 회사가 접속방안을 검토할 수 있도록 송·배전 기본계획자료를 제출하여야 한다. 고객은 자료가 확정되지 않은 경우에는 잠정 자료를 제출할 수 있으며, 자료가 확정되는 즉시 확정된 자료를 제출하여야 한다.

제00조 접속제의의 수락

　고객은 접속제의서 접수 후 송전용전기설비는 2개월, 배전용전기설비는 1개월 이내에 접속제의에 대한 수락의사를 서면으로 통지하여야 하며, 이 기간까지 수락의사의 통지가 없을 경우 이용신청은 효력을 상실한다. 다만, 고객과의 협의를 통해 수락의사 통지기간을 1회에 한하여 송전용전기설비는 2개월, 배전용전기설비는 1개월 이내에서 연장할 수 있다. 접속제의에 이의가 있거나 새로운 접속방안의 검토를 희망하는 경우, 고객은 2회에 한하여 접속제의의 재검토를 요청할 수 있으며, 재검토기간은 송전용전기설비는 3개월, 배전용전기설비는 1개월을 초과할 수 없다.

제00조 끝자리 수의 처리

　이 규정에서 송·배전 이용요금 등의 계산에 사용하는 단위는 다음 표와 같으며 계산단위 미만의 끝자리 수는 계산단위 이하 첫째자리에서 반올림한다.

구분	계산단위
부하설비 용량	1kw
변압기설비 용량	1kVA
발전기 정격출력	1kw
계약전력	1kw
최대이용전력	1kw
요금적용전력	1kw
사용전력량	1k조
무효전력량	1kvarh
역률	1%

　송·배전 이용요금 등의 청구금액(부가세 포함)에 10원 미만의 끝자리 수가 있을 경우에는 국고금 관리법에 정한 바에 따라 그 끝자리 수를 버린다.

12 乙은 이용규정을 바탕으로 회사 홈페이지에 올라온 고객의 질의에 답변하려고 한다. 답변 내용 중 옳지 않은 것은?

① Q : 송·배전용 전기설비 이용신청은 언제 하여야 하나요?

　　A : 이용신청은 이용 희망일부터 행정소요일수와 표본 공정소요일수를 합산한 기간 이전에 하여야 합니다.

② Q : 송·배전 기본계획자료가 아직 확정되지 않은 상태인데 어떻게 해야 하나요?

　　A : 잠정 자료를 제출할 수 있으며, 자료가 확정되는 즉시 확정된 자료를 제출하면 됩니다.

③ Q : 수락의사 통지기간을 연장하고 싶은데 그 기간은 어느정도인가요?

　　A : 회사와 고객 간의 협의를 통해 송전용전기설비는 1개월, 배전용전기설비는 2개월 이내에서 연장할 수 있습니다.

④ Q : 송·배전 이용요금 등의 청구금액에 10원 미만의 끝자리 수가 있을 경우는 어떻게 되나요?

　　A : 끝자리 수가 있을 경우에는 국고금관리법에 정한 바에 따라 그 끝자리 수를 버리게 됩니다.

✔ **해설**　③ 고객과의 협의를 통해 수락의사 통지기간을 1회에 한하여 송전용전기설비는 2개월, 배전용전기설비는 1개월 이내에서 연장할 수 있다.

13 접속제의에 이의가 있거나 새로운 접속방안의 검토를 희망하는 경우, 고객은 몇 회에 한하여 재검토를 요청할 수 있는가?

① 1회　　　　　　　　　　　　　② 2회

③ 3회　　　　　　　　　　　　　④ 4회

✔ **해설**　접속제의에 이의가 있거나 새로운 접속방안의 검토를 희망하는 경우, 고객은 2회에 한하여 접속제의의 재검토를 요청할 수 있다.

Answer　12.③　13.②

14 다음 대화를 읽고 진수가 첫 번째로 해야 할 일은?

> 민정 : I think I'll have to be in Chicago in November.
>
> 진수 : Are you going to attend the US marketing conference to be held on November 15?
>
> 민정 : Yes. And I would like to visit some of our customers there, too.
>
> 진수 : Shall I make a reservation for your flight now?
>
> 민정 : Yes, please reserve a seat for me on Korean Air on November 5.
>
> 진수 : Certainly. I'll call the travel agency and check the flight schedule ASAP.
>
> 민정 : Thank you. Also, please reserve a room at the Plaza Hotel from November 5 to 16.
> And would you please bring me the quarterly sales report after lunch? I have to
> make some presentation material for the conference.
>
> 진수 : Alright. I'll make a list of customers whom you are supposed to meet in Chicago.

① Calling the travel agency to book a flight to Chicago.

② Bringing the sales report for reference.

③ Making an itinerary for her boss.

④ Checking that the US marketing conference will be held on November 15.

 해설 ① 여행사에 연락하여 시카고 행 항공을 예약한다.
② 참고할 영업 보고서를 가져 온다.
③ 상사의 일정 보고서를 만든다.
④ 11월 15일에 개최되는 US 마케팅 회의를 확인한다.

> 민정 : 11월에 시카고에 방문해야만 합니다.
>
> 진수 : 11월 15일에 개최되는 US 마케팅 회의에 참석하시는 건가요?
>
> 민정 : 네. 그리고 그곳에 있는 고객 몇 분을 방문하려 합니다.
>
> 진수 : 지금 바로 비행기표 예약을 할까요?
>
> 민정 : 네, 11월 5일 대한 항공으로 예약해주세요.
>
> 진수 : 알겠습니다. 여행사에 연락해서 가급적 빨리 비행 일정을 확인하도록 하겠습니다.
>
> 민정 : 고마워요. 그리고 11월 5일부터 16일까지 Plaza 호텔 객실 예약도 해주세요. 그리고 점심시간 후에
> 분기 별 영업 보고서를 가져다주실 수 있나요? 회의 때 쓸 몇 가지 발표 자료를 만들어야 합니다.
>
> 진수 : 알겠습니다. 그리고 시카고에서 만나실 고객의 목록을 만들어 놓겠습니다.

15 다음 중 필자의 생각과 거리가 먼 것은?

> 감염성 질병이란 단지 감염을 초래하는 미생물이 환경에 존재한다고 발생하는 것이 아니다. 질병은 미생물의 활동과 인간 활동 간의 상호작용으로 초래된다. 병원균에 의한 대부분의 감염현상은 감염되는 개체의 밀도와 수에 의존한다. 문명의 발달로 인구밀도가 높아짐에 따라 이전에는 인간에게 거의 영향을 줄 수 없었던 병원균들이 인간사회의 주변에 생존하면서 질병을 일으키게 되었다. 인간 활동이 질병을 초래하는 매체들의 서식지 등에 영향을 주면서 이러한 현상이 발생하였다. 말라리아와 같은 질병은 인간이 정주생활과 농경을 위해 대규모로 토지를 개간함으로써 흐르지 않는 물이 늘어나 모기 등의 서식지를 확대시켰기 때문에 발생하였다.
>
> 인간의 정주생활은 특정 병원매체와 인간의 계속적인 접촉을 가능하게 하였다. 회충, 촌충과 같은 기생충은 일정기간을 인간의 신체 밖에서 성장하는데 인간이 정주생활을 함에 따라 병원체의 순환이 가능해졌다. 현대의 많은 질병은 인간이 식용 목적으로 동물을 사육함에 따라 동물의 질병이 인간에게 전파된 것들이다. 예를 들어 홍역은 개와 소에서, 독감은 돼지, 닭, 오리에서, 감기는 말에서 인간에게 전염되었다. 식생활의 변화, 위생관리상태 등도 영향을 주었는데 특히 무역과 교류의 확대는 질병을 확산시켰다. 예를 들어, 홍역, 천연두, 결핵, 페스트, 유행성 이하선염, 발진 티푸스 등은 콜럼버스나 이후의 탐험가들에 의해 유럽에서 신대륙으로 옮겨졌다.

① 인간의 정주생활은 특정 병원매체와 인간의 간헐적인 접촉을 가능하게 하였다.
② 이전에는 거의 영향을 줄 수 없었던 병원균들이 문명의 발달로 인간에게 질병을 일으키게 되었다.
③ 말라리아의 발생은 인간의 정주생활과 밀접한 관계가 있다.
④ 현대의 많은 질병은 인간이 동물을 사육함에 따라 동물의 질병이 인간에게 전파된 것들이다.

> **✔해설** ① 인간의 정주생활은 특정 병원매체와 인간의 계속적인 접촉을 가능하게 하였다.

16 다음 글을 통해 추론할 수 있는 것으로 가장 적절한 것은?

> 많은 이들이 우리 사회 민주주의의 문제점들을 관계와 소통의 회복을 통해 극복하고자 노력하고 있다. 이들은 네트워크 시대가 만들어낸 시민들의 개인화·개별화 경향에 우려를 표하고 있다. 네트워크 시대의 개인은 복합적 네트워킹을 통해 다양하고 폭넓은 관계를 맺고 살고 있지만, 개인들 간의 유대감은 낮기 때문에 그 관계는 지속적이기보다는 매우 유동적이고, 관계를 맺고 있는 개인들 간에 합의되어 나오는 행동들도 매우 일시적인 경향을 띤다. 즉, 온라인 공론장은 개별 주체들의 모임으로서 그 개별화된 개인들의 선택에 의해 매우 유동적으로 움직이게 된다.
>
> 예를 들어, 같은 사이트들이라도 이슈에 따라 공론장이 형성될 수도 형성되지 않을 수도 있으며, 이 공론장 형성 여부는 멤버들의 개인적·사적 이해관계에 따라 결정되는 경우가 많다. 나와 내 자녀들이 먹을 먹거리이기 때문에 쇠고기 수입에는 지대한 관심을 가지던 사람들은 나와는 아무런 관련이 없어 보이는 계약직 근로자의 부당한 대우에는 관심을 가질 필요가 없기 때문에 대화의 장을 마련할 이유를 찾지 못한다. 즉, 온라인 공론장은 때로는 시민사회를 포획하려는 지배권력과 정치적 세력 또는 사적 영역에 대한 대안적 채널로서 역할을 하지만 또 다른 경우에는 공공영역으로서의 역할을 전혀 하지 못하는 모습을 보일 수 있다는 것이다. 이러한 점에서 분절적이고 분산된 네트워크를 보다 유기적으로 조직화하여 공공영역으로서의 지속성을 가질 수 있도록 하는 시도들이 필요하다.

① 네트워크를 구성하는 개인들은 결속력이 매우 강한 모습을 보인다.
② 온라인상에서는 정보의 진위 여부를 떠나 집단 감성이 발현되기 어렵다.
③ 유대감 없이는 인터넷 공간의 자율성이나 공개성이 신뢰 받기 어렵다.
④ 지속성이 없으면 온라인 공간의 개인은 자신의 의견을 제대로 표출하지 못한다.

✔ 해설 온라인상에서는 정보의 진위 여부를 떠나 개인들의 선택에 의해 공론장이 매우 유동적으로 움직이는 경향이 있으므로 집단 감성이 생성되기 어렵다고 설명하고 있다. 특정하게 형성된 집단 감성에 동조하는 구성원들 간에는 강한 유대감이 형성되지만, 자신과 관계없는 분야에 있어서는 전혀 집단 감성이 형성되지 않는 것이다.
① 모든 면에 있어 그러한 것은 아니며, 사적인 이해관계에 따라 전혀 결속력이 없게 되는 경우도 있다.
③ 유대감이 인터넷 공간의 자율성이나 공개성에 영향을 주는 것은 아니다.
④ 의견 표출은 자유로운 것이며, 지속성은 이러한 의견이 사회적 문제 해결과 소통의 회복에 기여하고자 할 때 필요한 것이다.

17 다음 보기 중 어법에 맞는 문장은?

① 시간 내에 역에 도착하려면 <u>가능한</u> 빨리 달려야 합니다.

② 우리 회사는 사원 여러분의 뜻을 <u>좇아</u> 이번 안건의 방향을 결정했습니다.

③ 그는 <u>그들에</u> 뒤지지 않기 위해 끊임없는 노력을 계속하였다.

④ 부서원 대부분은 주말 근무 시간을 <u>늘리는</u> 것에 매우 부정적입니다.

> ✔ 해설   ④ '수나 분량, 시간 따위를 본디보다 많아지게 하다'라는 뜻의 '늘리다'가 적절하게 쓰였다.
> ① '가능한'은 그 뒤에 명사 '한'을 수식하여 '가능한 조건하에서'라는 의미로 사용한다. '가능한 빨리'와 같이 부사가 이어지는 것은 적절하지 않다.
> ② '좇다'는 '어떤 대상을 잡거나 만나기 위하여 뒤를 급히 따르다.' 등의 뜻으로 쓰인다. '남의 의견이나 말을 따르다'는 뜻의 '좇다'라는 어휘로 쓴다.
> ③ '~에/에게 뒤지다'와 같이 쓰는데, '그들'이 사람이므로 '그들에게'로 쓴다.

18 빈칸에 공통으로 들어갈 단어로 가장 적절한 것은?

K공사 '2019년 경영성과 및 2020년 경영계획 설명회'를 아래와 같이 개최합니다.
- 개최일시 : 2019. 12. 27. 16:00 / 90분 정도 진행
- 개최장소 : K공사 본사 강당
- 주요내용 : 2019 경영성과 및 2020 경영계획 설명, 질의응답 및 건의사항 청취
- 참여방법 : 아래 '(   )하기'에서 (   )서 작성 제출
- (   )기간 : 2019. 12. 4. 10:00 ~ 12. 20. 24:00 / (   )인원 초과 시 조기 마감
- 인   원 : (   ) 순서대로 300명 선정 (선정결과 개별 통지)

---

① 참여

② 참석

③ 신청

④ 청구

> ✔ 해설   ③ 빈칸에는 '단체나 기관에 어떠한 일이나 물건을 알려 청구함'의 뜻을 가진 '신청'이 가장 적절하다. 참석(모임이나 회의 따위의 자리에 참여함), 참가(모임이나 단체 또는 일에 관계하여 들어감) 등의 단어는 위 공고문의 '개최일시'와 '(   )기간'이 일치하지 않는 점에 비추어 적절하지 않다.

19 다음 글의 빈칸에 들어갈 가장 알맞은 말은 어느 것인가?

은행은 불특정 다수로부터 예금을 받아 자금 수요자를 대상으로 정보생산과 모니터링을 하며 이를 바탕으로 대출을 해주는 고유의 자금중개기능을 수행한다. 이 고유 기능을 통하여 은행은 어느 나라에서나 경제적 활동과 성장을 위한 금융지원에 있어서 중심적인 역할을 담당하고 있다. 특히 글로벌 금융위기를 겪으면서 주요 선진국을 중심으로 직접금융이나 그림자 금융의 취약성이 드러남에 따라 은행이 정보생산 활동에 의하여 비대칭정보 문제를 완화하고 리스크를 흡수하거나 분산시키며 금융부문에 대한 충격을 완화한다는 점에 대한 관심이 크게 높아졌다. 또한 국내외 금융시장에서 비은행 금융회사의 업무 비중이 늘어나는 추세를 보이고 있음에도 불구하고 은행은 여전히 금융시스템에서 가장 중요한 기능을 담당하고 있는 것으로 인식되고 있으며, 은행의 자금 중개기능을 통한 유동성 공급의 중요성이 부각되고 있다.

한편 은행이 외부 충격을 견뎌 내고 금융시스템의 안정 유지에 기여하면서 금융중개라는 핵심 기능을 원활히 수행하기 위해서는 (   ) 뒷받침되어야 한다. 그렇지 않으면 은행의 건전성에 대한 고객의 신뢰가 떨어져 수신기반이 취약해지고, 은행이 '고위험-고수익'을 추구하려는 유인을 갖게 되어 개별 은행 및 금융산업 전체의 리스크가 높아지며, 은행의 자금중개기능이 약화되는 등 여러 가지 부작용이 초래되기 때문이다. 결론적으로 은행이 수익성 악화로 부실해지면 금융시스템의 안정성이 저해되고 금융중개 활동이 위축되어 실물경제가 타격을 받을 수 있으므로 은행이 적정한 수익성을 유지하는 것은 개별 은행과 금융시스템은 물론 한 나라의 전체 경제 차원에서도 중요한 과제라고 할 수 있다. 이러한 관점에서 은행의 수익성은 학계는 물론 은행 경영층, 금융시장 참가자, 금융정책 및 감독 당국, 중앙은행 등의 주요 관심대상이 되는 것이다.

① 외부 충격으로부터 보호받을 수 있는 제도적 장치가
② 비은행 금융회사에 대한 엄격한 규제와 은행의 건전성이
③ 유동성 문제의 해결과 함께 건전성이
④ 건전성과 아울러 적정 수준의 수익성이

✔ **해설** 글의 전반부에서는 비은행 금융회사의 득세에도 불구하고 여전히 은행이 가진 유동성 공급의 중요성을 언급한다. 또한 글로벌 금융위기를 겪으며 제기된 비대칭정보 문제를 언급하며, 금융시스템 안정을 위해서 필요한 은행의 건전성을 간접적으로 강조하고 있다. 후반부에서는 수익성이 함께 뒷받침되지 않을 경우의 부작용을 직접적으로 언급하며, 은행의 수익성은 한 나라의 경제 전반을 뒤흔들 수 있는 중요한 과제임을 강조한다. 따라서, 후반부가 시작되는 첫 문장은 건전성과 아울러 수익성도 중요하다는 화제를 제시하는 ④가 가장 적절하며 자칫 수익성만 강조하게 되면 국가 경제 전반에 영향을 줄 수 있는 불건전한 은행의 문제점이 드러날 수 있으므로 '적정 수준'이라는 문구를 포함시켜야 한다.

사회자(남) : 네, 알겠습니다. 지금까지 수돗물 정책을 담당하시는 박 과장님의 말씀을 들었는데요. 그럼 이번에는 시민 단체의 의견을 들어 보겠습니다. 김 박사님~.

김 박사(여) : 네, 사실 굉장히 답답합니다. 공단 폐수 방류 사건 이후에 17년 간 네 번에 걸친 종합 대책이 마련됐고, 상당히 많은 예산이 투입된 것으로 알고 있습니다. 그런데도 이번에 상수도 사업을 민영화하겠다는 것은 결국 수돗물 정책이 실패했다는 걸 스스로 인정하는 게 아닌가 싶습니다. 그리고 민영화만 되면 모든 문제가 해결되는 것처럼 말씀하시는데요, 현실을 너무 안이하게 보고 있다는 생각이 듭니다.

사회자(남) : 말씀 중에 죄송합니다만, 수돗물 사업이 민영화되면 좀 더 효율적이고 전문적으로 운영된다는 생각에 동의할 분도 많을 것 같은데요.

김 박사(여) : 전 동의할 수 없습니다. 우선 정부도 수돗물 사업과 관련하여 충분히 전문성을 갖추고 있다고 봅니다. 현장에서 근무하는 분들의 기술 수준도 세계적이고요. 그리고 효율성 문제는요, 저희가 알아본 바에 의하면 시설 가동률이 50% 정도에 그치고 있고, 누수율도 15%나 된다는데, 이런 것들은 시설 보수나 철저한 관리를 통해 정부가 충분히 해결할 수 있다고 봅니다. 게다가 현재 상태로 민영화가 된다면 또 다른 문제가 생길 수 있습니다. 수돗물 가격의 인상을 피할 수 없다고 보는데요. 물 산업 강국이라는 프랑스도 민영화 이후에 물 값이 150%나 인상되었다고 하는데, 우리에게도 같은 일이 일어나지 않을까 걱정됩니다.

사회자(남) : 박 과장님, 김 박사님의 의견에 대해 어떻게 생각하십니까?

박 과장(남) : 민영화할 경우 아무래도 어느 정도 가격 인상 요인이 있겠습니다만 정부와 잘 협조하면 인상 폭을 최소화할 수 있으리라고 봅니다. 무엇보다도 수돗물 사업을 민간 기업이 운영하게 된다면, 수질도 개선될 것이고, 여러 가지 면에서 더욱 질 좋은 서비스를 받을 수 있을 겁니다. 또 시설 가동률과 누수율의 문제도 조속히 해결될 수 있을 겁니다.

Answer 19.④

20 여성 토론자의 발언으로 볼 때, 정책 담당자가 이전에 말했을 내용으로 가장 적절한 것은?

① 민영화를 통해 수돗물의 가격을 안정시킬 수 있다.

② 수돗물 사업의 전문성을 위해 기술 교육을 강화해야 한다.

③ 종합적인 대책 마련으로 수돗물을 효율적으로 공급하고 있다.

④ 효율성을 높이기 위해 수돗물 사업을 민간 기업에 맡겨야 한다.

> ✔해설 ① 정책 담당자는 민영화할 경우 어느 정도 가격 상승 요인이 있을 것이라고 말하고 있다.
> ② 정책 담당자가 주장한 내용은 '기술 교육 강화'가 아니라 '수돗물 사업의 민영화'이므로 적절하지 않다.
> ③ 종합적인 대책 마련으로 수돗물을 효율적으로 공급하고 있다면 굳이 민영화할 필요가 없는 셈이므로 정책 담당자의 의견과 상반된다.

21 여성 토론자의 말하기에 대한 평가로 가장 적절한 것은?

① 전문가의 말을 인용하여 자신의 견해를 뒷받침하고 있다.

② 구체적인 정보를 활용하여 상대방의 주장을 비판하고 있다.

③ 예상되는 반론에 대해 사회적 통념을 근거로 논박하고 있다.

④ 이해가 되지 않는 부분에 대해서 타당한 근거 자료를 요구하고 있다.

> ✔해설 ② 여성 토론자는 시설 가동률 50%, 누수율 15%, 민영화 이후 물 값이 150% 인상된 프랑스의 사례 등 구체적인 정보의 활용을 통해 상대방인 수돗물 정책 담당자의 주장을 논리적으로 비판하고 있다.

22 다음에 제시된 글의 흐름이 자연스럽도록 순서대로 배열한 것을 고르시오.

(가) 현대 사회에서의 사회계층은 일반적으로 학력, 직업, 재산과 수입 등의 요소를 기준으로 구분한다. 이에 따른 사회계층의 분화가 분명히 상정될 수 있을 때 그에 상응하여 언어 분화의 존재도 인정될 터이지만 현대 한국 사회는 그처럼 계층 사이의 경계가 확연한 그런 사회가 아니다. 언어와 연관해서는 그저 특정 직업 또는 해당 지역의 주요 산업에 의거한 구분 정도가 제기될 수 있을 뿐이다.

(나) 사회계층은 한 사회 안에서 경제적·신분적으로 구별되는 인간 집단을 말한다. 그러기에 동일한 계층에 속하는 구성원들끼리 사회적으로 더 많이 접촉하며, 상이한 계층에 속하는 구성원들 사이에 그러한 접촉이 훨씬 더 작은 것은 매우 자연스러운 일이다.

(다) 그런데 한 사회를 구성하는 성원들 사이에 접촉이 적어지고 그러한 상태가 오래 지속되면 언어적으로 분화가 이루어진다. 이러한 사실을 고려할 때 사회 계층의 구별이 엄격한 사회일수록 그에 따른 언어 분화가 쉬 일어나리라는 점은 충분히 예상하고도 남는다. 반상(班常)의 구별이 있었던 한국의 전통 사회에서 양반과 평민(상민, 서얼 등)의 언어가 달랐다는 여럿의 보고가 이러한 사실을 뒷받침해준다.

(라) 그렇더라도 사회계층에 따른 언어의 변이를 확인하려는 시도가 전혀 없었던 것은 아니다. '잽히다(잡히다)' 등에 나타나는 움라우트의 실현율이 학력과 밀접히 관련된다는 보고는 바로 그러한 시도 중의 하나라 할 수 있다.

---

① (가)-(다)-(나)-(라)

② (가)-(다)-(라)-(나)

③ (나)-(다)-(가)-(라)

④ (나)-(다)-(라)-(가)

✔ 해설 (나) 사회계층을 정의하여 상이한 계층에 속하는 구성원들 간의 접촉보다 동일한 계층에 속하는 구성원들 간의 접촉이 더 잦음을 설명
(다) 사회계층과 언어 분화에 대해 언급
(가) 현대 한국 사회는 언어 분화가 인정될 만큼 계층 사이의 경계가 확연한 사회가 아님
(라) 그렇더라도 사회계층에 따른 언어의 변이를 확인하려는 시도가 있었음

23 다음은 산유국과 세계 주요 원유 소비국들을 둘러싼 국제석유시장의 전망을 제시하고 있는 글이다. 다음 글에서 전망하는 국제석유시장의 동향을 가장 적절하게 요약한 것은 어느 것인가?

> 2018년에도 세계석유 수요의 증가세 둔화가 계속될 전망이다. 완만한 세계경제 성장세가 지속됨에도 불구하고 높아진 유가와 각국의 석유 수요 대체 노력이 석유 수요 확대를 제약할 것으로 보이기 때문이다.
>
> 세계경제는 미국의 경기 회복세 지속과 자원가격 상승에 따른 신흥국의 회복 등에 힘입어 2018년에도 3% 중후반의 성장률을 유지할 것으로 예상되고 있다. 미국은 완만한 긴축에도 불구하고 고용시장 호조와 이로 인한 민간소비 확대가 경기 회복세를 계속 견인할 것으로 예상된다. 중국은 공급측면의 구조조정이 계속되고 안정적 성장을 위한 내수주도 성장으로의 전환이 이어지면서 완만한 성장 둔화가 계속될 것이다. 2016년 말 화폐개혁과 2017년 7월 단일부가가치세 도입으로 실물경제가 위축되었던 인도는 2018년에 점차 안정적 회복흐름이 재개될 것으로 기대되고 있다. 브라질과 러시아 등 원자재 가격에 크게 영향을 받는 신흥국들은 원유와 비철금속 가격 상승에 힘입어 경기회복이 나타날 것이다.
>
> 다만, 세계경제 회복에도 불구하고 세계석유 수요 증가세가 높아지기는 힘들 것으로 보인다. 세계 각국에서 전개되고 있는 탈석유와 유가 상승이 세계석유 수요 확대를 제약할 것이기 때문이다. 저유가 국면이 이어지고 있지만, 미국 등 선진국과 중국 등 개도국에서는 연비규제가 지속적으로 강화되고 있고 전기차 등 내연기관을 대체하는 자동차 보급도 계속 확대되고 있다. 전기차는 이미 1회 충전 당 300km가 넘는 2세대가 시판되고 있으며 일부 유럽 선진국들은 2025년 전후로 내연기관 자동차 판매를 중단할 계획인 가운데 중국도 최근 내연기관 자동차 판매 중단을 검토하고 있다. 이러한 수송부문을 중심으로 한 석유대체 노력의 결과, 세계경제 성장에 필요한 석유소비량은 지속적으로 줄어들고 있다. 2000년 0.83배럴을 기록한 석유 원 단위(세계 GDP 1천 달러 창출을 위한 석유 투입량)가 2018년에는 0.43배럴로 줄어들 전망이다. 또한 2017년에 높아진 유가도 석유수입국의 상대적 구매력을 저하시키면서 석유수요 확대를 제약할 것이다. 두바이유 가격은 최근(11월 23일) 배럴당 61.1달러로 전년 대비 32.6%(15$/bbl)로 높게 상승했다.

① 유가 상승에 따른 구매력 약화로 석유 수요가 하락세를 이어갈 것이다.
② 미국의 경기 회복과 고용시장 호조로 인해 국제석유시장의 높은 성장세가 지속될 것이다.
③ 전기차 등장, 연비규제 등으로 인해 인도, 브라질 등 신흥국의 경기회복이 더딜 것이다.
④ 세계경제 회복에도 불구, 탈석유 움직임에 따라 석유 수요의 증가세가 둔화될 것이다.

✔해설 국제석유시장에 대한 전망은 제시문의 도입부에 요약되어 있다고 볼 수 있다. 글의 전반부에서는 석유를 둘러싼 주요 이해국들의 경기회복세가 이어질 것으로 전망하고 있으나, 이러한 기조에도 불구하고 탈석유 움직임에 따라 석유 수요의 증가는 둔화될 것으로 전망한다. 또한, 전기차의 등장과 연비규제 등의 조치로 내연기관의 대체가 확대될 것이라는 점도 이러한 전망을 뒷받침한다. 따라서 세계경제 회복에도 불구, 탈석유 움직임에 따라 석유 수요의 증가세가 둔화될 것이라는 전망이 전체 글의 내용을 가장 적절하게 요약한 것이라고 할 수 있다.

24 다음 대화 중 주체 높임 표현이 쓰이지 않은 것은?

> 경미 : 원장 선생님께서는 어디 가셨나요?
> ㉠ 서윤 : 독감 때문에 병원에 가신다고 아까 나가셨어요.
> ㉡ 경미 : 맞다. 며칠 전부터 편찮으시다고 하셨지.
> ㉢ 서윤 : 연세가 많으셔서 더 힘드신가 봐요.
> ㉣ 경미 : 요즘은 약이 좋아져서 독감도 쉽게 낫는다고 하니 다행이지요.

① ㉠   ② ㉡
③ ㉢   ④ ㉣

✔ 해설 ㉣에서는 종결어미 '-지요'를 사용하여 청자에게 높임의 태도를 나타내는 상대 높임 표현이 쓰였다.

25 다음 표준 임대차계약서의 일부를 보고 추론할 수 없는 내용은 어느 것인가?

[임대차계약서 계약 조항]

제1조[보증금]

을(乙)은 상기 표시 부동산의 임대차보증금 및 차임(월세)을 다음과 같이 지불하기로 한다.

 • 보증금 : 금○○원으로 한다.
 • 계약금 : 금○○원은 계약 시에 지불한다.
 • 중도금 : 금○○원은 2017년 ○월 ○일에 지불한다.
 • 잔 금 : 금○○원은 건물명도와 동시에 지불한다.
 • 차임(월세) : 금○○원은 매월 말일에 지불한다.

제4조[구조변경, 전대 등의 제한]

을(乙)은 갑(甲)의 동의 없이 상기 표시 부동산의 용도나 구조 등의 변경, 전대, 양도, 담보제공 등 임대차 목적 외에 사용할 수 없다.

제5조[계약의 해제]

을(乙)이 갑(甲)에게 중도금(중도금 약정이 없는 경우에는 잔금)을 지불하기 전까지는 본 계약을 해제할 수 있는 바, 갑(甲)이 해약할 경우에는 계약금의 2배액을 상환하며 을(乙)이 해약할 경우에는 계약금을 포기하는 것으로 한다.

제6조[원상회복의무]

을(乙)은 존속기간의 만료, 합의 해지 및 기타 해지 사유가 발생하면 즉시 원상회복하여야 한다.

---

① 중도금 약정 없이 계약이 진행될 수도 있다.

② 부동산의 용도를 변경하려면 갑(甲)의 동의가 필요하다.

③ 을(乙)은 계약금, 중도금, 보증금의 순서대로 임대보증금을 지불해야 한다.

④ 중도금 혹은 잔금을 지불하기 전까지만 계약을 해제할 수 있다.

> ✔ 해설 제1조에 을(乙)은 갑(甲)에게 계약금 → 중도금 → 잔금 순으로 지불하도록 규정되어 있다.
> ① 제1조에 중도금은 지불일이 정해져 있으나, 제5조에 '중도금 약정이 없는 경우'가 있을 수 있음이 명시되어 있다.
> ② 제4조에 명시되어 있다.
> ④ 제5조의 규정으로, 을(乙)이 갑(甲)에게 중도금을 지불하기 전까지는 을(乙), 갑(甲) 중 어느 일방이 본 계약을 해제할 수 있다. 단, 중도금 약정이 없는 경우에는 잔금을 지불하기 전까지 계약을 해제할 수 있다.

26 다음 제시된 문장 (가)~(라)를 문맥에 맞는 순서로 올바르게 배열한 것은?

> (가) 과학과 기술의 발전으로 우리는 적어도 기아와 질병 등의 문제로부터 어느 정도 탈출했다.
>
> (나) 새롭게 다가올 것으로 예상되는 재앙으로부터 우리를 보호해 줄 과학 기술은 아직 존재하지 않는 것이다.
>
> (다) 많은 기후학자들은 이상 기상현상이 유례없이 빈번하게 발생하는 원인을 지구온난화 현상에서 찾고 있다.
>
> (라) 그러나 과학과 기술의 발전으로 이룬 산업발전은 지구온난화라는 부작용을 만들어냈다.

① (라) - (가) - (다) - (나)

② (나) - (라) - (다) - (가)

③ (가) - (다) - (라) - (나)

④ (가) - (라) - (다) - (나)

✔ 해설 주어진 네 개의 문장은 과학과 기술의 발전이 우리에게 닥친 재앙을 해결하고 인류를 보호해 줄 수 있느냐의 문제를 다루고 있다. 따라서 가장 먼저 화두를 던질 문장으로 적절한 것은 (가)이다. 이를 이어, 과학과 기술 발전의 문제점을 제시하며 반전을 이루는 (라)의 문장이 연결되어야 다음 문장들이 자연스럽게 등장할 수 있다. 또한 (라)에서 언급된 지구온난화에 의해 (다)와 같은 기상이변이 발생된 것이며, 이러한 기상이변이 '새로운 재앙'을 의미하게 되어 (나)에서 준비되지 않은 인류의 문제점을 제시할 논리적 근거가 마련된 것으로 볼 수 있다. 따라서 (가) - (라) - (다) - (나)의 순서가 적절하다.

27 다음 면접 상황을 읽고 C가 잘못한 원인을 바르게 찾은 것은?

카페창업에 실패한 29살의 B와 C는 생존을 위해 한 기업에 함께 면접시험을 보러 가게 되었다. B가 먼저 면접시험을 치르게 되었다.

A(면접관) : 좋아하는 스포츠가 있습니까?

B : 예, 있습니다. 저는 축구를 아주 좋아합니다.

A : 그럼, 좋아하는 선수는 누구입니까?

B : 예전에는 홍명보선수를 좋아했으나 최근에는 손흥민선수를 좋아합니다.

A : 그럼 좋아하는 위인은 누구인가?

B : 제가 좋아하는 위인으로는 우리나라를 왜군의 세력으로부터 지켜주신 이순신 장군입니다.

A : 독감이 위험한 질병이라고 생각하십니까?

B : 저는 독감이 그렇게 위험한 질병이라고 생각하지는 않습니다. 제 개인적인 생각으로는 건강 상 문제가 없으면 감기처럼 지나가는 질환이고, 면역력이 약하다면 합병증을 유발하여 그 합병증 때문에 위험하다고 생각합니다.

무사히 면접시험을 마친 B는 매우 불안해하는 C에게 자신이 답한 내용을 모두 알려주었다. C 는 그 답변을 달달 외우기 시작하였다.

A : 좋아하는 음식이 무엇입니까?

C : 네, 저는 축구를 좋아합니다.

A : 그럼 지원자의 이름은 무엇입니까?

C : 예전에는 홍명보였으나 지금은 손흥민입니다.

A : 허, 지원자 아버지의 성함은 무엇입니까?

C : 예, 이순신입니다.

A : 지원자는 현재 본인의 상태가 어떻다고 생각합니까?

C : 네, 저는 건강상 문제가 없으면 괜찮은 것이고, 면역력이 약해졌다면 합병증을 유발하여 그 합병증 때문에 위험할 것 같습니다.

---

① 면접관의 신분을 파악하지 못했다.

② 면접관의 질문을 제대로 경청하지 못했다.

③ 면접관의 의도를 빠르게 파악하였다.

④ 묻는 질문에 대해 명확하게 답변을 하였다.

> ✔ **해설** 면접관의 질문을 제대로 경청하지 못하였으며, 질문의 요지를 파악하지 못하고 엉뚱한 답변을 하였다.

28 다음 글을 읽고 (A)~(D)를 옳게 짝지은 것을 고르시오.

하드웨어란 컴퓨터 시스템의 구성물 중에서 손으로 만질 수 있는 모든 것, 이를테면 PC에서 본체 및 모니터, 키보드 등을 의미한다. 그리고 소프트웨어란 물리적으로는 존재하지 않고 논리적으로만 존재하는 것, 즉 PC에서는 '윈도우' 등의 운영체제나 '워드'와 같은 응용 프로그램 등을 의미하는 것이다. 따라서 하드웨어와 달리 수정이 용이하다는 특징이 있다. 소프트웨어를 통해 전달된 정보를 받아들인 하드웨어는 내부의 논리회로를 거쳐 사용자가 원하는 형태의 결과물로 표현한다. 여기서 말하는 결과물이란 계산 결과의 출력이나 특정 기기의 동작 등을 의미한다.

그런데 컴퓨터 시스템의 활용 범위가 넓어지고, 소프트웨어에서 전달되는 정보 역시 방대해지다 보니 하드웨어 내 제한된 종류의 논리 회로만으로는 이러한 다양한 상황에 모두 대응하기가 어렵게 되었다. 물론, 새로운 소프트웨어가 등장할 때마다 그에 해당하는 기능을 갖춘 논리 회로를 추가한 하드웨어를 새로 만들 수도 있겠지만, 이렇게 하면 비용이나 시간 면에서 큰 낭비가 아닐 수 없다. 그래서 컴퓨터 개발자들은 하드웨어 내부의 제어 부분에 저장공간을 만들어, 그곳에 논리회로의 기능을 보강하거나 대신할 수 있는 프로그램을 넣을 수 있게 하였는데, 이것이 바로 '펌웨어(Firmware)'이다.

따라서 같은 종류의 하드웨어라고 해도 내부의 펌웨어가 달라지면 기능이나 성능, 혹은 사용하는 소프트웨어의 종류가 달라질 수 있다. 즉, (A)는 프로그램의 형태를 갖추고 있으므로 기능적으로는 (B)에 가깝고 (C) 내부에 위치하며, 사용자가 쉽게 그 내용을 바꿀 수 없으므로 (D)적인 특성도 함께 가지고 있다고 할 수 있다.

	(A)	(B)	(C)	(D)
①	펌웨어	소프트웨어	소프트웨어	하드웨어
②	펌웨어	소프트웨어	하드웨어	하드웨어
③	소프트웨어	하드웨어	하드웨어	펌웨어
④	하드웨어	하드웨어	펌웨어	소프트웨어

✔해설 펌웨어는 '논리회로의 기능을 보강하거나 대신할 수 있는 프로그램'이다. 즉, (펌웨어)는 프로그램의 형태를 갖추고 있으므로 기능적으로는 (소프트웨어)에 가깝고 (하드웨어) 내부에 위치하며, 사용자가 쉽게 그 내용을 바꿀 수 없으므로 (하드웨어)적인 특성도 함께 가지고 있다고 할 수 있다.

Answer 27.② 28.②

다음 글을 읽고 물음에 답하시오.

민화는 서민들 사이에서 유행한 그림이다. 민화는 전문 화가가 아니어도 누구나 그릴 수 있었고, 특정한 형식에 얽매이지 않았다. 민화에는 다양한 동식물이 소재로 사용되었는데, 서민들은 이러한 동식물을 청색, 백색, 적색, 흑색, 황색의 화려한 색으로 표현하였다.

민화에는 서민들의 소망이 담겨 있다. 서민들은 민화를 통하여 부귀, 화목, 장수를 빌었다. 예를 들어 부귀를 바랄 때에는 활짝 핀 맨드라미나 잉어를 그렸다. 화목을 바랄 때에는 어미 새와 여러 마리의 새끼 새가 함께 있는 모습을 그렸다. 또 장수를 바랄 때에는 바위나 거북 등을 그렸다.

민화에는 나쁜 기운을 물리치고자 하는 서민들의 바람도 담겨 있다. 나쁜 귀신을 쫓아내고 사악한 것을 물리치기 위해 해태, 닭, 개 등을 그렸다. 불이 나지 않기를 바라는 마음에서 전설의 동물 해태를 그려 부엌에 걸었다. 또 _____ 닭을 그려 문에 걸었다. 도둑이 들지 않기를 바라는 마음에서 개를 그려 곳간에 걸었다.

우리는 민화를 통해 서민들의 소망과 멋을 엿볼 수 있다. 민화에는 현실에서 이루고 싶은 서민들의 소망이 솔직하고 소박하게 표현되어 있다. 또 신비스러운 용을 할아버지처럼 그리거나 호랑이를 바보스럽게 표현하여 재미와 웃음을 찾고자 했던 서민들의 멋스러움도 잘 드러난다.

---

29 빈칸에 들어갈 말로 가장 적절한 것은?

① 어둠을 밝히고 잡귀를 쫓아내기 위해　　② 농사가 잘되기를 빌기 위해
③ 자녀를 많이 낳기를 바라는 마음으로　　④ 식구들이 모두 건강하기를 바라는 마음으로

✔해설 문단의 시작에 해태, 닭, 개 등은 나쁜 귀신을 쫓아내고 사악한 것을 물리치기 위해 그렸다고 했으므로 ①이 가장 적절하다.

30 다음 중 글을 읽고 추리한 내용으로 일치하지 않는 것은?

① 활짝 핀 맨드라미는 부귀를 상징하는 그림이다.
② 민화는 형식에 얽매이지 않는 자유로운 그림이었다.
③ 노모가 있는 집에서는 거북이나 바위를 그린 그림을 볼 수 있을 것이다.
④ 민화는 현실적으로 이루어지지 않을 소망을 그려 서민들의 애환을 볼 수 있다.

✔해설 ④ 현실적으로 이루어지지 않을 소망이 아니라 이루고 싶은 소망을 볼 수 있다.

31 다음 대화의 빈칸에 말로 가장 적절한 것은?

A : Hello. This is the long distance operator.
B : Hello, operator. I'd like to make a person to person call to Mr. James at the Royal hotel in Seoul.
A : Do you know the number of the hotel?
B : No, I don't. _____
A : Just a moment, please. The number is 123-4567.

① Would you find out for me?
② Would you hold the line, please?
③ May I take a message?
④ Please change the phone.

✔ 해설 ② 잠시만 기다려주시겠어요?
③ 용건을 전해드릴까요?
④ 전화 바꿔주세요.

「A : 안녕하세요, 장거리 전화 교환원입니다.
B : 안녕하세요. 저는 서울 로얄 호텔에 있는 James씨와 통화를 하고 싶은데요.
A : 호텔 전화번호 알고 계신가요?
B : 아니요. 좀 알아봐 주시겠어요?
A : 잠시만요. 번호는 123-4567입니다.」

32 다음 글의 내용과 부합하는 것은?

뇌가 우리의 생명이 의존하고 있는 수많은 신체 기능을 조율하기 위해서는 다양한 신체 기관을 매 순간 표상하는 지도가 필요하다. 뇌가 신체의 각 부분에서 어떤 일이 일어나는지 아는 것은 신체의 특정 기능을 작동시키고 조절하기 위해서 필수적인 것이다. 그렇게 함으로써 뇌는 생명 조절 기능을 적절하게 수행할 수 있다. 외상이나 감염에 의한 국소적 손상, 심장이나 신장 같은 기관의 기능 부전, 호르몬 불균형 등에서 이런 조절이 일어나는 것을 발견할 수 있다. 그런데 생명의 조절 기능에서 결정적인 역할을 하는 이 신경 지도는, 우리가 흔히 '느낌'이라고 부르는 심적 상태와 직접적으로 관련을 맺는다.

느낌은 어쩌면 생명을 관장하는 뇌의 핵심적 기능을 고려 할 때 지극히 부수적인 것으로 생각 될 수 있다. 더구나 신체 상태에 대한 신경 지도가 없다면 느낌 역시 애초에 존재하지 않았을 것이다. 생명 조절의 기본적인 절차는 자동적이고 무의식적이기 때문에 의식적으로 간주되는 느낌은 아예 불필요하다는 입장이 있다. 이 입장에서는 뇌가 의식적인 느낌의 도움 없이 신경 지도를 통해 생명의 현상을 조율하고 생리적 과정을 실행할 수 있다고 말한다. 그 지도의 내용이 의식적으로 드러날 필요가 없다는 것이다. 그러나 이러한 주장은 부분적으로만 옳다.

신체 상태를 표상하는 지도가, 생명체 자신이 그런 지도의 존재를 의식하지 못하는 상태에서도 뇌의 생명 관장 활동을 돕는다는 말은 어느 범위까지는 진실이다. 그러나 이러한 주장은 중요한 사실을 간과하고 있다. 이런 신경 지도는 의식적 느낌 없이는 단지 제한된 수준의 도움만을 뇌에 제공할 수 있다는 것이다. 이러한 지도들은 문제의 복잡성이 어느 정도 수준을 넘어서면 혼자서 문제를 해결하지 못한다. 문제가 너무나 복잡해져서 자동적 반응 뿐만 아니라 추론과 축적된 지식의 힘을 함께 빌어야 할 경우가 되면 무의식 속의 지도는 뒤로 물러서고 느낌이 구원투수로 나선다.

① 신경 지도는, 우리가 흔히 '느낌'이라고 부르는 심적 상태와 간접적으로 관련을 맺는다.
② 신체 상태에 대한 신경 지도가 없더라도 느낌은 존재했을 것이다.
③ 신경 지도는 문제가 복잡해질수록 혼자서 문제를 잘 해결한다.
④ 신경 지도는 의식적 느낌 없이는 단지 일부분의 도움만을 뇌에 제공한다.

✔해설 ① 신경 지도는, 우리가 흔히 '느낌'이라고 부르는 심적 상태와 직접적으로 관련을 맺는다.
② 신체 상태에 대한 신경 지도가 없다면 느낌 역시 애초에 존재하지 않았을 것이다.
③ 지도들은 문제의 복잡성이 어느 정도 수준을 넘어서면 혼자서 문제를 해결하지 못한다.

33 다음은 방송 프로그램 제작을 위해 방송 작가와 교수가 나눈 대화의 일부이다. ㉠～㉣에 대한 설명으로 적절하지 않은 것은?

작가 : 교수님, 이번 방송에서 우리가 다룰 주제는 무엇인가요?

교수 : 이번 주제는 '철학하는 과학자'입니다. 과학계의 난제를 해결하기 위해서는 과학자에게 철학자로서의 자세가 필요하다는 것을 전하고 싶습니다. 이에 해당하는 과학자를 중심으로 얘기하려고 합니다. 닐스 보어를 염두에 두고 있습니다.

작가 : ㉠아, 닐스 보어라면 1년 전에 처음 프로그램을 시작할 때 들려주셨던 기억이 납니다. 그러고 보니 교수님과 프로그램을 함께 한 지도 벌써 1년이 지났네요. 어쨌든, 보어에 대한 기본 정보를 알려 줄 겸 그의 삶을 전반적으로 다루면 어떨까요?

교수 : ㉡(고개를 끄덕이며) 좋은 생각입니다. 보어를 모르는 학생들도 많을 테니까요.

작가 : 그렇죠? 그런데 저는 보어의 삶에 대해 교수님께서 직접 말씀하시는 것보다, 성우의 내레이션을 곁들인 영상으로 전하는 것이 좋지 않을까 싶은데⋯⋯. (미소를 띠며) ㉢물론 성우가 교수님만큼 완벽하게 설명할 수는 없겠지만요.

교수 : (껄껄 웃으며) 좋습니다. 그럼 저도 촬영 부담이 줄어서 좋죠. 제가 아는 사람 중에 보어의 삶을 다룬 다큐멘터리를 제작한 분이 계신데, 필요하시면 그 자료를 구해 드릴까요?

작가 : 역시 교수님은 아는 분이 참 많으시네요.

교수 : ㉣아닙니다. 어쩌다 보니 도움이 될 때도 있네요.

작가 : 어쨌든 정말 감사합니다. 음, 이제 본격적으로 주제에 대해 얘기해 보죠. 보어가 왜 철학하는 과학자인가요?

교수 : 보어는 과감한 사고의 전환을 통해 빛의 이중성이라는 당대 과학계의 수수께끼를 풀어낸 사람입니다. 이율배반적인 두 가지 성질을 놓고 선택하기에 바빴던 당대 과학자들과 달리 보어는 새로운 인식 방법을 제시하여 수수께끼를 해결했죠.

작가 : 말씀하신 내용 중에서 빛의 이중성이 뭔가요?

교수 : 빛의 이중성이란 빛이 입자의 성질과 파동의 성질을 동시에 갖고 있다는 뜻입니다.

---

① ㉠에서 작가는 공유하는 경험의 진위를 따지며 경쟁의식을 드러내고 있다.

② ㉡에서 교수는 비언어적 표현을 수반하며 상대방의 의견에 동조하고 있다.

③ ㉢에서 작가는 상대방의 기분을 고려하는 말로 상호 협력적 분위기를 조성하고 있다.

④ ㉣에서 교수는 겸양적 발화를 통해 상대방의 칭찬에 대해 겸손하게 반응하고 있다.

✔해설 ㉠에서 화자인 작가는 청자인 교수와 공유하는 경험, 즉 처음 프로그램을 시작할 때에 대해 언급한다. 작가가 그것이 사실인지, 아닌지를 따지고 있다는 것은 ㉠을 잘못 해석한 것이다. 그리고 경험 얘기는 교수와 경쟁하려는 의식을 드러내려는 것도 아니다.

Answer 32.④ 33.①

34 다음을 바탕으로 통신사 직원이 고객에게 이동단말기의 통화 채널 형성에 대한 설명을 할 때, 바르게 설명한 것은?

> '핸드오버'란 이동단말기가 이동함에 따라 기존 기지국에서 이탈하여 새로운 기지국으로 넘어갈 때 통화가 끊기지 않도록 통화 신호를 새로운 기지국으로 넘겨주는 것을 말한다. 이런 핸드오버는 이동단말기, 기지국, 이동전화교환국 사이의 유무선 연결을 바탕으로 실행된다. 이동단말기가 기지국에 가까워지면 그 둘 사이의 신호가 점점 강해지는데 반해, 이동단말기와 기지국이 멀어지면 그 둘 사이의 신호는 점점 약해진다. 이 신호의 세기가 특정한 값 이하로 떨어지게 되면 핸드오버가 명령되어 이동단말기와 새로운 기지국 간의 통화 채널이 형성된다. 이 과정에서 이동전화교환국과 기지국 간 연결에 문제가 발생하면 핸드오버가 실패하게 된다.
>
> 핸드오버는 이동단말기와 기지국 간 통화 채널 형성 순서에 따라 '형성 전 단절 방식'과 '단절 전 형성 방식'으로 구분될 수 있다. TDMA와 FDMA에서는 형성 전 단절 방식을, CDMA에서는 단절 전 형성 방식을 사용한다. 형성 전 단절 방식은 이동단말기와 새로운 기지국 간의 통화 채널이 형성되기 전에 기존 기지국과의 통화 채널을 단절하는 것을 말한다. 이와 반대로 단절 전 형성 방식을 이동단말기와 기존 기지국 간의 통화 채널이 단절되기 전에 새로운 기지국과의 통화 채널을 형성하는 방식이다. 이런 핸드오버 방식의 차이는 각 기지국이 사용하는 주파수 간 차이에서 비롯된다. 만약 각 기지국이 다른 주파수를 사용하고 있다면, 이동단말기는 기존 기지국과의 통화 채널을 미리 단절 한 뒤 새로운 기지국에 맞는 주파수를 할당 받은 후 통화 채널을 형성해야 한다. 그러나 각 기지국이 같은 주파수를 사용하고 있다면, 그런 주파수 조정이 필요 없으며 새로운 통화 채널을 형성하고 나서 기존 통화 채널을 단절할 수 있다.

① 단절 전 형성 방식의 각 기지국은 서로 다른 주파수를 사용합니다.

② 이동단말기와 기존 기지국 간의 통화 채널이 단절되면 핸드오버가 성공한 것이라고 볼 수 있습니다.

③ CDMA에서는 하나의 이동단말기가 두 기지국과 동시에 통화 채널을 형성할 수 있지만, FDMA에서는 그렇지 않습니다.

④ 형성 전 단절 방식은 단절 전 형성 방식보다 더 빨리 핸드오버를 명령할 수 있는 장점이 있습니다.

> ✔해설 ① 단절 전 형성 방식의 각 기지국은 서로 같은 주파수를 사용하여 주파수 조정이 필요 없으므로 새로운 통화 채널을 형성하고 나서 기존 통화 채널을 단절할 수 있다.
> ② '핸드오버'란 이동단말기가 이동함에 따라 기존 기지국에서 이탈하여 새로운 기지국으로 넘어갈 때 통화가 끊어지지 않도록 통화 신호를 새로운 기지국으로 넘겨주는 것으로, 이동단말기와 새로운 기지국 간의 통화 채널이 형성되면 핸드오버가 성공한 것이라고 볼 수 있다.
> ④ 핸드오버는 이동단말기와 기지국이 멀어지면서 그 둘 사이의 신호가 점점 약해지다 특정 값 이하로 떨어지게 되면 명령되는 것으로, 통화 채널 형성 순서에 따라 차이가 있지 않다.

35 다음 글은 비정규직 보호 및 차별해소 정책에 관한 글이다. 글에서 언급된 필자의 의견에 부합하지 않는 것은 어느 것인가?

우리나라 임금근로자의 1/3이 비정규직으로, OECD 국가 중 비정규직 근로자 비중이 높은 편이며 법적 의무사항인 2년 이상 근무한 비정규직 근로자의 정규직 전환율도 높지 않은 상황이다. 이에 따라, 비정규직에 대한 불합리한 차별을 없애고 고용불안을 해소하기 위해 대책을 마련하였다. 특히, 상시·지속적 업무에 정규직 고용관행을 정착시키고 비정규직에 대한 불합리한 차별해소 등 기간제 근로자 보호를 위해 '16년 4월에는 「기간제 근로자 고용안정 가이드라인」을 신규로 제정하고, 더불어 「사내 하도급 근로자 고용안정 가이드라인」을 개정하여 비정규직 보호를 강화하는 한편, 실효성 확보를 위해 민간 전문가로 구성된 비정규직 서포터스 활동과 근로감독 등을 연계하여 가이드라인 현장 확산 노력을 펼친 결과, 2016년에는 194개 업체와 가이드라인 준수 협약을 체결하는 성과를 이루었다. 아울러, 2016년부터 모든 사업장(12천 개소) 근로감독 시 차별항목을 필수적으로 점검하고, 비교대상 근로자가 없는 경우라도 가이드라인 내용에 따라 각종 복리후생 등에 차별이 없도록 행정지도를 펼치는 한편, 사내 하도급 다수활용 사업장에 대해 감독을 강화하여 불법 파견을 근절하려고 노력하는 등 사내 하도급 근로자 보호에 힘썼다. 또한, 기간제·파견 근로자를 정규직으로 전환 시 임금상승분의 일부를 지원하는 정규직 전환지원금 사업의 지원요건을 완화하고, 지원대상을 사내 하도급 근로자 및 특수형태업무 종사자까지 확대하여 중소기업의 정규직 전환여건을 제고하였다. 이와 함께 비정규직, 특수형태업무 종사자 등 취약계층 근로자에 대한 사회안전망을 지속 강화하여 2016년 3월부터 특수형태업무 종사자에 대한 산재보험가입 특례도 종전 6개 직종에서 9개 직종으로 확대 적용되었으며, 구직급여 수급기간을 국민연금 가입 기간으로 산입해주는 실업크레딧 지원제도가 2016년 8월부터 도입되었다. 2016년 7월에는 제1호 공동근로복지기금 법인이 탄생하기도 하였다.

① 우리나라는 법적 의무 사항으로 비정규직 생활 2년이 경과하면 정규직으로 전환이 되어야 한다.
② 상시 업무에 정규직 고용관행을 정착시키면 정규직으로의 전환을 촉진할 수 있다.
③ 특수형태업무 종사자들은 종전에는 산재보험 가입이 되지 못하였다.
④ 기업 입장에서 파견직 근로자를 정규직으로 전환하기 위해서는 임금상승에 따른 추가 비용이 발생한다.

✔ 해설 종전 6개 직종에서 산재보험가입 특례가 적용되고 있었다.
① '법적 의무사항인 2년 이상 근무한 비정규직 근로자의 정규직 전환율도 높지 않은 상황이다'에서 알 수 있다.
② 상시 업무에 정규직 고용관행을 정착시키면 상시 업무에 정규직 직원만 고용되는 것이 아니라 비정규직 직원들의 정규직 전환 후 계속고용도 늘어나게 된다.
④ 정부의 지원정책은 임금상승에 따른 기업들의 추가 비용 부담을 덜어주기 위한 것이다.

Answer 34.③ 35.③

▌36~37▌ 다음은 어느 회사 홈페이지에서 안내하고 있는 사회보장의 정의에 대한 내용이다. 물음에 답하시오.

- '사회보장'이라는 용어는 유럽에서 실시하고 있던 사회보험의 '사회'와 미국의 대공황 시기에 등장한 긴급경제보장위원회의 '보장'이란 용어가 합쳐져서 탄생한 것으로 알려져 있다. 1935년에 미국이 「사회보장법」을 제정하면서 법률명으로서 처음으로 사용되었고, 이후 사회보장이라는 용어는 전 세계적으로 ㉠통용되기 시작하였다.

- 제2차 세계대전 후 국제노동기구(ILO)의 「사회보장의 길」과 영국의 베버리지가 작성한 보고서 「사회보험과 관련 서비스」 및 프랑스의 라로크가 ㉡책정한 「사회보장계획」의 영향으로 각국에서 구체적인 사회정책으로 제도화되기 시작하였다.

- 우리나라는 1962년 제5차 개정헌법 제30조 제2항에서 처음으로 '국가는 사회보장의 증진에 노력하여야 한다'고 규정하여 국가적 의무로서 '사회보장'을 천명하였고, 이에 따라 1963년 11월 5일 법률 제1437호로 전문 7개조의 「사회보장에 관한 법률」을 제정하였다.

- '사회보장'이라는 용어가 처음으로 사용된 시기에 대해서는 대체적으로 의견이 일치하고 있으며 해당 용어가 전 세계적으로 ㉢파급되어 사용하고 있음에도 불구하고, '사회보장'의 개념에 대해서는 개인적, 국가적, 시대적, 학문적 관점에 따라 매우 다양하게 인식되고 있다.

- 국제노동기구는 「사회보장의 길」에서 '사회보장'은 사회구성원들에게 발생하는 일정한 위험에 대해서 사회가 적절하게 부여하는 보장이라고 정의하면서, 그 구성요소로 전체 국민을 대상으로 해야 하고, 최저생활이 보장되어야 하며 모든 위험과 사고가 보호되어야 할뿐만 아니라 공공의 기관을 통해서 보호나 보장이 이루어져야 한다고 하였다.

- 우리나라는 사회보장기본법 제3조 제1호에 의하여 "사회보장"이란 출산, ㉣양육, 실업, 노령, 장애, 질병, 빈곤 및 사망 등의 사회적 위험으로부터 모든 국민을 보호하고 국민 삶의 질을 향상 시키는 데 필요한 소득·서비스를 보장하는 사회보험, 공공부조, 사회서비스를 말한다'라고 정의하고 있다.

36 사회보장에 대해 잘못 이해하고 있는 사람은?

① 영은 : '사회보장'이라는 용어가 법률명으로 처음 사용된 것은 1935년 미국에서였대.

② 원일 : 각국에서 사회보장을 구체적인 사회정책으로 제도화하기 시작한 것은 제2차 세계대전 이후구나.

③ 지민 : 사회보장의 개념은 어떤 관점에서 보느냐에 따라 매우 다양하게 인식될 수 있겠군.

④ 정현 : 국제노동기구의 입장에 따르면 개인에 대한 개인의 보호나 보장 또한 사회보장으로 볼 수 있어.

> ✔해설 ④ 국제노동기구에서는 사회보장의 구성요소로 전체 국민을 대상으로 해야 하고, 최저생활이 보장되어야 하며 모든 위험과 사고가 보호되어야 할뿐만 아니라 공공의 기관을 통해서 보호나 보장이 이루어져야 한다고 하였다.

37 밑줄 친 단어가 한자로 바르게 표기된 것은?

① ㉠ 통용 – 通容

② ㉡ 책정 – 策正

③ ㉢ 파급 – 波及

④ ㉣ 양육 – 羊肉

> ✔해설 ③ 파급(波及) : 어떤 일의 여파나 영향이 차차 다른 데로 미침.
> ① 통용(通用) : 일반적으로 두루 씀. 또는 서로 넘나들어 두루 씀.
> ② 책정(策定) : 계획이나 방책을 세워 결정함.
> ④ 양육(養育) : 아이를 보살펴서 자라게 함.

38 다음 글을 통해 알 수 있는 필자의 의견으로 볼 수 없는 것은?

> 4차 산업혁명이 문화예술에 영향을 끼치는 사회적 변화 요인으로는 급속한 고령화 사회와 1인 가구의 증가 등 인구구조의 변화와 문화다양성 사회로의 진전, 디지털 네트워크의 발전 등을 들 수 있다. 이로 인해 문화예술 소비층이 시니어와 1인 중심으로 변화하고 있으며 문화 복지대상도 어린이, 장애인, 시니어로 확장되고 있다. 디지털기기 사용이 일상화 되면서 문화향유 범위도 이전의 음악, 미술, 공연 중심에서 모바일 창작과 게임, 놀이 등으로 점차 확대되었으며 특히 고령화가 심화됨에 따라 높은 문화적 욕구를 지닌 시니어 층이 새로운 기술에 관심을 보이고 있다. 또한 건강한 삶을 위해 테크놀로지 수용에 적극적인 모습을 보이면서 문화예술 향유계층도 다양해질 전망이다. 유쾌함과 즐거움 중심의 일상적 여가는 스마트폰을 통한 스낵컬처적 여가활동이 중심이 되겠지만 지식과 경험을 획득하고 삶의 의미를 찾고 성취감을 느끼고 싶어 하는 진지한 여가에 대한 열망도 점차 높아질 것으로 관측된다.
>
> 기술의 발전과 더불어 근로시간의 축소 등으로 여가시간이 늘어나면서 일과 여가의 균형을 맞추려는 워라밸(Work and Life Balance) 현상이 자리 잡아가고 있다. 문화관광연구원에서 실시한 국민인식조사에 따르면 기존에 문화여가를 즐기지 않던 사람들이 문화여가를 즐기기 시작하고 있다고 답한 비율이 약 47%로 나타난 것은 문화여가를 여가활동의 일부로 인식하는 국민수준이 높아지고 있다는 것을 보여준다. 또한, 경제적 수준이나 지식수준에 상관없이 문화예술 활동을 다양하게 즐기는 사람들이 많아지고 있다고 인식하는 비율이 38%로 나타났다. 이는 문화가 국민 모두가 향유해야 할 보편적 가치로 자리잡아가고 있다는 것을 말해 준다.
>
> 디지털·스마트 문화가 일상문화의 많은 부분을 차지하는 중요 요소로 자리 잡으면서 일상적 여가뿐 아니라 콘텐츠 유통, 창작활동 등에 많은 변화를 가져오고 있다. 이러한 디지털 기기의 사용이 문화산업분야에서는 소비자 및 향유자들의 적극적인 참여로 그 가능성에 주목하고 있으나, 순수문화예술 부분은 아직까지 홍보의 부차적 수단 정도로 활용되고 있어 기대감은 떨어지고 있다.

① 4차 산업혁명은 문화의 다양성을 가져다 줄 것으로 기대된다.

② 디지털기기는 순수문화예술보다 문화산업분야에 더 적극적인 변화를 일으키고 있다.

③ 스마트폰의 보급으로 인해 내적이고 진지한 여가 시간에 대한 욕구는 줄어들 것이다.

④ 문화는 특별한 계층만이 향유할 수 있다는 인식이 줄어들고 있다.

✔ **해설** 지식과 경험을 획득하고 삶의 의미를 찾고 성취감을 느끼고 싶어 하는 진지한 여가에 대한 열망도 점차 높아질 것으로 관측된다는 설명을 통해 내적이고 진지한 여가 시간에 대한 욕구가 줄어들 것이라는 것은 필자의 의견과 다른 것임을 알 수 있다.
  ① 필자는 4차 산업혁명의 영향으로 문화예술 활동을 다양하게 즐기는 사람들이 많아지고 있다는 언급을 하고 있다.
  ② 순수문화예술 부분에서는 스마트폰 등 디지털기기가 아직 홍보 수단 정도의 기능에 머물러 있다고 설명하였다.
  ④ 문화는 국민 모두가 향유해야 할 보편적 가치로 자리잡아가고 있다는 설명을 통해 알 수 있다.

39 다음 글에서 밑줄 친 부분 중에서 나머지와 다른 하나는?

> 모든 역사는 '현대의 역사'라고 크로체는 언명했다. 역사란 본질적으로 현재의 관점에서 과거를 본다는 데에서 성립되며, 역사가의 주임무는 기록에 있는 것이 아니라 가치의 재평가에 있다는 것이다. 역사가가 가치의 재평가를 하지 않는다면 기록될 만한 가치 있는 것이 무엇인지를 알 수 없기 때문이다. 1916년 미국의 역사가 칼 벡커도 "㉠역사적 사실이란 역사가가 이를 창조하기까지는 존재하지 않는다."라고 주장하면서 "모든 역사적 판단의 기초를 이루는 것은 실천적 요구이기 때문에 역사에는 현대의 역사라는 성격이 부여된다. 서술되는 사건이 아무리 먼 시대의 것이라고 할지라도 역사가 실제로 반영하는 것은 현재의 요구 및 현재의 상황이며 사건은 다만 그 속에서 메아리칠 따름이다."라고 하였다.
>
> 크로체의 이런 생각은 옥스퍼드의 철학자이며 역사가인 콜링우드에게 큰 영향을 끼쳤다. 콜링우드는 역사 철학이 취급하는 것은 '㉡사실 그 자체'나 '사실 그 자체에 대한 역사가의 이상' 중 어느 하나가 아니고 '상호관계 하에 있는 양자(兩者)'라고 하였다. 역사가가 연구하는 과거는 죽어버린 과거가 아니라 어떤 의미에서는 아직도 ㉢현재 속에 살아 있는 과거이다. 현재의 상황 속에서 역사가의 이상에 따라 해석된 과거이기 때문이다. 따라서 과거는 그 배후에 놓은 사상을 역사가가 이해할 수 없는 한 그에게 있어서는 죽은 것, 즉 무의미한 것이다. 이와 같은 의미에서 '모든 역사는 사상의 역사'라는 것이며 또한 '역사는 역사가가 자신이 연구하고 있는 사람들의 이상을 자신의 마음속에 재현한 것'이라는 것이다. 역사가의 마음속에서 이루어지는 ㉣과거의 재구성은 경험적인 증거에 의거하여 행해지지만, 재구성 그 자체는 경험적 과정이 아니며 또한 사실의 단순한 암송만으로 될 수 있는 것도 아니다. 오히려 이와는 반대로 재구성의 과정은 사실의 선택 및 해석을 지배하는 것이며 바로 이것이야말로 사실을 역사적 사실로 만들어 놓는 과정이다.

① ㉠ 역사적 사실
② ㉡ 사실 그 자체
③ ㉢ 현재 속에 살아있는 과거
④ ㉣ 과거의 재구성

✔해설 ㉠㉢㉣은 역사가의 이상에 따라 재평가된 과거를 의미하는 반면, ㉡은 역사가에 의해 해석되기 전의 객관적 사실을 의미한다.

40 다음은 산업재해와 관련하여 R공단 홍보팀 신 대리가 작성한 보고서 내용이다. 다음 보고서를 통해 답을 얻을 수 있는 질문이 아닌 것은?

> 정부가 산재노동자들을 위하여 전문 재활치료를 강화하고 직장복귀를 지원하며 직업훈련 등을 통한 조속한 사회복귀 등의 재활정책을 시작한 지 벌써 17년이 지났다. 그러나 원직복귀율이 여전히 40%대로 선진국의 70~80%에 크게 못 미치고 수년째 답보상태에 있는 것은 안타까운 현실이 아닐 수 없다. 따라서 무엇보다도 충분한 요양과 재활치료를 위한 의료서비스 전달체계의 개선이 시급하다. 현재와 같은 소규모 산재의료기관 지정병원의 단순한 치료보다는 산재노동자들에 대한 치료와 동시에 사회복귀를 위한 전문적이고 체계적인 재활치료 시스템이 이루어져야만 한다고 생각한다.
> 독일의 산재병원(BG Hospital) 역시 의료재활과 심리, 직업재활을 통합 운영 중이며, 스위스도 SION과 BELIKON 재활병원을 직접 운영하며 산재환자의 의료, 심리재활 등을 통한 환자의 조속한 사회복귀를 추진하고 있다. 대부분의 선진국 산재지정병원은 치료와 심리, 재활, 작업능력 강화 프로그램을 동시에 운영하고 있다. 또한 입원이 필요 없는 내원환자 치료의 편이성을 도모하기 위하여 도심지의 교통요지에 출퇴근 근로자 또는 통원환자를 위한 외래재활전문센터를 설치하고 재활의학 전문의, 정신과 전문의, 물리치료사, 간호사들이 상주하도록 하고 있다. 이렇듯 선진국에서는 급성기 치료부터 상병별 재활치료 표준지침과 통합재활 시스템을 구축하고 재해근로자가 효율적인 재활을 통해 경제활동에서 낙오되지 않고 신속히 사회에 복귀할 수 있도록 다양한 시스템을 운영하고 있는 것이다. 2015년 한 해에 산재로 인한 보험급여는 약 27만 명에 대해 4조 원 이상이 지급되었다. 재활을 통한 직장 복귀는 이러한 경제적 손실을 만회함은 물론 새로운 경제적 가치를 생산한다는 의미에서 그 효과는 매우 중요하다. 또한 이를 통해 미치는 우리 사회의 긍정적인 사고 역시 더 밝은 미래를 만드는 밑거름이 될 것임을 강조하고 싶다. 산업재해자가 건강한 삶을 영유하고 사회에 일원으로 다시 자립할 수 있도록 지원하기 위해서는 의료재활은 물론 사회심리재활, 직업재활 등이 서로 협력하여 하나의 시스템으로 갖추어져야 한다. 또한 이들 제도가 성공적으로 이루어지기 위해서는 각 전문분야에서 현실적인 프로그램의 마련이 시급하다. "아파서 누워 있는데 사장은 보이지도 않고 전화도 없어 서운합니다"라고 말하는 어느 산재노동자의 말이 우리 사회를 다시 한 번 생각하게 한다.

① 우리나라에서 산업재해 근로자를 위한 사회복귀 시스템을 실시한 지는 얼마나 되었습니까?
② 선진국의 산재지정병원에서 받을 수 있는 프로그램에는 무엇이 있습니까?
③ 선진국과 우리나라의 산업재해 보험급여 지급 비용은 얼마나 차이가 납니까?
④ 산업재해 근로자들의 직장 복귀는 왜 필요합니까?

✔ **해설** 2015년 우리나라에서 지급된 산업재해 보험급여는 약 4조 원 가량이라고 제시되어 있지만 선진국의 지급 비용은 얼마인지 보고서 내용에서는 찾을 수 없다.
　① 우리나라에서 산업재해 근로자를 위한 사회복귀 시스템을 실시한 지는 17년이 되었다.
　② 선진국 산재지정병원에서는 의료재활뿐만 아니라 심리, 직업재활 프로그램을 동시에 받을 수 있다.
　④ 산업재해 근로자들이 직장으로 복귀하면서 보험급여 지급에 대한 사회적 비용을 줄일 수 있고 새로운 경제적 가치를 창조하며 근로자 한 사람의 자립과 만족을 유도할 수 있다.

02 문제해결능력

① 문제와 문제해결

(1) 문제의 정의와 분류

① 정의 : 업무를 수행함에 있어서 답을 요구하는 질문이나 의논하여 해결해야 되는 사항이다.

② 문제의 분류

구분	창의적 문제	분석적 문제
문제제시 방법	현재 문제가 없더라도 보다 나은 방법을 찾기 위한 문제 탐구→문제 자체가 명확하지 않음	현재의 문제점이나 미래의 문제로 예견될 것에 대한 문제 탐구→문제 자체가 명확함
해결방법	창의력에 의한 많은 아이디어의 작성을 통해 해결	분석, 논리, 귀납과 같은 논리적 방법을 통해 해결
해답 수	해답의 수가 많으며, 많은 답 가운데 보다 나은 것을 선택	답의 수가 적으며 한정되어 있음
주요특징	주관적, 직관적, 감각적, 정성적, 개별적, 특수성	객관적, 논리적, 정량적, 이성적, 일반적, 공통성

(2) 업무수행과정에서 발생하는 문제 유형

① 발생형 문제(보이는 문제) : 현재 직면하여 해결하기 위해 고민하는 문제이다. 원인이 내재되어 있기 때문에 원인지향적인 문제라고도 한다.

   ㉠ 일탈문제 : 어떤 기준을 일탈함으로써 생기는 문제

   ㉡ 미달문제 : 어떤 기준에 미달하여 생기는 문제

② 탐색형 문제(찾는 문제) : 현재의 상황을 개선하거나 효율을 높이기 위한 문제이다. 방치할 경우 큰 손실이 따르거나 해결할 수 없는 문제로 나타나게 된다.

   ㉠ 잠재문제 : 문제가 잠재되어 있어 인식하지 못하다가 확대되어 해결이 어려운 문제

   ㉡ 예측문제 : 현재로는 문제가 없으나 현 상태의 진행 상황을 예측하여 찾아야 앞으로 일어날 수 있는 문제가 보이는 문제

   ㉢ 발견문제 : 현재로서는 담당 업무에 문제가 없으나 선진기업의 업무 방법 등 보다 좋은 제도나 기법을 발견하여 개선시킬 수 있는 문제

③ 설정형 문제(미래 문제) : 장래의 경영전략을 생각하는 것으로 앞으로 어떻게 할 것인가 하는 문제이다. 문제해결에 창조적인 노력이 요구되어 창조적 문제라고도 한다.

예제 1

D회사 신입사원으로 입사한 귀하는 신입사원 교육에서 업무수행과정에서 발생하는 문제 유형 중 설정형 문제를 하나씩 찾아오라는 지시를 받았다. 이에 대해 귀하는 교육받은 내용을 다시 복습하려고 한다. 설정형 문제에 해당하는 것은?

① 현재 직면하여 해결하기 위해 고민하는 문제
② 현재의 상황을 개선하거나 효율을 높이기 위한 문제
③ 앞으로 어떻게 할 것인가 하는 문제
④ 원인이 내재되어 있는 원인지향적인 문제

출제의도
업무수행 중 문제가 발생하였을 때 문제 유형을 구분하는 능력을 측정하는 문항이다.

해 설
업무수행과정에서 발생하는 문제 유형으로는 발생형 문제, 탐색형 문제, 설정형 문제가 있으며 ①④는 발생형 문제이며 ②는 탐색형 문제, ③이 설정형 문제이다.

답 ③

(3) 문제해결

① 정의 : 목표와 현상을 분석하고 이 결과를 토대로 과제를 도출하여 최적의 해결책을 찾아 실행·평가해 가는 활동이다.

② 문제해결에 필요한 기본적 사고

  ㉠ 전략적 사고 : 문제와 해결방안이 상위 시스템과 어떻게 연결되어 있는지를 생각한다.

  ㉡ 분석적 사고 : 전체를 각각의 요소로 나누어 그 의미를 도출하고 우선순위를 부여하여 구체적인 문제해결방법을 실행한다.

  ㉢ 발상의 전환 : 인식의 틀을 전환하여 새로운 관점으로 바라보는 사고를 지향한다.

  ㉣ 내·외부자원의 활용 : 기술, 재료, 사람 등 필요한 자원을 효과적으로 활용한다.

③ 문제해결의 장애요소

  ㉠ 문제를 철저하게 분석하지 않는 경우

  ㉡ 고정관념에 얽매이는 경우

  ㉢ 쉽게 떠오르는 단순한 정보에 의지하는 경우

  ㉣ 너무 많은 자료를 수집하려고 노력하는 경우

④ 문제해결방법

  ㉠ 소프트 어프로치 : 문제해결을 위해서 직접적인 표현보다는 무언가를 시사하거나 암시를 통하여 의사를 전달하여 문제해결을 도모하고자 한다.

ⓛ 하드 어프로치 : 상이한 문화적 토양을 가지고 있는 구성원을 가정하고, 서로의 생각을 직설적으로 주장하고 논쟁이나 협상을 통해 서로의 의견을 조정해 가는 방법이다.

ⓒ 퍼실리테이션(facilitation) : 촉진을 의미하며 어떤 그룹이나 집단이 의사결정을 잘 하도록 도와주는 일을 의미한다.

② 문제해결능력을 구성하는 하위능력

(1) 사고력

① 창의적 사고 : 개인이 가지고 있는 경험과 지식을 통해 새로운 가치 있는 아이디어를 산출하는 사고능력이다.

　ⓐ 창의적 사고의 특징
　　• 정보와 정보의 조합
　　• 사회나 개인에게 새로운 가치 창출
　　• 창조적인 가능성

예제 2

M사 홍보팀에서 근무하고 있는 귀하는 입사 5년차로 창의적인 기획안을 제출하기로 유명하다. S부장은 이번 신입사원 교육 때 귀하에게 창의적인 사고란 무엇인지 교육을 맡아달라고 부탁하였다. 창의적인 사고에 대한 귀하의 설명으로 옳지 않은 것은?

① 창의적인 사고는 새롭고 유용한 아이디어를 생산해 내는 정신적인 과정이다.
② 창의적인 사고는 특별한 사람들만이 할 수 있는 대단한 능력이다.
③ 창의적인 사고는 기존의 정보들을 특정한 요구조건에 맞거나 유용하도록 새롭게 조합시킨 것이다.
④ 창의적인 사고는 통상적인 것이 아니라 기발하거나, 신기하며 독창적인 것이다.

출제의도

창의적 사고에 대한 개념을 정확히 파악하고 있는지를 묻는 문항이다.

해 설

흔히 사람들은 창의적인 사고에 대해 특별한 사람들만이 할 수 있는 대단한 능력이라고 생각하지만 그리 대단한 능력이 아니며 이미 알고 있는 경험과 지식을 해체하여 다시 새로운 정보로 결합하여 가치 있는 아이디어를 산출하는 사고라고 할 수 있다.

답 ②

ⓛ 발산적 사고 : 창의적 사고를 위해 필요한 것으로 자유연상법, 강제연상법, 비교발상법 등을 통해 개발할 수 있다.

구분	내용
자유연상법	생각나는 대로 자유롭게 발상 ex) 브레인스토밍
강제연상법	각종 힌트에 강제적으로 연결 지어 발상 ex) 체크리스트
비교발상법	주제의 본질과 닮은 것을 힌트로 발상 ex) NM법, Synectics

POINT 브레인스토밍

ⓐ 진행방법
- 주제를 구체적이고 명확하게 정한다.
- 구성원의 얼굴을 볼 수 있는 좌석 배치와 큰 용지를 준비한다.
- 구성원들의 다양한 의견을 도출할 수 있는 사람을 리더로 선출한다.
- 구성원은 다양한 분야의 사람들로 5~8명 정도로 구성한다.
- 발언은 누구나 자유롭게 할 수 있도록 하며, 모든 발언 내용을 기록한다.
- 아이디어에 대한 평가는 비판해서는 안 된다.

ⓑ 4대 원칙
- 비판엄금(Support) : 평가 단계 이전에 결코 비판이나 판단을 해서는 안 되며 평가는 나중까지 유보한다.
- 자유분방(Silly) : 무엇이든 자유롭게 말하고 이런 바보 같은 소리를 해서는 안 된다는 등의 생각은 하지 않아야 한다.
- 질보다 양(Speed) : 질에는 관계없이 가능한 많은 아이디어들을 생성해내도록 격려한다.
- 결합과 개선(Synergy) : 다른 사람의 아이디어에 자극되어 보다 좋은 생각이 떠오르고, 서로 조합하면 재미있는 아이디어가 될 것 같은 생각이 들면 즉시 조합시킨다.

② 논리적 사고 : 사고의 전개에 있어 전후의 관계가 일치하고 있는가를 살피고 아이디어를 평가하는 사고능력이다.

ⓐ 논리적 사고를 위한 5가지 요소 : 생각하는 습관, 상대 논리의 구조화, 구체적인 생각, 타인에 대한 이해, 설득

ⓑ 논리적 사고 개발 방법
- 피라미드 구조 : 하위의 사실이나 현상부터 사고하여 상위의 주장을 만들어가는 방법
- so what기법 : '그래서 무엇이지?'하고 자문자답하여 주어진 정보로부터 가치 있는 정보를 이끌어내는 사고 기법

③ 비판적 사고 : 어떤 주제나 주장에 대해서 적극적으로 분석하고 종합하며 평가하는 능동적인 사고이다.

ⓐ 비판적 사고 개발 태도 : 비판적 사고를 개발하기 위해서는 지적 호기심, 객관성, 개방성, 융통성, 지적 회의성, 지적 정직성, 체계성, 지속성, 결단성, 다른 관점에 대한 존중과 같은 태도가 요구된다.

ⓑ 비판적 사고를 위한 태도
- 문제의식 : 비판적인 사고를 위해서 가장 먼저 필요한 것은 바로 문제의식이다. 자신이 지니고 있는 문제와 목적을 확실하고 정확하게 파악하는 것이 비판적인 사고의 시작이다.
- 고정관념 타파 : 지각의 폭을 넓히는 일은 정보에 대한 개방성을 가지고 편견을 갖지 않는 것으로 고정관념을 타파하는 일이 중요하다.

(2) 문제처리능력과 문제해결절차

① 문제처리능력 : 목표와 현상을 분석하고 이를 토대로 문제를 도출하여 최적의 해결책을 찾아 실행·평가하는 능력이다.

② 문제해결절차 : 문제 인식 → 문제 도출 → 원인 분석 → 해결안 개발 → 실행 및 평가

  ㉠ 문제 인식 : 문제해결과정 중 'what'을 결정하는 단계로 환경 분석 → 주요 과제 도출 → 과제 선정의 절차를 통해 수행된다.

    • 3C 분석 : 환경 분석 방법의 하나로 사업환경을 구성하고 있는 요소인 자사(Company), 경쟁사(Competitor), 고객(Customer)을 분석하는 것이다.

예제 3

L사에서 주력 상품으로 밀고 있는 TV의 판매 이익이 감소하고 있는 상황에서 귀하는 B부장으로부터 3C분석을 통해 해결방안을 강구해 오라는 지시를 받았다. 다음 중 3C에 해당하지 않는 것은?

① Customer
② Company
③ Competitor
④ Content

출제의도

3C의 개념과 구성요소를 정확히 숙지하고 있는지를 측정하는 문항이다.

해 설

3C 분석에서 사업 환경을 구성하고 있는 요소인 자사(Company), 경쟁사(Competitor), 고객(Customer)을 3C라고 한다. 3C 분석에서 고객 분석에서는 '고객은 자사의 상품·서비스에 만족하고 있는지'를, 자사 분석에서는 '자사가 세운 달성목표와 현상 간에 차이가 없는지'를 경쟁사 분석에서는 '경쟁기업의 우수한 점과 자사의 현상과 차이가 없는지'에 대한 질문을 통해서 환경을 분석하게 된다.

답 ④

• SWOT 분석 : 기업내부의 강점과 약점, 외부환경의 기회와 위협요인을 분석·평가하여 문제해결 방안을 개발하는 방법이다.

		내부환경요인	
		강점(Strengths)	약점(Weaknesses)
외부환경요인	기회 (Opportunities)	SO 내부강점과 외부기회 요인을 극대화	WO 외부기회를 이용하여 내부약점을 강점으로 전환
	위협 (Threat)	ST 외부위협을 최소화하기 위해 내부강점을 극대화	WT 내부약점과 외부위협을 최소화

ⓛ 문제 도출 : 선정된 문제를 분석하여 해결해야 할 것이 무엇인지를 명확히 하는 단계로, 문제 구조 파악→핵심 문제 선정 단계를 거쳐 수행된다.

- Logic Tree : 문제의 원인을 파고들거나 해결책을 구체화할 때 제한된 시간 안에서 넓이와 깊이를 추구하는데 도움이 되는 기술로 주요 과제를 나무모양으로 분해 · 정리하는 기술이다.

ⓒ 원인 분석 : 문제 도출 후 파악된 핵심 문제에 대한 분석을 통해 근본 원인을 찾는 단계로 Issue 분석→Data 분석→원인 파악의 절차로 진행된다.

ⓔ 해결안 개발 : 원인이 밝혀지면 이를 효과적으로 해결할 수 있는 다양한 해결안을 개발하고 최선의 해결안을 선택하는 것이 필요하다.

ⓜ 실행 및 평가 : 해결안 개발을 통해 만들어진 실행계획을 실제 상황에 적용하는 활동으로 실행계획 수립→실행→Follow-up의 절차로 진행된다.

예제 4

C사는 최근 국내 매출이 지속적으로 하락하고 있어 사내 분위기가 심상치 않다. 이에 대해 Y부장은 이 문제를 극복하고자 문제처리 팀을 구성하여 해결방안을 모색하도록 지시하였다. 문제처리 팀의 문제해결 절차를 올바른 순서로 나열한 것은?

① 문제 인식→원인 분석→해결안 개발→문제 도출→실행 및 평가
② 문제 도출→문제 인식→해결안 개발→원인 분석→실행 및 평가
③ 문제 인식→원인 분석→문제 도출→해결안 개발→실행 및 평가
④ 문제 인식→문제 도출→원인 분석→해결안 개발→실행 및 평가

출제의도

실제 업무 상황에서 문제가 일어났을 때 해결 절차를 알고 있는지를 측정하는 문항이다.

해 설

일반적인 문제해결절차는 '문제 인식→문제 도출→원인 분석→해결안 개발→실행 및 평가'로 이루어진다.

답 ④

출제예상문제

1 다음 상황에서 옳은 것은?

> 왼쪽 길은 마을로 가고, 오른쪽 길은 공동묘지로 가는 두 갈래로 나누어진 길 사이에 장승이 하나 있는데, 이 장승은 딱 두 가지 질문만 받으며 두 질문 중 하나는 진실로, 하나는 거짓으로 대답한다. 또한 장승이 언제 진실을 얘기할지 거짓을 얘기할지 알 수 없다. 마을로 가기 위해 찾아온 길을 모르는 한 나그네가 규칙을 다 들은 후에 장승에게 다음과 같이 질문했다. "너는 장승이니?" 장승이 처음 질문에 대답한 후에 나그네가 다음 질문을 했다. "오른쪽 길로 가면 마을이 나오니?" 이어진 장승의 대답 후에 나그네는 한쪽 길로 사라졌다.

① 나그네가 길을 찾을 수 있을지 없을지는 알 수 없다.

② 장승이 처음 질문에 "그렇다."라고 대답하면 나그네는 마을을 찾아갈 수 없다.

③ 장승이 처음 질문에 "아니다."라고 대답하면 나그네는 마을을 찾아갈 수 없다.

④ 장승이 처음 질문에 무엇이라 대답하든 나그네는 마을을 찾아갈 수 있다.

✔ **해설** 장승이 처음 질문에 "그렇다."라고 대답하면 그 대답은 진실이므로 다음 질문에 대한 대답은 반드시 거짓이 되고, "아니다."라고 대답하면 그 대답은 거짓이므로 다음 질문에 대한 대답은 반드시 진실이 된다. 장승이 처음 질문에 무엇이라 대답하든 나그네는 다음 질문의 대답이 진실인지 거짓인지 알 수 있으므로 마을로 가는 길이 어느 쪽 길인지 알 수 있게 된다.

2 표는 A씨의 금융 상품별 투자 보유 비중 변화를 나타낸 것이다. ㈎에서 ㈏로 변경된 내용으로 옳은 설명을 고르면?

금융 상품		(가) 보유 비중(%)	(나) 보유 비중(%)
주식	○○(주)	30	20
	△△(주)	20	0
저축	보통예금	10	20
	정기적금	20	20
채권	국·공채	20	40

ⓐ 직접금융 종류에 해당하는 상품 투자 보유 비중이 낮아졌다.
ⓑ 수익성보다 안정성이 높은 상품 투자 보유 비중이 높아졌다.
ⓒ 배당 수익을 받을 수 있는 자본 증권 투자 보유 비중이 높아졌다.
ⓓ 일정 기간 동안 일정 금액을 예치하는 예금 보유 비중이 낮아졌다.

① ㉠㉡　　　　　　　　　　　② ㉠㉢
③ ㉡㉢　　　　　　　　　　　④ ㉡㉣

✔ 해설　주식, 채권은 직접 금융 시장에서 자금을 조달하며, 주식은 수익성이 높으며, 저축과 채권은 주식보다는 안정성이 높다.

3 다음 지문을 읽고 A연구기관의 〈연구결과〉를 주장하기 위한 직접적 근거가 될 수 있는 것은?

> 한 아동이 다른 사람을 위하여 행동하는 매우 극적인 장면이 담긴 'Lassie'라는 프로그램을 매일 5시간 이상 시청한 초등학교 1, 2학년 아동들은 이와는 전혀 다른 내용이 담긴 프로그램을 시청한 아동들보다 훨씬 더 협조적이고 타인을 배려하는 행동을 보여주었다.
> 반면에 텔레비전을 통해 매일 3시간 이상 폭력물을 시청한 아동과 청소년들은 텔레비전 속에서 보이는 성인들의 폭력행위를 빠른 속도로 모방하였다.

> 〈연구결과〉
> A 연구기관은 텔레비전 속에서 보이는 폭력이 아동과 청소년의 범죄행위를 유발시킬 가능성이 크다는 결과를 제시하였다.

① 전국의 성인교도소에 폭행죄로 수감되어 있는 재소자들은 6세 이후 폭력물을 매일 적어도 6시간 이상씩 시청했었다.

② 전국의 소년교도소에 폭행죄로 수감되어 있는 재소자들은 6세 이후 폭력물을 매일 적어도 4시간 이상씩 시청했었다.

③ 전국의 소년교도소에 폭행죄로 수감되어 있는 청소년들은 매일 저녁 교도소 내에서 최소한 3시간씩 폭력물을 시청한다.

④ 6세에서 12세 사이에 선행을 많이 하는 아동들이 성인이 되어서도 선행을 많이 한다.

✔ 해설 텔레비전 속에서 보이는 폭력이 아동과 청소년의 범죄행위를 유발시킬 가능성이 크다는 연구결과로 보아 ②가 직접적 근거가 될 수 있다.

4 다음은 영철이가 작성한 A, B, C, D 네 개 핸드폰의 제품별 사양과 사양에 대한 점수표이다. 다음 표를 본 영미가 아래와 같은 상황에서 선택하기에 가장 적절한 제품과 가장 적절하지 않은 제품은 각각 어느 것인가?

구분	A	B	C	D
크기	153.2×76.1×7.6	154.4×76×7.8	154.4×75.8×6.9	139.2×68.5×8.9
무게	171g	181g	165g	150g
RAM	4GB	3GB	4GB	3GB
저장공간	64GB	64GB	32GB	32GB
카메라	16Mp	16Mp	8Mp	16Mp
배터리	3,000mAh	3,000mAh	3,000mAh	3,000mAh
가격	653,000원	616,000원	599,000원	549,000원

〈사양별 점수표〉

무게	160g 이하	161~180g	181~200g	200g 초과
	20점	18점	16점	14점
RAM	3GB		4GB	
	15점		20점	
저장 공간	32GB		64GB	
	18점		20점	
카메라	8Mp		16Mp	
	8점		20점	
가격	550,000원 미만	550,000~600,000원 미만	600,000~650,000원 미만	650,000원 이상
	20점	18점	16점	14점

"나도 이번에 핸드폰을 바꾸려 하는데, 내가 가장 중요하게 생각하는 조건은 저장 공간이야. 그 다음으로는 무게가 가벼웠으면 좋겠고, 카메라 기능이 좋은 걸 원하지. 음…다른 기능은 전혀 고려하지 않지만, 저장 공간, 무게, 카메라 기능에 각각 가중치를 30%, 20%, 10% 추가 부여하는 정도라고 볼 수 있어."

① A제품과 D제품   ② B제품과 C제품

③ A제품과 C제품   ④ B제품과 D제품

해설 다른 기능은 고려하지 않는다고 했으므로 제시된 세 개 항목에만 가중치를 부여하여 점수화한다. 각 제품의 점수를 환산하여 총점을 구하면 다음과 같다.

구분	A	B	C	D
크기	153.2×76.1×7.6	154.4×76×7.8	154.4×75.8×6.9	139.2×68.5×8.9
무게	171g	181g	165g	150g
RAM	4GB	3GB	4GB	3GB
저장 공간	64GB	64GB	32GB	32GB
카메라	16Mp	16Mp	8Mp	16Mp
배터리	3,000mAh	3,000mAh	3,000mAh	3,000mAh
가격	653,000원	616,000원	599,000원	549,000원
가중치 부여	20×1.3+18×1.2+20×1.1=69.6	20×1.3+16×1.2+20×1.1=67.2	18×1.3+18×1.2+8×1.1=53.8	18×1.3+20×1.2+20×1.1=69.4

따라서 가장 가중치 점수가 높은 것은 A제품이며, 가장 낮은 것은 C제품이므로 정답은 A제품과 C제품이 된다.

5 다음 중 문제해결을 위한 장애요소가 아닌 것은?

① 쉽게 떠오르는 단순한 정보
② 개인적인 편견이나 고정관념
③ 많은 자료를 수집하려는 노력
④ 문제의식

해설 ④ 문제의식은 현재에 만족하지 않고 전향적인 자세로 상황을 개선하거나 바꾸고자하는 마음가짐으로 문제해결을 위한 장애요소가 아닌 꼭 갖추어야 할 자세이다.

6 다음의 기사는 기자와 어느 국회의원과의 일문일답 중 한 부분을 발췌한 것이다. 인터뷰 내용을 읽고 이와 연관지어 볼 때 밑줄 친 부분으로 인해 예상되는 결과(해결방안)로서 적절한 내용을 고르면?

기자 : 역대 대통령들은 지역 기반이 확고했습니다. A 의원님처럼 수도권이 기반이고, 지역 색이 열은 정치인은 대권에 도전하기 쉽지 않다는 지적이 있습니다. 이에 대해 어떻게 생각하시는지요

A 의원 : 여러 가지 면에서 수도권 후보는 새로운 시대정신에 부합한다고 생각합니다."

기자 : 통일은 언제쯤 가능하다고 보십니까. 남북이 대치한 상황에서 남북 간 관계는 어떻게 운용해야 한다고 생각하십니까?

A 의원 : "누가 알겠습니까? 통일이 언제 갑자기 올지…. 다만 언제가 될지 모르는 통일에 대한 준비와 함께, 통일을 앞당기려는 노력이 필요하다고 생각합니다.

기자 : 최근 읽으신 책 가운데 인상적인 책이 있다면 두 권만 꼽아주십시오.

A 의원 : "댄 세노르, 사울 싱어의 '창업국가'와 최재천 교수의 '손잡지 않고 살아남은 생명은 없다' 입니다. '창업국가'는 박근혜 정부의 창조경제 프로젝트 덕분에 이미 많은 분들이 접하셨을 것이라 생각하는데요. 이 책에는 정부 관료와 기업인들은 물론 혁신적인 리더십이 필요한 사람들이 참고할만한 내용들이 풍부하게 담겨져 있습니다. 특히 인텔 이스라엘 설립자 도브 프로먼의 "리더의 목적은 저항을 극대화 시키는 일이다. 그래야 의견차이나 반대를 자연스럽게 드러낼 수 있기 때문이다"라는 말에서, 서로의 의견 차이를 존중하면서도 끊임없는 토론을 자극하는 이스라엘 문화의 특징이 인상 깊었습니다. 뒤집어 생각해보면, 다양한 사람들의 반대 의견까지 청취하고 받아들이는 리더의 자세가, 제가 중요하게 여기는 '경청의 리더십, 서번트 리더십'과도 연결되지 않나 싶습니다.

(후략)

---

① 탁월한 리더가 되기 위해서는 차가운 지성만이 아닌 뜨거운 가슴도 함께 가지고 있어야 한다.

② 리더 자신의 특성에서 나오는 힘과 부하들이 리더와 동일시하려는 심리적 과정을 통해서 영향력을 행사하며, 부하들에게 미래에 대한 비전을 제시하거나 공감할 수 있는 가치체계를 구축하여 리더십을 발휘하게 하는 것이다.

③ 기업 조직에 적용했을 경우 기업에서는 팀원들이 목표달성뿐만이 아닌 업무와 관련하여 개인이 서로 성장할 수 있도록 지원하고 배려하는 것이라고 할 수 있다.

④ 자신에게 실행하는 리더십을 말하는 것으로 자신이 스스로에게 영향을 미치는 지속적인 과정이다.

✔ 해설 서번트 리더십은 인간 존중을 바탕으로 다른 구성원들이 업무 수행에 있어 자신의 잠재력을 최대한 발휘할 수 있도록 도와주는 리더십을 의미한다. ①번은 감성 리더십, ②번은 카리스마 리더십, ④번은 셀프 리더십을 각각 설명한 것이다.

7 다음은 세계 최대 규모의 종합·패션·의류기업인 I사의 대표 의류 브랜드의 SWOT분석이다. 다음 보기의 설명 중 옳지 않은 것은?

강점(STRENGH)	약점(WEAKNESS)
• 디자인과 생산과정의 수직 계열화 • 제품의 빠른 회전율 • 세련된 디자인과 저렴한 생산 비용	• 디자인에 대비되는 다소 낮은 품질 • 광고를 하지 않는 전략으로 인한 낮은 인지도
기회(OPPORTUNITY)	위협(THREAT)
• SPA 브랜드 의류 시장 성장 • 진출 가능한 다수의 국가	• 후발 경쟁 브랜드의 등장 • 목표 세그먼트에 위협이 되는 경제 침체

① SO 전략 – 경쟁이 치열한 지역보다는 빠른 생산력을 이용하여 신흥시장을 개척하여 점유율을 높인다.

② ST 전략 – 시장에서 높은 점유율을 유지하기 위하여 광고비에 투자한다.

③ WO 전략 – 신흥 시장에서의 광고비 지출을 늘린다.

④ WT 전략 – 경제침체로 인한 소비가 줄어들기 때문에 디자인 비용을 낮춘다.

✔ 해설 이 의류 브랜드의 강점은 세련된 디자인으로 디자인 자체가 강점인 브랜드에서 경기침체를 이유로 디자인 비용을 낮추게 된다면 브랜드의 강점이 사라지므로 올바른 전략은 아니다.
① 디자인과 생산과정이 수직화되어 있으므로 빠른 생산력을 가지고 있다. 따라서 신흥시장 즉 진출 가능한 국가에서 빠른 생산력을 가지고 점유율을 높일 수 있다.
② 후발 주자에게 자리를 내주지 않기 위해서는 저렴한 생산비용인 대신 광고를 늘려 점유율을 유지하여야 한다.
③ 신흥시장에서 점유율을 높이기 위해 광고를 하여 낮은 인지도를 탈피하여야 한다.

Answer 6.③ 7.④

8 다음에 제시된 명제들이 모두 참일 경우, 이 조건들에 따라 내릴 수 있는 결론으로 적절한 것은?

> a. 인사팀을 좋아하지 않는 사람은 생산팀을 좋아한다.
> b. 기술팀을 좋아하지 않는 사람은 홍보팀을 좋아하지 않는다.
> c. 인사팀을 좋아하는 사람은 비서실을 좋아하지 않는다.
> d. 비서실을 좋아하지 않는 사람은 홍보팀을 좋아한다.

① 홍보팀을 싫어하는 사람은 인사팀을 좋아한다.
② 비서실을 싫어하는 사람은 기술팀도 싫어한다.
③ 기술팀을 싫어하는 사람은 생산팀도 싫어한다.
④ 생산팀을 좋아하지 않는 사람은 기술팀을 좋아한다.

✔**해설** 보기의 명제를 대우 명제로 바꾸어 정리하면 다음과 같다.
　　　a. ~인사팀 → 생산팀(~생산팀 → 인사팀)
　　　b. ~기술팀 → ~홍보팀(홍보팀 → 기술팀)
　　　c. 인사팀 → ~비서실(비서실 → ~인사팀)
　　　d. ~비서실 → 홍보팀(~홍보팀 → 비서실)
　　　이를 정리하면 '~생산팀 → 인사팀 → ~비서실 → 홍보팀 → 기술팀'이 성립하고 이것의 대우 명제인 '~기술팀 →
　　　~홍보팀 → 비서실 → ~인사팀 → 생산팀'도 성립하게 된다. 따라서 이에 맞는 결론은 보기 ④의 '생산팀을 좋아
　　　하지 않는 사람은 기술팀을 좋아한다.' 뿐이다.

9 다음 표는 A, B, C, D 4명의 성별, 연차, 취미, 좋아하는 업무를 조사하여 나타낸 표이다. 이를 근거로 아래 〈조건〉에 맞도록 TF팀을 구성하려고 한다. 다음 중 함께 TF팀이 구성될 수 있는 경우는 어느 것인가?

이름	A	B	C	D
성별	남자	남자	여자	여자
연차	10년 차	2년 차	7년 차	8년 차
취미	수영	기타(Guitar)	농구	피아노
좋아하는 업무	회계	수출	외환	물류

〈조건〉
㉠ 취미가 운동인 직원은 반드시 수출을 좋아하는 직원과 TF팀을 구성한다.
㉡ 짝수 연차 직원은 홀수 인원으로 TF팀을 구성할 수 없다.
㉢ 남직원만으로는 TF팀을 구성할 수 없다.

① A, B
② B, C
③ A, B, C
④ A, C, D

✔해설 ㉠에서 A와 C는 취미가 운동이기 때문에 반드시 수출 업무를 좋아하는 B와 함께 TF팀이 구성되어야 함을 알 수 있다. 그러므로 ④는 정답에서 제외된다.
㉡에서 A, B, D는 짝수 연차이므로 홀수 인원으로 TF팀이 구성될 수 없다. 그러므로 ②는 정답에서 제외된다.
㉢에서 A, B는 남직원이므로 둘만으로 TF팀이 구성될 수 없다. 그러므로 ①은 정답에서 제외된다.
따라서 정답은 ③이다.

10 인구보건복지협회에 입사한 Y씨는 상사의 지시로 '우리나라의 영유아 보육 문제'에 관한 보고서를 쓰기 위해 다음과 같이 자료를 수집하였다. 이를 토대로 이끌어 낸 내용으로 적절하지 않은 것은?

㈎ 통계 자료

1. 전체 영유아 보육 시설 현황
(단위 : 개)

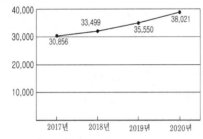

2. 설립 주체별 영유아 보육 시설 비율
(단위 : %)

	민간시설	국공립시설	사회복지 법인시설
2017년	89.6	5.7	4.7
2018년	90.2	5.4	4.4
2019년	90.5	5.4	4.1
2020년	90.8	5.3	3.9

㈏ 신문 기사

2021년 말 기준 전국 영유아 보육 시설 정원에 30만 6,898명의 여유가 있다. 그런데 많은 지역에서 부모들이 아이를 맡길 보육 시설을 찾지 못해 어려움을 겪고 있다. 지역에 따라 보육 시설이 편중되어 있으며, 특히 부모들이 선호하는 국공립이나 사회복지법인 보육 시설이 턱없이 부족하기 때문이다. 이로 인해 부모들은 비싼 민간 보육 시설에 아이들을 맡길 수밖에 없어 보육비 부담이 가중되고 있다.

−○○일보−

㈐ 인터뷰 내용

○ "일본은 정부나 지방자치단체의 지원과 감독을 받는 국공립 및 사회복지법인 보육 시설이 대부분입니다. 이런 보육 시설이 우리보다 10배나 많으며 우수한 교육 프로그램을 운영하여 보육에 대한 부모들의 만족도가 높습니다."

−○○대학교 교수 한○○−

○ "보육 시설 안전사고가 매년 4,500여 건이나 발생한다고 들었습니다. 우리 아이가 다니는 보육 시설은 안전한지 늘 염려가 됩니다."

−학부모 이○○−

---

① ㈎-1과 ㈏를 활용하여, 전체적으로 보육 시설이 증가하고 있음에도 많은 학부모들이 아이를 맡길 보육 시설을 구하는 데 어려움을 겪고 있음을 문제점으로 지적한다.

② ㈎-2와 ㈐를 활용하여, 우리나라와 일본의 보육 시설 현황을 대비하여 민간 보육 시설이 대부분인 우리나라의 문제점을 부각한다.

③ ㈏와 ㈐를 활용하여, 국공립 및 사회복지법인 보육 시설의 교육 프로그램의 질 저하가 보육 시설에 대한 부모들의 불신을 키우는 주요 원인임을 밝힌다.

④ ㈎-1과 ㈐를 활용하여, 보육 시설이 지속적으로 증가하고 있는 만큼 보육 시설의 안전사고를 줄이기 위한 관리와 감독을 시급히 강화해야 한다고 제안한다.

✔ 해설   ㈏에서는 전국적으로 보육 시설의 정원이 남음에도 많은 지역에 부모들이 아이들을 맡길 보육 시설을 찾지 못해 어려움을 겪고 있다는 문제점을 제시하고 있다. 그리고 ㈐에서는 일본의 경우 보육 시설의 교육 프로그램이 우수해 부모들의 보육 시설에 대한 만족도가 높다고 하고 있다. ㈏와 ㈐ 모두 우리나라 국공립 및 사회복지법인 보육 시설의 교육 프로그램의 질이 저하되어 있다는 문제점을 제시하고 있지 않다.

Answer   10.③

11 일식, 이식, 삼식, 사식, 오식 5명이 마피아 게임을 하고 있다. 마피아는 1명이며, 5명의 진술 중 한명만이 진실을 말하고 4명은 거짓말을 하고 있다. 진실을 말하는 사람은 누구인가? ₩

> • 일식 : 이식이가 마피아다.
> • 이식 : 일식이는 거짓말을 하고 있다.
> • 삼식 : 나는 마피아가 아니다.
> • 사식 : 마피아는 일식이다.
> • 오식 : 내가 마피아다.

① 일식   ② 이식

③ 삼식   ④ 사식

✔ **해설**   일식이의 말과 이식이의 말은 모순이 생긴다. 따라서 둘 중에 하나는 거짓말을 하고 있다.
ㄱ 일식이가 참인 경우 마피아는 이식이가 되며, 두명이 참을 말하고 있으므로 조건에 부합하지 않는다.

일식	참
이식	거짓
삼식	참
사식	거짓
오식	거짓

ㄴ 이식이가 참인 경우 마피아는 삼식이가 되며 조건에 부합한다.

일식	거짓
이식	참
삼식	거짓
사식	거짓
오식	거짓

12 다음은 이○○씨가 A지점에서 B지점을 거쳐 C지점으로 출근을 할 때 각 경로의 거리와 주행속도를 나타낸 것이다. 이○○씨가 오전 8시 정각에 A지점을 출발해서 B지점을 거쳐 C지점으로 갈 때, 이에 대한 설명 중 옳은 것을 고르면?

구간	경로	주행속도(km/h)		거리(km)
		출근 시간대	기타 시간대	
A→B	경로 1	30	45	30
	경로 2	60	90	
B→C	경로 3	40	60	40
	경로 4	80	120	

※ 출근 시간대는 오전 8시부터 오전 9시까지이며, 그 이외의 시간은 기타 시간대임.

① C지점에 가장 빨리 도착하는 시각은 오전 9시 10분이다.

② C지점에 가장 늦게 도착하는 시각은 오전 9시 20분이다.

③ B지점에 가장 빨리 도착하는 시각은 오전 8시 40분이다.

④ 경로 2와 경로 3을 이용하는 경우와, 경로 1과 경로 4를 이용하는 경우 C지점에 도착하는 시각은 동일하다.

✔ **해설** 시간 $= \dfrac{거리}{속도}$ 공식을 이용하여, 먼저 각 경로에서 걸리는 시간을 구한다.

구간	경로	시간			
		출근 시간대		기타 시간대	
A→B	경로 1	$\dfrac{30}{30} = 1.0$	1시간	$\dfrac{30}{45} ≒ 0.67$	약 40분
	경로 2	$\dfrac{30}{60} = 0.5$	30분	$\dfrac{30}{90} ≒ 0.33$	약 20분
B→C	경로 3	$\dfrac{40}{40} = 1.0$	1시간	$\dfrac{40}{60} ≒ 0.67$	약 40분
	경로 4	$\dfrac{40}{80} = 0.5$	30분	$\dfrac{40}{120} ≒ 0.33$	약 20분

④ 경로 2와 3을 이용하는 경우와 경로 1과 경로 4를 이용하는 경우 C지점에 도착하는 시각은 1시간 30분으로 동일하다.

① C지점에 가장 빨리 도착하는 방법은 경로 2와 경로 4를 이용하는 경우이므로, 가장 빨리 도착하는 시각은 1시간이 걸려서 오전 9시가 된다.

② C지점에 가장 늦게 도착하는 방법은 경로 1과 경로 3을 이용하는 경우이므로, 가장 늦게 도착하는 시각은 2시간이 걸려서 오전 10시가 된다.

③ B지점에 가장 빨리 도착하는 방법은 경로 2이므로, 가장 빨리 도착하는 시각은 30분이 걸려서 오전 8시 30분이 된다.

13 다음에 설명하고 있는 창의적 사고 개발 방법은?

> 주제와 본질적으로 닮은 것을 힌트로 하여 새로운 아이디어를 얻는 방법이다.

① 자유 연상법   ② 강제 연상법

③ 비교 발상법   ④ 대조 발상법

14 다음 글을 근거로 판단할 때, 9월 17일(토)부터 책을 대여하기 시작한 甲이 마지막 편을 도서관에 반납할 요일은? (단, 다른 조건은 고려하지 않는다)

> 甲은 10편으로 구성된 위인전을 완독하기 위해 다음과 같이 계획하였다.
>
> 　책을 빌리는 첫째 날은 한 권만 빌려 다음날 반납하고, 반납한 날 두 권을 빌려 당일 포함 2박 3일이 되는 날 반납한다. 이런 식으로 도서관을 방문할 때마다 대여하는 책의 수는 한 권씩 증가하지만, 대여 일수는 빌리는 책 권수를 n으로 했을 때 두 권 이상일 경우 $(2n-1)$의 규칙으로 증가한다.
>
> 　예를 들어 3월 1일(월)에 1편을 빌렸다면 3월 2일(화)에 1편을 반납하고 그날 2, 3편을 빌려 3월 4일(목)에 반납한다. 4일에 4, 5, 6편을 빌려 3월 8일(월)에 반납하고 그날 7, 8, 9, 10편을 대여한다.
>
> 　도서관은 일요일만 휴관하고, 이날은 반납과 대여가 불가능하므로 다음날인 월요일에 반납과 대여를 한다. 이 경우에 한하여 일요일은 대여 일수에 포함되지 않는다.

① 월요일   ② 화요일

③ 수요일   ④ 목요일

✔ 해설 조건에 따라 甲의 도서 대여 및 반납 일정을 정리하면 다음과 같다.

월	화	수	목	금	토(9.17)	일
					1권 대출	휴관
• 1권 반납 • 2~3권 대출(3일)		• 2~3권 반납 • 4~6권 대출(5일)				휴관
• 4~6권 반납 • 7~10권 대출(7일)						휴관
• 7~10권 반납						휴관

15 다음 명제가 전부 참일 때, 항상 참인 것은?

• 물가가 오른다면 긴축정책은 시행하지 않는다.
• 경제가 어려워지거나 부동산이 폭락한다.
• 경제가 어려워지면 긴축정책이 시행된다.
• 부동산이 폭락한 것은 아니다.

---

① 물가가 오르지 않는다.
② 부동산은 폭락할 수 없다.
③ 긴축정책을 시행하지 않는다.
④ 경제가 어렵지 않다.

✔ 해설 경제가 어려워지거나 부동산이 폭락한다고 했는데 부동산이 폭락한 것은 아니므로 경제가 어려워진다. 첫 번째 조건의 대우에 의하면 긴축정책을 시행하면 물가가 오르지 않는다. 경제가 어려워진다면 긴축정책이 시행되고, 긴축정책을 시행하면 물가가 오르지 않는다.

16 무역업을 하는 D사가 자사의 경영 환경을 다음과 같이 파악하였을 경우, D사가 취할 수 있는 ST 전략으로 가장 적절한 것은 어느 것인가?

우리는 급속도로 출현하는 경쟁자들에게 단기간에 시장점유율 20% 이상 잠식당한 상태이다. 더군다나 우리 제품의 주 구매처인 미국 S사로 물품을 수출하기에는 갈수록 무역규제와 제도적 장치가 불리하게 작용하고 있다. 침체된 경기는 언제 되살아날지 전망조차 하기 힘들다. 시장 자체의 성장 속도는 매우 빨라 새로운 고객군도 가파르게 등장하고 있지만 그만큼 우리의 생산설비도 노후화되어 가고 있으며 종업원들의 고령화 또한 문제점으로 지적되고 있다. S사와의 거래만 지속적으로 유지된다면 우리 경영진의 우수한 역량과 다년간의 경험을 바탕으로 안정적인 거래 채널을 유지할 수 있지만 이는 우리의 연구 개발이 지속적으로 이루어져야 가능한 일이며, 지금과 같이 수익성이 악화 일로로 치닫는 상황에서는 기대하기 어려운 요인으로 지목된다. 우리가 보유한 독점적 기술력과 직원들의 열정만 믿고 낙관적인 기대를 하기에는 시장 상황이 녹록치 않은 것이 냉정한 현실이다.

---

① 안정적인 공급채널로 수익성 저하를 만회하기 위해 노력한다.

② 새로운 고객군의 등장을 계기로 시장점유율을 극대화할 수 있는 방안을 도출해 본다.

③ 독점 기술과 경영진의 경험을 바탕으로 자사에 불리한 규제를 벗어날 수 있는 새로운 영역을 창출한다.

④ 우수한 경영진의 역량을 통해 직원들의 업무 열정을 제고하여 종업원의 고령화 문제를 해결한다.

✔ 해설 제시된 글을 통해 알 수 있는 D사의 SWOT 요인은 다음과 같다.
- S : 경영진의 우수한 역량과 다년간의 경험, 안정적인 거래 채널, 독점적 기술력, 직원들의 열정
- W : 생산설비 노후화, 종업원들의 고령화, 더딘 연구 개발, 수익성 악화
- O : 시장의 빠른 성장 속도, 새로운 고객군 등장
- T : 급속도로 출현하는 경쟁자, 시장점유율 하락, 불리한 무역규제와 제도적 장치, 경기 침체 ST 전략은 외부 환경의 위협을 회피하기 위해 강점을 사용하는 전략이다. 따라서 외부의 위험 요인인 '자사에 불리한 규제'를 벗어날 수 있는 새로운 영역을 자사의 강점인 '독점 기술과 경영진의 경험'으로 창출하는 ③이 적절한 ST 전략이라고 볼 수 있다.

┃17~18┃ 다음은 조류예보 발령기준과 그에 따른 기관별 조치사항 및 유역별 수질검사 기록에 관한 자료이다. 다음 자료를 보고 이어지는 물음에 답하시오.

〈조류예보 발령기준〉

구분	발령기준
조류주의보	• 2회 연속 채취 시 클로로필a 농도 15~25mg/m^3 미만 • 남조류세포 수 500~5,000cells/mL 미만 * 이상의 조건에 모두 해당 시
조류경보	• 2회 연속 채취 시 클로로필a 농도 25mg/m^3 이상 • 남조류세포 수 5,000cells/mL 이상 * 이상의 조건에 모두 해당 시
조류대발생경보	• 2회 연속 채취 시 클로로필a 농도 100mg/m^3 이상 • 남조류세포 수 100만cells/mL 이상 * 이상의 조건에 모두 해당 시
해제	• 2회 연속 채취 시 클로로필a 농도 15mg/m^3 미만 • 남조류세포 수 500cells/mL 미만 * 이상의 조건에 모두 해당 시

〈조류예보 발령에 따른 조치사항〉

관계기관 조류예보	물환경연구소장, 보건환경연구원장	수면관리자, 수도사업자	취·정수장 관리자	유역 환경청장 또는 시·도지사
조류주의보	- 주 1회 이상 시료채취 및 분석 - 발령기관에 대한 시험분석 결과의 신속한 통보	- 취수구와 조류가 심한 지역에 대한 방어막 설치 등 조류제거 조치 실시	- 정수처리 강화 (활성탄 처리, 오존처리)	- 조류주의보 발령 - 주변 오염원에 대한 철저한 지도·단속
조류경보	- 주 2회 이상 시료채취 및 분석(클로로필a, 남조류세포 수, 취기, 독소) - 발령기관에 대한 시험분석 결과의 신속한 통보	- 취수구와 조류가 심한 지역에 대한 방어막 설치 등 조류제거 조치 실시	- 조류증식 수심 이하로 취수구 이동 - 정수처리 강화 (활성탄 처리, 오존처리) - 정수의 독소분석 실시	- 조류경보 발령 및 대중매체를 통한 홍보 - 주변 오염원에 대한 단속 강화 - 수상스키, 수영, 낚시, 취사 등의 활동 자제 권고 - 어패류 어획·식용 및 가축방목의 자제 권고

| 조류대발생 경보 | - 주 2회 이상 시료채취 및 분석 (클로로필a, 남조류세포 수, 취기, 독소)
- 발령기관에 대한 시험분석 결과의 신속한 통보 | - 취수구와 조류 우심지역에 대한 방어막 설치 등 조류 제거 조치 실시
- 황토 등 흡착제 살포, 조류제거선 등을 이용한 조류 제거 조치 실시 | - 조류증식 수심 이하로 취수구 이동
- 정수처리 강화 (활성탄 처리, 오존처리)
- 정수의 독소분석 실시 | - 조류대발생경보 발령 및 대중매체를 통한 홍보
- 주변 오염원에 대한 지속적인 단속 강화
- 수상스키, 수영, 낚시, 취사 등의 활동 금지
- 어패류 어획·식용 및 가축방목의 금지 |
| 해제 | - 발령기관에 대한 시험분석 결과의 신속한 통보 | | | - 각종 경보 해제 및 대중매체를 통한 홍보 |

〈유역별 수질검사 기록부〉

검사자	홍길동 과장
검사일자	1월 5일(1차), 1월 12일(2차)
수온 측정 결과	1차, 2차 모두 적정
검사결과	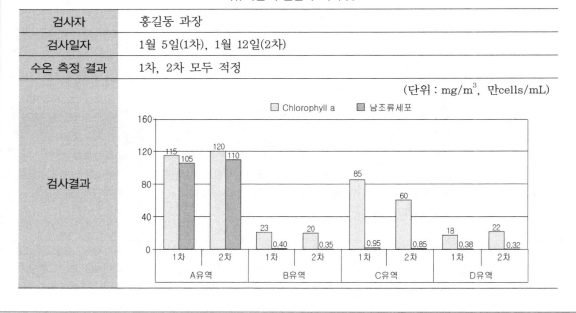

17 다음 중 조류예보제에 대하여 올바르게 이해한 설명은 어느 것인가?

① C유역에서 남조류세포 수가 폭발적으로 증가할 경우 즉시 조류대발생경보가 내려지게 된다.

② 클로로필a의 농도는 1회 채취 결과만으로도 조류예보 발령의 근거가 될 수 있다.

③ 조류대발생경보 이후 클로로필a와 남조류세포의 수치가 조류주의보 수준으로 감소하면 해제경보를 발령할 수 있다.

④ 조류예보 발령을 위해 필요한 남조류세포 수의 증식량은 조류경보보다 조류대발생경보의 경우가 더 많다.

> **✔해설** 조류경보 발령을 위해서는 이전 단계인 조류주의보 시보다 최대 10배의 남조류세포 수 증식이 필요하지만, 조류대발생경보 발령을 위해서는 이전 단계인 조류경보 시보다 200배 이상의 남조류세포 수 증식이 필요할 수 있다.
> ① C유역은 남조류세포뿐만 아니라 클로로필a의 농도도 조류대발생경보의 조건을 충족하지 못하므로 올바르지 않은 설명이다.
> ② 조류예보 발령의 근거 기준은 2회 채취 시의 결과이다.
> ③ 해제경보는 조류주의보 수준보다 낮은 결과 수치가 나와야 발령이 가능하다.

18 위의 자료를 참고할 때, 각 유역별 조류 상황과 그에 따른 조치사항으로 옳지 않은 것은 어느 것인가?

① D유역에는 조류주의보가 발령되어야 한다.

② D유역은 B유역보다 수질이 양호한 상태이므로 더 낮은 단계의 조류예보가 발령되어야 한다.

③ 수영이나 낚시 등의 활동이 금지되는 유역은 1곳이다.

④ A유역의 수면관리자는 흡착제 살포를 통하여 조류제거 작업을 실시하여야 한다.

> **✔해설** D유역과 B유역 모두 조류주의보 단계에 해당된다. 또한 1차와 2차 수질검사 자료만으로 D유역의 수질이 B유역보다 양호하다고 판단할 수는 없다.
> ① 그래프에서 제시된 수치를 보면 A, B, C, D유역이 각각 조류대발생경보, 조류주의보, 조류경보, 조류주의보 상태임을 알 수 있다.
> ③ 수영이나 낚시가 금지되는 것은 조류대발생경보 시이므로 A유역 1곳에 해당된다.
> ④ A유역은 조류대발생경보 지역이므로 수면관리자의 흡착제 살포를 통한 조류제거 작업이 요구된다.

Answer 17.④ 18.②

〈등급별 성과급 지급액〉

성과평가 종합점수	성과 등급	등급별 성과급
95점 이상	S	기본급의 30%
90점 이상~95점 미만	A	기본급의 25%
85점 이상~90점 미만	B	기본급의 20%
80점 이상~85점 미만	C	기본급의 15%
75점 이상~80점 미만	D	기본급의 10%

〈항목별 평가 점수〉

	영업1팀	영업2팀	영업3팀	영업4팀	영업5팀
수익 달성률	90	93	72	85	83
매출 실적	92	78	90	88	87
근태 및 부서평가	90	89	82	77	93

* 항목별 평가 종합점수는 수익 달성률 점수의 40%, 매출 실적 점수의 40%, 근태 및 부서평가 점수의 20%를 합산해서 구함.

〈각 팀별 직원의 기본급〉

직원	기본급
곽 대리(영업1팀)	210만 원
엄 과장(영업2팀)	260만 원
신 차장(영업3팀)	320만 원
남 사원(영업4팀)	180만 원
권 대리(영업5팀)	220만 원

* 팀별 성과급은 해당 팀의 모든 직원에게 적용된다.

19 위의 자료를 참고할 때, 항목별 평가 종합점수 순위가 두 번째와 세 번째인 팀을 순서대로 짝지은 것은 어느 것인가?

① 영업2팀, 영업3팀
② 영업3팀, 영업4팀
③ 영업5팀, 영업2팀
④ 영업3팀, 영업2팀

✔해설 주어진 규정에 의해 항목별 평가 종합점수를 계산해 보면 다음과 같다.

	영업1팀	영업2팀	영업3팀	영업4팀	영업5팀
수익 달성률	$90 \times 0.4 = 36.0$	$93 \times 0.4 = 37.2$	$72 \times 0.4 = 28.8$	$85 \times 0.4 = 34$	$83 \times 0.4 = 33.2$
매출 실적	$92 \times 0.4 = 36.8$	$78 \times 0.4 = 31.2$	$90 \times 0.4 = 36$	$88 \times 0.4 = 35.2$	$87 \times 0.4 = 34.8$
근태 및 부서평가	$90 \times 0.2 = 18$	$89 \times 0.2 = 17.8$	$82 \times 0.2 = 16.4$	$77 \times 0.2 = 15.4$	$93 \times 0.2 = 18.6$
종합점수	90.8	86.2	81.2	84.6	86.6

따라서 항목별 평가 종합점수가 두 번째로 높은 팀은 영업5팀, 세 번째로 높은 팀은 영업2팀이 된다.

20 영업1팀의 곽 대리와 영업3팀의 신 차장이 받게 될 성과급은 각각 얼마인가?

① 55만 5천 원, 44만 원
② 54만 2천 원, 46만 원
③ 52만 5천 원, 48만 원
④ 51만 8천 원, 49만 원

✔해설 영업1팀과 영업3팀은 항목별 평가 종합점수(각 90.8점, 81.2점)에 의해 성과 등급이 각각 A등급과 C등급이 된다. 따라서 곽 대리는 210만 원의 25%, 신 차장은 320만 원의 15%를 각각 성과급으로 지급받게 된다. 이를 계산하면 곽 대리는 52만 5천 원, 신 차장은 48만 원이 된다.

┃21～22┃ 다음은 휴양콘도 이용 안내문이다. 물음에 답하시오.

▲ 휴양콘도 이용대상
- 주말, 성수기 : 월평균소득이 243만 원 이하 근로자
- 평일 : 모든 근로자(월평균소득이 243만 원 초과자 포함), 특수형태근로종사자
- 이용희망일 2개월 전부터 신청 가능
- 이용희망일이 주말, 성수기인 경우 최초 선정일 전날 23시 59분까지 접수 요망. 이후에 접수할 경우 잔여객실 선정일정에 따라 처리

▲ 휴양콘도 이용우선순위
① 주말, 성수기
- 주말·성수기 선정 박수가 적은 근로자
- 이용가능 점수가 높은 근로자
- 월평균소득이 낮은 근로자
    ※ 위 기준 순서대로 적용되며, 근로자 신혼여행의 경우 최우선 선정
② 평일 : 선착순

▲ 이용·변경·신청취소
- 선정결과 통보 : 이용대상자 콘도 이용권 이메일 발송
- 이용대상자로 선정된 후에는 변경 불가 → 변경을 원할 경우 신청 취소 후 재신청
- 신청취소는 「근로복지서비스 〉 신청결과확인」 메뉴에서 이용일 10일 전까지 취소
  (9일전~1일전 취소는 이용점수가 차감되며, 이용당일 취소 또는 취소 신청 없이 이용하지 않는 경우 (No-Show) 1년 동안 이용 불가)
- 선정 후 취소 시 선정 박수에는 포함되므로 이용우선순위에 유의(평일 제외)
  (기준년도 내 선정 박수가 적은 근로자 우선으로 자동선발하고, 차순위로 점수가 높은 근로자 순으로 선발하므로 선정 후 취소 시 차후 이용우선순위에 영향을 미치니 유의하시기 바람)
- 이용대상자로 선정된 후 타인에게 양도 등 부정사용 시 신청일 부터 5년간 이용 제한

▲ 기본점수 부여 및 차감방법 안내
- 매년(년 1회) 연령에 따른 기본점수 부여
  [월평균소득 243만 원 이하 근로자]

연령대	50세 이상	40~49세	30~39세	20~29세	19세 이하
점수	100점	90점	80점	70점	60점

(월평균소득 243만 원 초과 근로자, 특수형태근로종사자, 고용·산재보험 가입사업장 : 0점)

• 기 부여된 점수에서 연중 이용점수 및 벌점에 따라 점수 차감

구분	이용점수(1박당)			벌점	
	성수기	주말	평일	이용취소 (9~1일전 취소)	No-show (당일취소, 미이용)
차감점수	20점	10점	0점	50점	1년 사용제한

▲ 벌점(이용취소, No-show)부과 예외
• 이용자의 배우자 · 직계존비속 또는 배우자의 직계존비속이 사망한 경우
• 이용자 본인 · 배우자 · 직계존비속 또는 배우자의 직계존비속이 신체이상으로 3일 이상 의료기관에 입원하여 콘도 이용이 곤란한 경우
• 운송기관의 파업 · 휴업 · 결항 등으로 운송수단을 이용할 수 없어 콘도 이용이 곤란한 경우
(벌점부과 예외 사유에 의한 취소 시에도 선정박수에는 포함되므로 이용우선순위에 유의)

21 다음 중 위의 안내문을 보고 올바른 콘도 이용계획을 세운 사람은 누구인가?

① "난 이용가능 점수도 높아 거의 1순위인 것 같은데, 올 해엔 시간이 없으니 내년 여름휴가 때 이용할 콘도나 미리 예약해 둬야겠군."

② "경태 씨, 우리 신혼여행 때 휴양 콘도 이용 일정을 넣고 싶은데 이용가능점수도 낮고 소득도 좀 높은 편이라 어려울 것 같네요."

③ "여보, 지난 번 신청한 휴양콘도 이용자 선정 결과가 아직 안 나왔나요? 신청할 때 제 전화번호를 기재했다고 해서 계속 기다리고 있는데 전화가 안 오네요."

④ "영업팀 최 부장님은 50세 이상이라서 기본점수가 높지만 지난 번 성수기에 2박 이용을 하셨으니 아직 미사용 중인 20대 엄 대리가 점수 상으로는 좀 더 선정 가능성이 높겠군."

> ✔해설 50세인 최 부장은 기본점수가 100점 이었으나 성수기 2박 이용으로 40점(1박 당 20점)이 차감되어 60점의 기본점수가 남아 있으나 20대인 엄 대리는 미사용으로 기본점수 70점이 남아 있으므로 점수 상으로는 선정 가능성이 더 높다고 할 수 있다.
> ① 신청은 2개월 전부터 가능하므로 내년 이용 콘도를 지금 예약할 수는 없다.
> ② 신혼여행 근로자는 최우선 순위로 콘도를 이용할 수 있다.
> ③ 선정 결과는 유선 통보가 아니며 콘도 이용권을 이메일로 발송하게 된다.

Answer 21.④

22 다음 〈보기〉의 신청인 중 올해 말 이전 휴양콘도 이용 순위가 높은 사람부터 순서대로 올바르게 나열한 것은 어느 것인가?

〈보기〉
- A씨 : 30대, 월 소득 200만 원, 주말 2박 선정 후 3일 전 취소(무벌점)
- B씨 : 20대, 월 소득 180만 원, 신혼여행 시 이용 예정
- C씨 : 40대, 월 소득 220만 원, 성수기 2박 기 사용
- D씨 : 50대, 월 소득 235만 원, 올 초 선정 후 5일 전 취소, 평일 1박 기 사용

① D씨 – B씨 – A씨 – C씨
② B씨 – D씨 – C씨 – A씨
③ C씨 – D씨 – A씨 – B씨
④ B씨 – D씨 – A씨 – C씨

✔해설 모두 월 소득이 243만 원 이하이므로 기본점수가 부여되며, 다음과 같이 순위가 선정된다.
우선, 신혼여행을 위해 이용하고자 하는 B씨가 1순위가 된다. 다음으로 주말과 성수기 선정 박수가 적은 신청자가 우선순위가 되므로 주말과 성수기 이용 실적이 없는 D씨가 2순위가 된다. A씨는 기본점수 80점, 3일 전 취소이므로 20점(주말 2박) 차감을 감안하면 60점의 점수를 보유하고 있으며, C씨는 기본점수 90점, 성수기 사용 40점(1박 당 20점) 차감을 감안하면 50점의 점수를 보유하게 된다. 따라서 최종순위는 B씨 – D씨 – A씨 – C씨가 된다.

23 다음의 상황에서 옳은 것은?

다음은 자동차 외판원 A, B, C, D, E, F의 판매실적에 대한 진술이다.
- A는 B에게 실적에서 앞서 있다.
- C는 D에게 실적에서 뒤졌다.
- E는 F에게 실적에서 뒤졌지만, A에게는 실적에서 앞서 있다.
- B는 D에게 실적에서 앞서 있지만, E에게는 실적에서 뒤졌다.

---

① 외판원 C의 실적은 꼴찌가 아니다.
② B의 실적보다 안 좋은 외판원은 3명이다.
③ 두 번째로 실적이 좋은 외판원은 B이다.
④ 실적이 가장 좋은 외판원은 F이다.

> ✔해설 제시된 조건을 통해 외판원들의 판매실적을 유추하면 A>B, D>C이다. 또한 F>E>A, E>B>D임을 알 수 있다. 결과적으로 F>E>A>B>D>C가 된다.
> ① 외판원 C의 실적은 꼴지이다.
> ② B의 실적보다 안 좋은 외판원은 2명이다.
> ③ 두 번째로 실적이 좋은 외판원은 E이다.

---

24 다음 주어진 표를 보고 단기계약을 체결한 은영이네가 납부해야 할 수도요금으로 옳은 것은?

〈요금단가〉

(단위 : 원/m³)

구분	계	기본요금	사용요금
원수	233.7	70.0	163.7
정수	432.8	130.0	302.8
침전수	328.0	98.0	230.0

〈단기계약〉

구분		내용
계약기간		1년 이내, 계약량 변경(6회/년) 가능
요금		기본요금 + 사용요금
계산방법	기본요금	계약량×기본요금단가 ※ 사용량이 계약량을 초과하는 경우 기본요금은 월간사용량의 120% 한도액으로 적용
	사용요금	사용량×사용요금단가 ※ 월간계약량의 120%를 초과하여 사용한 경우 다음을 가산 사용요금단가×월간계약량의 120% 초과사용량

〈은영이네 수도사용량〉

- 원수 사용
- 월간계약량 100m³
- 월간사용량 125m³

① 22,552원
② 26,876원
③ 29,681원
④ 31,990원

✔ **해설** 기본요금 : $70.0 \times 120 = 8,400$ 원

사용요금 : $(163.7 \times 125) + (163.7 \times 5) = 20,462.5 + 818.5 = 21,281$ 원

요금합계 : $8,400 + 21,281 = 29,681$ 원

25 다음은 신용대출의 중도상환에 관한 내용이다. 甲씨는 1년 후에 일시 상환하는 조건으로 500만 원을 신용대출 받았다. 그러나 잔여기간이 100일 남은 상태에서 중도 상환하려고 한다. 甲씨가 부담해야 하는 해약금은 약 얼마인가? (단, 원단위는 절사한다)

구분	가계대출		기업대출	
	부동산 담보대출	신용/기타 담보대출	부동산 담보대출	신용/기타 담보대출
적용요율	1.4%	0.8%	1.4%	1.0%

- 중도상환해약금 : 중도상환금액×중도상환적용요율×(잔여기간/대출기간)
- 대출기간은 대출개시일로부터 대출기간만료일까지의 일수로 계산하되, 대출기간이 3년을 초과하는 경우에는 3년이 되는 날을 대출기간만료일로 한다.
- 잔여기간은 대출기간에서 대출개시일로부터 중도상환일까지의 경과일수를 차감하여 계산한다.

① 10,950원   ② 11,950원

③ 12,950원   ④ 13,950원

 해설 신용대출이므로 적용요율이 0.8% 적용된다.
500만원×0.8%×(100/365)=10,958원
원단위 절사하면 10,950원이다.

26 어떤 사람이 가격이 1,000만 원인 자동차를 구매하기 위해 은행에서 상품 A, B, C에 대해 상담을 받았다. 다음 상담 내용을 참고하여 옳은 것을 고르시오.(단, 총비용으로 은행에 내야하는 금액과 수리비만을 고려하고, 등록비용 등 기타 비용은 고려하지 않는다.)

- A상품
  고객님이 자동차를 구입하여 소유권을 취득하실 때, 은행이 자동차 판매자에게 즉시 구입금액 1,000만 원을 지불해드립니다. 그리고 그 날부터 매월 1,000만 원의 1%를 이자로 내시고, 1년이 되는 시점에 1,000만 원을 상환하시면 됩니다.
- B상품
  고객님이 원하시는 자동차를 구매하여 고객님께 전달해 드리고, 고객님께서는 1년 후에 자동차 가격에 이자를 추가하여 총 1,200만 원을 상환하시면 됩니다. 자동차의 소유권은 고객님께서 1,200만 원을 상환하시는 시점에 고객님께 이전되며, 그 때까지 발생하는 모든 수리비를 저희가 부담합니다.
- C상품
  고객님이 원하시는 자동차를 구매하여 고객님께 임대해 드립니다. 1년 동안 매월 90만원의 임대료를 내시면 1년 후에 그 자동차는 고객님의 소유가 되며, 임대기간 중 발생하는 모든 수리비는 저희가 부담합니다.

- ㉠ 사고 여부와 관계없이 자동차 소유권 취득 시까지의 총비용 측면에서 B상품보다 C상품을 선택하는 것이 유리하다.
- ㉡ 최대한 빨리 자동차 소유권을 얻고 싶다면 A상품을 선택하는 것이 다른 두 선택지보다 유리하다.
- ㉢ 자동차 소유권을 얻기까지 은행에 내야 하는 총금액은 A상품이 가장 적다.
- ㉣ 1년 내에 사고가 발생해 50만 원의 수리비가 소요될 것으로 예상한다면 총비용 측면에서 A상품보다 B, C 상품을 선택하는 것이 유리하다.

① ㉠㉡
② ㉡㉢
③ ㉠㉡㉢
④ ㉡㉢㉣

✔ **해설** 은행에 내야하는 금액
A → $(1,000 \times 0.01 \times 12) + 1,000 = 1,120$만 원
B → 1,200만 원
C → $90 \times 12 = 1,080$만 원
㉣ 수리비 50만 원이 소요된다면 A는 1,120+50=1,170만 원, B와 C는 수리비를 은행에서 부담하므로 그대로 1,200만 원, 1,080만 원이 된다. 따라서 가장 저렴한 C상품이 A · B보다 유리하다. (C<A<B)

27 용의자 A, B, C, D 4명이 있다. 이들 중 A, B, C는 조사를 받는 중이며 D는 아직 추적 중이다. 4명 중에서 한 명만이 진정한 범인이며, A, B, C의 진술 중 한명의 진술만이 참일 때 보기에서 옳은 것을 고르면?

- A : B가 범인이다.
- B : 내가 범인이다.
- C : D가 범인이다.

〈보기〉

㉠ A가 범인이다.　　　　　　　　　㉡ B가 범인이다.

㉢ D가 범인이다.　　　　　　　　　㉣ B는 범인이 아니다.

㉤ C는 범인이 아니다.

---

① ㉠㉣㉤　　　　　　　　　　② ㉡㉤

③ ㉠㉤　　　　　　　　　　　④ ㉢㉣㉤

> ✔해설 만약 B가 범인이라면 A와 B의 진술은 참이 된다. 하지만 문제에서 한명의 진술만이 참이라고 했으므로 A, B 는 거짓을 말하고 있고 C의 진술이 참이다. 따라서 범인은 D이다.

28 다음 〈조건〉을 근거로 판단할 때, 가장 많은 품삯을 받은 일꾼은? (단, 1전은 10푼이다)

〈조건〉

- 일꾼 다섯 명의 이름은 좀쇠, 작은놈, 어인놈, 상득, 정월쇠이다.
- 다섯 일꾼 중 김씨가 2명, 이씨가 1명, 박씨가 1명, 윤씨가 1명이다.
- 이들의 직업은 각각 목수, 단청공, 벽돌공, 대장장이, 미장공이다.
- 일당으로 목수와 미장공은 4전 2푼을 받고, 단청공과 벽돌공, 대장장이는 2전 5푼을 받는다.
- 윤씨는 4일, 박씨는 6일, 김씨 두 명은 각각 4일, 이씨는 3일 동안 동원되었다. 동원되었지만 일을 하지 못한 날에는 보통의 일당 대신 1전을 받는다.
- 박씨와 윤씨는 동원된 날 중 각각 하루씩은 배가 아파 일을 하지 못했다.
- 목수는 이씨이다.
- 좀쇠는 박씨도 이씨도 아니다.
- 어인놈은 단청공이다.
- 대장장이와 미장공은 김씨가 아니다.
- 정월쇠의 일당은 2전 5푼이다.
- 상득은 김씨이다.
- 윤씨는 대장장이가 아니다.

① 좀쇠   ② 작은놈

③ 어인놈   ④ 상득

 이름을 기준으로 일당을 정리하면 다음과 같다.
- 좀쇠(윤씨, 미장공) : 동원된 4일 중 3일을 일하고 1일을 쉬었으므로 3 × 4전 2푼 + 1전 = 13전 6푼을 받는다.
- 작은놈(이씨, 목수) : 동원된 3일을 일하였으므로 3 × 4전 2푼 = 12전 6푼을 받는다.
- 어인놈(김씨, 단청공) : 동원된 4일을 일하였으므로 4 × 2전 5푼 = 10전을 받는다.
- 상득(김씨, 벽돌공) : 동원된 4일을 일하였으므로 4 × 2전 5푼 = 10전을 받는다.
- 정월쇠(박씨, 대장장이) : 동원된 6일 중 5일을 일하고 1일을 쉬었으므로 5 × 2전 5푼 + 1전 = 13전 5푼을 받는다.

29 언어영역 3문항, 수리영역 4문항, 외국어영역 3문항, 과학탐구영역 2문항이 있다. A ,B, C, D 네 사람에게 3문항씩 각각 다른 영역의 문항을 서로 중복되지 않게 나누어 풀게 하였다. 다음은 네 사람이 푼 문항을 조사한 결과의 일부다. 다음 중 항상 옳은 것은?

> • A는 언어영역 1문항을 풀었다.
> • B는 외국어영역 1문항을 풀었다.
> • C는 과학탐구영역 1문항을 풀었다.
> • D는 외국어영역 1문항을 풀었다.

① A가 과학탐구영역 문항을 풀었다면 D는 언어영역 문항을 풀지 않았다.
② A가 외국어영역 문항을 풀었다면 C는 언어영역 문항을 풀었다.
③ A가 외국어영역 문항을 풀었다면 B는 언어영역 문항을 풀었다.
④ A가 외국어영역 문항을 풀었다면 D는 언어영역 문항을 풀었다.

✔해설 결과의 일부를 표로 나타내면 다음과 같다.

	언어	수리	외국	과학
A	1	1		
B		1	1	
C		1		1
D		1	1	
합	3	4	3	2

A가 외국어 영역을 풀었다면 B또는 D는 과학탐구 문제를 풀었으므로 C는 반드시 언어역역 문항을 풀어야 한다.

30 빨간색, 파란색, 노란색 구슬이 하나씩 있다. 이 세 개의 구슬을 A, B, C 세 사람에게 하나씩 나누어 주고, 세 사람 중 한 사람만 진실을 말하도록 하였더니 구슬을 받고 난 세 사람이 다음과 같이 말하였다. 빨간색, 파란색, 노란색의 구슬을 받은 사람을 차례대로 나열한 것은?

> • A : 나는 파란색 구슬을 가지고 있다.
> • B : 나는 파란색 구슬을 가지고 있지 않다.
> • C : 나는 노란색 구슬을 가지고 있지 않다.

① A－B－C   ② A－C－B
③ C－A－B   ④ C－B－A

✔ 해설 (1) A가 진실을 말할 때 : B의 말 또한 참이 되므로 A는 진실을 말한 것이 아니다.
(2) B가 진실을 말할 때 : 아무도 파란색 구슬을 가진 사람이 없기 때문에 모순이다.
(3) C가 진실을 말할 때 : A－노란색, B－파란색, C－빨간색을 갖게 된다.

31 은행, 식당, 편의점, 부동산, 커피 전문점, 통신사 6개의 상점이 아래에 제시된 조건을 모두 만족하며 위치할 때, 오른쪽에서 세 번째 상점은 어느 것인가?

> ㉠ 모든 상점은 옆으로 나란히 연이어 위치하고 있으며, 사이에 다른 상점은 없다.
> ㉡ 편의점과 식당과의 거리는 두 번째로 멀다.
> ㉢ 커피 전문점과 편의점 사이에는 한 개의 상점이 있다.
> ㉣ 왼쪽에서 두 번째 상점은 통신사이다.
> ㉤ 식당의 바로 오른쪽 상점은 부동산이다.

① 식당   ② 통신사
③ 은행   ④ 편의점

✔ 해설 ㉡에 따라, 두 번째로 멀기 위해서는 편의점과 식당 중 하나가 맨 끝에 위치하고 다른 하나는 반대쪽의 끝에서 두 번째에 위치해야 한다는 것을 알 수 있다.
㉣을 통해서 왼쪽에서 두 번째에 편의점이나 식당이 위치할 수 없음을 알 수 있으므로 이 두 상점은 맨 왼쪽과 오른쪽에서 두 번째에 나뉘어 위치해야 한다.
㉤을 통해서 맨 왼쪽은 식당이 아닌 편의점의 위치임을 알 수 있다. 동시에 맨 오른쪽은 부동산, 그 옆은 식당이라는 것도 알 수 있다.
㉢을 통해서 커피 전문점이 왼쪽에서 세 번째 상점이라는 것을 알 수 있다.
따라서 이를 종합하면, 왼쪽부터 편의점, 통신사, 커피 전문점, 은행, 식당, 부동산의 순으로 상점들이 이어져 있으며 오른쪽에서 세 번째 상점은 은행이 된다.

32 다음 〈쓰레기 분리배출 규정〉을 준수한 것은?

> • 배출 시간 : 수거 전날 저녁 7시~수거 당일 새벽 3시까지(월요일~토요일에만 수거함)
> • 배출 장소 : 내 집 앞, 내 점포 앞
> • 쓰레기별 분리배출 방법
> – 일반 쓰레기 : 쓰레기 종량제 봉투에 담아 배출
> – 음식물 쓰레기 : 단독주택의 경우 수분 제거 후 음식물 쓰레기 종량제 봉투에 담아서, 공동주택의 경우 음식물 전용용기에 담아서 배출
> – 재활용 쓰레기 : 종류별로 분리하여 투명 비닐봉투에 담아 묶어서 배출
> ① 1종(병류)
> ② 2종(캔, 플라스틱, 페트병 등)
> ③ 3종(폐비닐류, 과자 봉지, 1회용 봉투 등)
> ※ 1종과 2종의 경우 뚜껑을 제거하고 내용물을 비운 후 배출
> ※ 종이류 / 박스 / 스티로폼은 각각 별도로 묶어서 배출
> – 폐가전 · 폐가구 : 폐기물 스티커를 부착하여 배출
> • 종량제 봉투 및 폐기물 스티커 구입: 봉투판매소

① 甲은 토요일 저녁 8시에 일반 쓰레기를 쓰레기 종량제 봉투에 담아 자신의 집 앞에 배출하였다.

② 공동주택에 사는 乙은 먹다 남은 찌개를 그대로 음식물 쓰레기 종량제 봉투에 담아 주택 앞에 배출하였다.

③ 丙은 투명 비닐봉투에 캔과 스티로폼을 함께 담아 자신의 집 앞에 배출하였다.

④ 戊는 집에서 쓰던 냉장고를 버리기 위해 폐기물 스티커를 구입 후 부착하여 월요일 저녁 9시에 자신의 집 앞에 배출하였다.

> **✔ 해설** ① 배출 시간은 수거 전날 저녁 7시부터 수거 당일 새벽 3시까지인데 일요일은 수거하지 않으므로 토요일 저녁 8시에 쓰레기를 내놓은 甲은 규정을 준수했다고 볼 수 없다.
> ② 공동주택에서 음식물 쓰레기를 배출할 경우 음식물 전용용기에 담아서 배출해야 한다.
> ③ 스티로폼은 별도로 묶어서 배출해야 하는 품목이다.

33 다음 〈상황〉과 〈조건〉을 근거로 판단할 때 옳은 것은?

〈상황〉

A대학교 보건소에서는 4월 1일(월)부터 한 달 동안 재학생을 대상으로 금연교육 4회, 금주교육 3회, 성교육 2회를 실시하려는 계획을 가지고 있다.

〈조건〉

- 금연교육은 정해진 같은 요일에만 주 1회 실시하고, 화, 수, 목요일 중에 해야 한다.
- 금주교육은 월요일과 금요일을 제외한 다른 요일에 시행하며, 주 2회 이상은 실시하지 않는다.
- 성교육은 4월 10일 이전, 같은 주에 이틀 연속으로 실시한다.
- 4월 22일부터 26일까지 중간고사 기간이고, 이 기간에 보건소는 어떠한 교육도 실시할 수 없다.
- 보건소의 교육은 하루에 하나만 실시할 수 있고, 토요일과 일요일에는 교육을 실시할 수 없다.
- 보건소는 계획한 모든 교육을 반드시 4월에 완료하여야 한다.

---

① 금연교육이 가능한 요일은 화요일과 수요일이다.
② 4월 30일에도 교육이 있다.
③ 금주교육은 4월 마지막 주에도 실시된다.
④ 성교육이 가능한 일정 조합은 두 가지 이상이다.

✔ **해설** • 화, 수, 목 중에 실시해야 하는 금연교육을 4회 실시하기 위해서는 반드시 화요일에 해야 한다.
　　　 • 10일 이전, 같은 주에 이틀 연속으로 성교육을 실시할 수 있는 날짜는 4~5일뿐이다.
상황과 조건에 따라 A대학교 보건소의 교육 일정을 정리해 보면 다음과 같다.

월	화	수	목	금	토	일
1	금연 2	3	성 4	성 5	X 6	7
8	금연 9	10	11	12	X 13	14
15	금연 16	17	18	19	X 20	21
중 22	간 23	고 24	사 25	주 26	X 27	28
29	금연 30					

• 금주교육은 (3, 10, 17), (3, 10, 18), (3, 11, 17), (3, 11, 18) 중 실시할 수 있다.

34 사내 체육대회에서 영업1팀~4팀, 생산1팀~3팀의 7개 팀이 다음과 같은 대진표에 맞춰 경기를 펼치게 되었다. 7개의 팀은 대진표에서 1번부터 7번까지의 번호를 선택하여 대결을 하게 된다. 이 때, 영업1팀과 생산1팀이 두 번째 경기에서 만나게 될 확률은 얼마인가? (단, 각 팀이 이길 확률은 모두 50%로 같고, 무승부는 없다.)

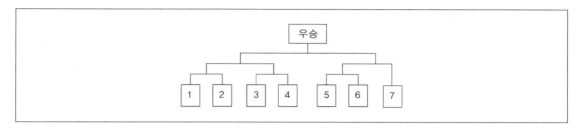

① $\dfrac{2}{21}$ 　　　　　　　　　　　　② $\dfrac{3}{17}$

③ $\dfrac{4}{15}$ 　　　　　　　　　　　　④ $\dfrac{5}{22}$

✔해설 영업1팀과 생산1팀에 국한된 것이 아니므로 특정 두 팀이 두 번째 경기에서 만날 확률을 구하면 된다.
특정 두 팀을 A팀과 B팀이라고 할 때 A, B 두 팀이 두 번째 경기에서 승부를 하게 되는 것은 다음과 같은 두 가지 경우가 있다.
㉠ A, B 두 팀 중 한 팀이 번호 '1', '2'를 선택하고, 다른 한 팀이 '3', '4'를 선택하는 경우
㉡ A, B 두 팀 중 한 팀이 '5', '6'을 선택하고 다른 한 팀이 '7'을 선택하는 경우
따라서 각각의 확률을 구하면,

㉠의 경우, $\dfrac{2}{7} \times \dfrac{2}{6} \times \left(\dfrac{1}{2}\right)^2 \times 2 = \dfrac{1}{21}$ 이 된다.

㉡의 경우, $\dfrac{2}{7} \times \dfrac{1}{6} \times \dfrac{1}{2} \times 2 = \dfrac{1}{21}$ 이 된다.

($\dfrac{1}{2}$ 은 첫 번째 경기에서 이길 확률을 의미하며, 2는 '어느 한 자리'가 2개이므로 2를 곱한 것이 된다.)

35 한국광물자원공사에 입사한 L씨가 다음 내용을 읽고 상사의 질문에 답을 찾을 수 없는 것은?

광물은 지각을 이루는 암석의 단위 물질로서 특징적인 결정 구조를 갖는다. 광물의 결정 구조는 그 광물을 구성하는 원자들이 일정하게 배열된 양상이다. 같은 광물일 경우 그 결정 구조가 동일하며, 이러한 결정 구조에 의해 나타나는 규칙적인 겉모양인 결정형(crystal form)도 동일하다. 그런데 실제로 광물들의 결정은 서로 다른 모양을 가지는 경우가 많다.

덴마크의 물리학자 니콜라우스 스테노는 등산길에서 채집한 수정의 단면들이 서로 조금씩 다른 모양을 가지고 있는 것에 궁금증이 생겼다. 그 이유를 밝히기 위해 그는 수집한 수정의 단면도를 그려서 비교해 보았다. 그 결과 수정 결정의 모양은 모두 조금씩 다르지만 맞닿은 결정면들이 이루고 있는 각은 〈그림1〉의 a와 같이 항상 일정하다는 '면각 일정의 법칙'을 발견하게 되었다.

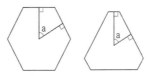

〈그림1〉 면각 일정의 법칙

스테노는 같은 광물의 결정일 경우 면각이 일정해지는 이유가 결정 내부의 규칙성 때문일 것이라 짐작했다. 당시만 해도 그 규칙성의 이유가 되는 결정 내부의 원자 배열 상태를 직접 관찰할 수 없었다. 그가 죽은 뒤 X선이 발견되고 나서야, 결정 모양이 그 결정을 이루고 있는 내부 원자들의 규칙적인 배열 상태를 반영한다는 것이 밝혀지게 되었다.

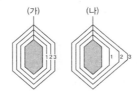

〈그림2〉 결정의 성장 과정(결정의 수직 단면)

그렇다면 같은 종류의 결정이 서로 다른 모양으로 형성되는 이유는 무엇일까? 그 이유는 결정에 주입되는 물질의 공급 정도에 따라 결정면의 성장 속도가 달라지기 때문이다. 가령 〈그림2〉에서 보는 바와 같이 같은 광물의 작은 결정 두 개를, 같은 성분을 가진 용액 속에 매달아 놓았다고 하자. 이때 ㈎ 결정이 담긴 용액은 물질이 사방에서 고르게 공급될 수 있도록 하고, ㈏ 결정이 담긴 용액은 물질이 오른쪽에서 더 많이 공급되도록 해 놓으면 ㈎ 결정은 1단계에서 2단계, 3단계를 거쳐서 이상적인 모양을 가진 결정(이상결정)으로 성장하는 반면, ㈏ 결정은 기형적인 모양을 가진 결정(기형결정)으로 성장하게 된다. ㈏ 결정의 오른쪽 결정면은 다른 결정면들보다 성장 속도가 더 빠르기 때문에 결정이 성장해 나갈수록 결정면이 점점 더 좁아지고 있음을 확인할 수 있다.

〈그림2〉를 통해 설명한 바와 같이 물질의 공급 환경이 다른 곳에서 성장한 결정들은 서로 다른 모양을 가지게 된다. 그러나 ㈎와 ㈏는 같은 광물의 결정이기 때문에 그 면각은 서로 같다. 이처럼 같은 광물의 결정은 그 면각이 같다는 사실을 통해 다양한 모양의 결정들의 종류를 판별할 수 있다. 면각 일정의 법칙은 광물의 결정을 판별하는 데 가장 기본적이고 중요한 기준으로, 현대 광물학의 초석이 되었다.

① 면각 일정의 법칙은 무엇인가?

② 면각 일정의 법칙이 나타나는 이유는 무엇인가?

③ 광물별 결정형의 종류에는 어떤 것들이 있는가?

④ 결정면의 성장 속도는 결정면의 크기와 어떤 관련이 있는가?

✔ 해설　① 면각 일정의 법칙이 무엇인지 확인할 수 있다.

　　② 원자들의 규칙적인 배열 상태가 외부로 반영된 것이 결정면이므로, 이에 따라 결정의 면각이 일정하다는 것을 확인할 수 있다.

　　④ 결정면의 성장 속도에 따라 결정면의 크기가 달라진다는 것을 확인할 수 있다.

Answer　35.③

36 다음은 부당노동행위 사건처리 및 감독 현황에 대한 고용노동부 자료의 일부이다. 다음 자료를 참고할 때, 〈보기〉에 제시된 부당노동행위의 형태를 주어진 서로 다른 세 가지의 유형으로 적절히 나눈 것은 어느 것인가?

▫ 고용노동부에서는 산업현장을 중심으로 부당노동행위가 지속되고 있다는 현실을 감안하여, 지난 한 해 부당노동행위를 근절하기 위한 신고사건 처리 및 사업장 감독을 실시하고 그 결과를 발표하였다.

• 부당노동행위는 사용자가 근로자의 노동3권을 침해하는 행위로 현행 「노동조합 및 노동관계조정법」에서도 금지되어 있으며, 노동현장에서 반드시 근절되어야 할 범죄행위라는 점에서, 고용노동부는 부당노동행위 근절을 노동행정의 최우선순위에 두고 지속적인 감독을 실시해 오고 있다.

* (노조법 제81조 부당노동행위) 사용자는 다음 각 호의 행위를 할 수 없다.
① 노조가입·조직, 정당한 조합활동·단체행동 등을 이유로 한 불이익 취급
② 특정 노조에의 가입·탈퇴를 고용조건으로 하는 경우
③ 정당한 이유 없는 단체교섭 거부
④ 노동조합의 조직·운영에 대한 지배·개입 및 운영비 원조
⑤ 행정관청·노동위원회에 신고 또는 증거제출 등을 이유로 한 불이익 취급
* 위반 시 2년 이하 징역 또는 2천만 원 이하 벌금(법 제90조)

〈보기〉

㈎ 노조활동을 약화시키기 위한 목적으로 노조원 9명에게 권고사직 및 전적 등을 요구하였고, 이를 거부하자 프로젝트 점검팀을 신설하여 전보 인사 발령

㈏ 조합원을 △△△개발센터 등으로 전보하여 특별한 업무가 없거나 본연의 업무와 무관한 업무(예 스케이트장, 주차장 관리 등)를 수행토록 함

㈐ 회사는 창구단일화 절차를 진행하면서 노동조합의 교섭요구 사실을 전체 사업장에 공고하여야 함에도 본사에만 공고하고, 전국에 산재해 있는 지사에는 교섭요구사실을 공고하지 않음

㈑ 회사는 '16.3월 경 조합원 A대리에게 기존노조에 대항하는 신규노조를 설립토록 지도하고, 노사협의회 등 근로자대표를 노동조합에 준하여 지원하고, 이를 이용해 노조 간 갈등을 부추김

㈒ 회사는 ○○노조 소속 조합원들의 노동조합 탈퇴계획을 수립하고 이를 조직적으로 실행토록 지시

① [(개) − [(나), (다)] − [(라), (마)]

② [(개), (나), (다)] − [(라)] − [(마)]

③ [(개), (나)] − [(다), (라)] − [(마)]

④ [(개), (나)] − [(다)] − [(라) − (마)]

✔ **해설** 다음과 같이 유형을 구분할 수 있다.
- (개), (나) – 노조가입 · 조직, 정당한 조합활동 · 단체행동 등을 이유로 한 불이익 취급(①)
- (다) – 정당한 이유 없는 단체교섭 거부(③)
- (라), (마) – 노동조합의 조직 · 운영에 대한 지배 · 개입 및 운영비 원조(④)

Answer 36.④

▮ 37~38 ▮ 다음 자료를 보고 질문에 답하시오.

○○마트에서 근무하는 A씨는 고객으로부터 여름을 대비하여 에어컨을 추천해 달라는 요청을 받았다. A씨는 에어컨을 추천하기 위해 다음과 같이 에어컨의 특성을 참고하였다.

고객 : 냉방이 잘되는 제품을 가장 최우선으로 생각해주세요. 집에 아이가 있어서 되도록 친환경적인 제품을 원하고 가격도 설치비를 포함해서 250만원이 넘어가지 않았으면 좋겠네요. 그리고 결제는 B카드를 이용하려고 해요.

제품명		냉방효율(점)	사용편의(점)	친환경(점)	집 면적(평)	가격(만 원)
(가)사	A	9.5/10	8.8/10	8.2/10	38	246
	B	9.6/10	6.4/10	9.0/10	32	185
(나)사	C	9.5/10	8.8/10	7.4/10	34	252
	D	9.6/10	7.1/10	8.9/10	34	244
(다)사	E	9.5/10	6.8/10	8.7/10	32	210
	F	9.6/10	6.8/10	7.8/10	34	197
(라)사	G	9.4/10	8.8/10	9.2/10	34	302
	H	9.5/10	8.5/10	9.1/10	32	239

※ 300만원이 넘지 않는 모든 제품은 설치비 10만원이 추가된다.

※ 230만원이 넘는 상품 구매 고객이 B카드로 결제하면 전체 금액(설치금액 미포함)의 5%를 할인해준다.

37 다음 중 A씨가 고객의 요구에 맞게 추천해 주기 위해 가장 적절하지 않은 상품은?

① A
② C
③ E
④ H

✔해설 친환경 점수를 우선순위로 하였을 때 상품 추천 순위는 … G, H, B, D, E, A, F, C가 된다. G는 250만원이 넘어가는 금액이므로 추천 상품에서 제외되어 H가 추천 우선순위가 된다. H의 금액은 230만원이 넘어가고 고객이 B카드로 결제하므로 상품 결제 금액은 239×0.95＋10＝237.05만원이 된다.

38 A씨가 고객의 요구 중 친환경 점수를 우선적으로 생각하여 제품을 추천해주고 고객이 그 상품을 선택했을 때, 고객이 결제할 최종 금액은?(단, 소수점은 버린다.)

① 236만 원　　　　　　　　　　　② 237만 원

③ 286만 원　　　　　　　　　　　④ 289만 원

> ✔해설　친환경 점수를 우선순위로 하였을 때 상품 추천 순위는… G, H, B, D, E, A, F, C가 된다. G는 250만원이 넘어가는 금액이므로 추천 상품에서 제외되어 H가 추천 우선순위가 된다. H의 금액은 230만원이 넘어가고 고객이 B 카드로 결제하므로 상품 결제 금액은 239×0.95+10=237.05만원이 된다.

39 다음은 발산적(창의적) 사고를 개발하기 위한 방법이다. 이에 해당하는 것은?

> 이 방법은 어떤 생각에서 다른 생각을 계속해서 떠올리는 작업을 통해 어떤 주제에서 생각나는 것을 계속해서 열거해 나가는 방법이다.

① 브레인스토밍　　　　　　　　　② 체크리스트

③ NM법　　　　　　　　　　　　④ Synectics

> ✔해설　자유연상법 … 어떤 생각에서 다른 생각을 계속해서 떠올리는 작업을 통해 어떤 주제에서 생각나는 것을 계속해서 열거해 나가는 방법으로 구체적 기법에는 브레인스토밍이 있다.

40 SWOT 분석에 따라 발전전략을 수립할 때 외부 환경의 위협을 최소화하기 위해 내부 강점을 극대화하는 전략은?

① SO전략　　　　　　　　　　　② WO전략

③ ST전략　　　　　　　　　　　④ WT전략

> ✔해설　SWOT 분석에 의한 발전전략
> ㉠ SO전략 : 외부 환경의 기회를 활용하기 위해 강점을 사용하는 전략
> ㉡ ST전략 : 외부 환경의 위협을 회피하기 위해 강점을 사용하는 전략
> ㉢ WO전략 : 자신의 약점을 극복함으로써 외부 환경의 기회를 활용하는 전략
> ㉣ WT전략 : 외부 환경의 위협을 회피하고 자신의 약점을 최소화하는 전략

CHAPTER 03 자기개발능력

1 자기개발

(1) 자기개발과 자기개발능력

① 개념

㉠ 자기개발 : 자신의 능력, 적성 및 특성 등에 있어서 강점과 약점을 확인하고 강점은 강화시키고 약점은 관리하여 성장을 위한 기회로 활용하는 것이다.

  ㉡ 자기개발능력 : 직업인으로서 자신의 능력, 적성, 특성 등을 이해하고 목표성취를 위해 스스로를 관리하며 개발해나가는 능력을 말한다.

② 자기개발의 필요성

  ㉠ 직장생활에서의 자기개발은 효과적으로 업무를 처리하기 위하여, 즉 업무의 성과를 향상시키기 위하여 이루어진다.

  ㉡ 변화하는 환경에 적응하기 위해서 자기개발은 이루어진다.

  ㉢ 자기개발은 주변 사람들과 긍정적인 인간관계를 형성하기 위해서도 필요하다.

  ㉣ 자기개발은 자신이 달성하고자 하는 목표를 성취하기 위해서 해야 한다.

  ㉤ 개인적으로 보람된 삶을 살기 위해서 자기개발을 한다.

③ 자기개발의 특징 및 구성

  ㉠ 특징

  • 자기개발에서 개발의 주체는 타인이 아니라 자기이다.

  • 자기개발은 개별적인 과정으로 자기개발을 통해 지향하는 바와 선호하는 방법 등이 사람마다 다르다.

  • 자기개발은 평생에 걸쳐서 이루어지는 과정이다.

  • 자기개발은 일과 관련하여 이루어지는 활동이다.

  • 자기개발은 생활 가운데 이루어져야 한다.

  • 자기개발은 모든 사람이 해야 하는 것이다.

ⓛ 구성 : 자기개발은 자기인식, 자기관리, 경력개발로 이루어진다.
- 자기인식 : 직업생활과 관련하여 자신의 가치, 신념, 흥미, 적성, 성격 등 자신이 누구인지 아는 것
- 자기관리 : 자신을 이해하고 목표를 성취하기 위해 자신의 행동 및 업무수행을 관리하고 조정하는 것
- 경력개발 : 개인의 경력목표와 전략을 수립하고 실행하며 피드백 하는 과정

④ 자기개발 실패요인
　　ⓐ 인간의 욕구와 감정이 작용하기 때문이다.
　　ⓛ 제한적으로 사고하기 때문이다.
　　ⓒ 문화적인 장애에 부딪히기 때문이다.
　　ⓔ 자기개발 방법을 잘 모르기 때문이다.

예제 1

자기개발을 할 때에는 인간의 욕구와 감정이 작용하여 자기개발에 대한 태도를 형성하기도 한다. 다음은 어느 회사에 근무하는 사원들이 자신의 욕구를 표현한 것이다. 다음 중 가장 상위의 욕구를 가진 사람은?

① K씨 : 나 너무 피곤해. 일찍 퇴근해서 잠이나 푹 잤으면 좋겠어.
② S씨 : 이번에 팀장으로 승진한 만큼 팀원들이 나를 존경해줬으면 좋겠어.
③ A씨 : 나는 직장 동료들과 좀 친하게 지내고 싶어.
④ H씨 : 나는 내 분야에서 내 꿈을 펼치고야 말겠어.

출제의도

자기개발 태도에 영향을 미치는 욕구와 관련하여 매슬로우의 욕구 5단계를 구분할 수 있는지를 측정하는 문항이다.

해　설
① 생리적 욕구
② 존경의 욕구
③ 사회적 욕구
④ 자기실현의 욕구

답 ④

---

⑤ 자기개발 설계 전략
　　ⓐ 장단기 목표 수립 : 장기목표(5~20년), 단기목표(1~3년)
　　ⓛ 인간관계 고려
　　ⓒ 현재의 직무 고려
　　ⓔ 구체적인 방법으로 계획

⑥ 자기개발 계획 수립이 어려운 이유
　　ⓐ 자기정보의 부족 : 자신의 흥미, 장점, 가치, 라이프스타일을 충분히 이해하지 못함
　　ⓛ 내부 작업정보 부족 : 회사 내의 경력기회 및 직무 가능성에 대해 충분히 알지 못함
　　ⓒ 외부 작업정보 부족 : 다른 직업이나 회사 밖의 기회에 대해 충분히 알지 못함
　　ⓔ 의사결정시 자신감의 부족 : 자기개발과 관련된 결정을 내릴 때 자신감 부족

ⓜ 일상생활의 요구사항 : 개인의 자기개발 목표와 일상생활(가정) 간 갈등

　　　ⓗ 주변상황의 제약 : 재정적 문제, 연령, 시간 등

(2) 개인브랜드

① 개인을 브랜드화하기 위한 전략(차별성)

　　ⓐ 친근감 : 편안하고 친숙한 느낌

　　ⓑ 열정 : 가지고 싶은 강한 욕구

　　ⓒ 책임감 : 관계 지속에 대한 약속

② 자기 브랜드 PR방법

　　ⓐ 블로그를 이용하라.

　　ⓑ 인적네트워크를 활용하라.

　　ⓒ 자신만의 명함을 만들어라.

　　ⓓ 경력 포트폴리오를 만들어라.

2 자기개발능력을 구성하는 하위능력

(1) 자아인식능력

① 자아인식과 자아 구성 요소

　　ⓐ 자아인식 : 다양한 방법을 활용하여 자신이 어떤 분야에 흥미가 있고, 어떤 능력의 소유자이며, 어떤 행동을 좋아하는지를 종합적으로 분석하는 것이다.

　　ⓑ 자아의 구성 요소

구분	내용
내면적 자아	• 자신의 내면을 구성하는 요소 • 측정하기 어려운 특징을 가짐 • 적성, 흥미, 성격, 가치관 등
외면적 자아	• 자신의 외면을 구성하는 요소 • 외모, 나이 등

② 조해리의 창(Johari's Window) : 조셉과 해리라는 두 심리학자에 의해 만들어졌으며 자신과 다른 사람의 두 가지 관점을 통해 파악해보는 자기인식 또는 자기이해의 모델이다.

	내가 아는 나	내가 모르는 나
타인이 아는 나	공개된 자아 Open Self	눈먼 자아 Blind Self
타인이 모르는 나	숨겨진 자아 Hidden Self	아무도 모르는 자아 Unknown Self

예제 2

M회사 편집부에서 근무하는 X대리는 평소에 자신의 능력이 뛰어나고 일의 분배를 공평하게 하는 동시에 사람 관리를 잘하여 사원들이 자신을 잘 따른다고 믿고 있으나, 사원들은 X대리가 독단적으로 일을 결정하며 고집적인 모습을 가지고 있다고 생각하고 있다. X대리는 다른 사람으로부터 이러한 사실을 전해 듣고는 내가 생각하는 나와 타인이 생각하는 내가 다르다는 것을 알았다. 이에 대해 X대리는 조해리의 창을 이용하여 자신을 인식하고자 한다. 이에 대한 설명으로 알맞지 않은 것은?

① '내가 아는 나'와 '타인이 아는 나'를 통해 '공개된 자아'를 알아볼 수 있다.
② 조해리의 창을 통해보면 자신을 공개된 자아, 눈먼 자아, 숨겨진 자아, 아무도 모르는 자아로 나누어 볼 수 있다.
③ 조해리의 창은 자신과 다른 사람의 두 가지 관점을 통해 파악해 보는 자기인식 모델이다.
④ 타인은 나를 알지만 내가 모르는 경우에는 '숨겨진 자아'라고 한다.

출제의도

자기인식 또는 자기 이해 모델인 조해리의 창의 내용을 알고 있는지를 측정하는 문항이다.

해 설

조해리의 창을 통해보면 자신을 공개된 자아, 눈먼 자아, 숨겨진 자아, 아무도 모르는 자아로 나누어 볼 수 있으며, 타인은 나를 알지만 내가 모르는 나인 경우에는 '눈먼 자아'이다.

답 ④

③ 흥미와 적성

　㉠ 흥미 : 일에 대한 관심이나 재미

　㉡ 적성 : 개인이 잠재적으로 가지고 있는 재능, 개인이 보다 쉽게 잘 할 수 있는 일

　　POINT 흥미나 적성을 개발하는 노력
　　　• 마인드컨트롤을 해라.
　　　• 조금씩 성취감을 느껴라.
　　　• 기업의 문화 및 풍토를 고려해라.

④ 성찰의 필요성

　㉠ 다른 일을 하는데 노하우가 축적된다.

　㉡ 성장의 기회가 된다.

　㉢ 신뢰감을 형성할 수 있다.

　㉣ 창의적인 사고를 가능하게 한다.

(2) 자기관리능력

① 개념 : 자기관리는 자신을 이해하고, 목표를 성취하기 위해 자신의 행동 및 업무수행을 관리하고 조정하는 것을 말한다.

② 자기관리 절차

과정		내용
1단계	비전 및 목적 정립	• 자신에게 가장 중요한 것 파악 • 가치관, 원칙, 삶의 목적 정립 • 삶의 의미 파악
2단계	과제 발견	• 현재 주어진 역할 및 능력 • 역할에 따른 활동목표 • 우선순위 설정
3단계	일정 수립	• 하루, 주간, 월간 계획 수립
4단계	수행	• 수행과 관련된 요소분석 • 수행방법 찾기
5단계	반성 및 피드백	• 수행결과 분석 • 피드백

예제 3

I회사에 근무하는 L씨는 성실하게 자기 업무를 수행하는 걸로 소문이 나있다. L씨 책상은 깨끗하게 정리되어 있으며 좌우명도 책상에 붙여놓고 실천하도록 노력한다. L씨는 다른 누구보다도 자기관리가 철저하여 자기 일을 수행하고 나면 반드시 반성하고 피드백 시간을 가진다. L씨가 반성과 피드백하면서 하는 질문으로 가장 알맞지 않은 것은?

① 우선순위에 맞게, 계획대로 수행하였는가?
② 일을 수행하면서 어떤 목표를 성취하였는가?
③ 의사결정을 함에 있어서 어떻게 결정을 내리고 행동했는가?
④ 현재 변화되어야 할 것은 없는가?

출제의도

자기관리 5단계의 내용을 파악하고 그를 토대로 각 단계에서의 질문들을 적절히 할 수 있는지를 측정하는 문항이다.

해 설

④는 자기관리의 2단계인 과제 발견에서 해야 할 질문이다. 과제 발견 단계에서는 비전과 목표가 정립되면 현재 자신의 역할 및 능력을 다음 질문을 통해 검토하고, 할 일을 조정하여 자신이 수행해야 할 역할들을 도출한다.

답 ④

③ 업무수행 성과를 높이기 위한 행동전략

  ㉠ 자기자본이익률(ROE)을 높인다.

  ㉡ 일을 미루지 않는다.

  ㉢ 업무를 묶어서 처리한다.

  ㉣ 다른 사람과 다른 방식으로 일한다.

  ㉤ 회사와 팀의 업무 지침을 따른다.

  ㉥ 역할 모델을 설정한다.

④ 합리적인 의사결정 과정 : 문제의 근원 파악 → 의사결정 기준 및 가중치 결정 → 의사결정에 필요한 정보 수집 → 가능한 모든 대안 탐색 → 각 대안을 분석·평가 → 최적안 선택 → 결과 평가 및 피드백

(3) 경력개발능력

① 개념 : 경력개발은 개인이 경력목표와 전략을 수립하고 실행하며 피드백 하는 과정으로, 개인은 한 조직의 구성원으로서 조직과 함께 상호작용하며 자신의 경력을 개발해 나간다.

② 경력개발의 구성

  ㉠ 경력계획 : 자신과 상황을 인식하고 경력 관련 목표를 설정하여 그 목표를 달성하기 위한 과정이다.

  ㉡ 경력관리 : 경력계획에 따라 준비하고 실행하며 피드백하는 과정이다.

③ 경력개발의 필요성

구분	내용
환경변화	• 지식정보의 빠른 변화 • 인력난 심화 • 삶의 질 추구 • 중견사원 이직증가
조직요구	• 경영전략 변화 • 승진적체 • 직무환경 변화 • 능력주의 문화
개인요구	• 발달단계에 따른 가치관·신념 변화 • 전문성 축적 및 성장 요구 증가 • 개인의 고용시장 가치 증대

④ 개인의 경력단계

    ㉠ 직업선택(0~25세) : 자신에게 적합한 직업이 무엇인지를 탐색하고 이를 선택한 후, 필요한 능력을 키우는 과정

    ㉡ 조직입사(18~25세) : 학교 졸업 후 자신이 선택한 경력분야에서 원하는 조직의 일자리를 얻으며 직무를 선택하는 과정

    ㉢ 경력초기(25~40세) : 업무의 내용을 파악하고 조직의 규칙이나 규범·분위기를 알고 적응해 나가는 과정

    ㉣ 경력중기(40~55세) : 자신이 그동안 성취한 것을 재평가하고 생산성을 그대로 유지하는 단계

    ㉤ 경력말기(55세~퇴직) : 자신의 가치를 지속적으로 유지하는 동시에 퇴직을 고려하는 단계

예제 4

다음은 어떤 사람의 경력단계이다. 이 사람의 첫 번째 경력 말기는 몇 세부터 몇 세까지인가?

20세	전문대 유통학과 입학
21세	군 입대
23세	군 제대 후 학교 복학
24세	유통학과에 별 뜻이 없고, 조리사가 되고 싶어 조리학원 다니기 시작
25세	유통학과 겨우 졸업, 한식 조리사 자격증 취득
26세	조리사로 취업
30세	일식 조리사 자격증 취득
35세	양식 조리사 자격증 취득
50세	자신의 조리사 생활을 되돌아보고 자신만의 식당을 창업을 하기로 하고 퇴직 준비기간을 가짐
53세	퇴직
55세	음식업 창업
70세	퇴직

① 24~25세   ② 26~30세

③ 50~53세   ④ 70세

⑤ 경력개발 과정

	과정	내용
1단계	직무정보 탐색	• 관심 직무에서 요구하는 능력 • 고용이나 승진전망 • 직무만족도 등
2단계	자신과 환경 이해	• 자신의 능력, 흥미, 적성, 가치관 • 직무관련 환경의 기회와 장애요인
3단계	경력목표 설정	• 장기목표 수립 : 5~7년 • 단기목표 수립 : 2~3년
4단계	경력개발 전략수립	• 현재 직무의 성공적 수행 • 역량 강화 • 인적 네트워크 강화
5단계	실행 및 평가	• 실행 • 경력목표, 전략의 수정

예제 5

경력목표를 설정하는 데 도움이 될 수 있도록 하는 탐색의 방법에는 자기탐색과 환경탐색이 있다. 인사팀에서 근무하는 W가 환경탐색의 방법으로 탐색하려고 할 때 가장 거리가 먼 것은?

① 자격정보 사이트인 Q-Net에 접속해 본다.
② 주변 지인과 대화한 것을 메모해 본다.
③ 자신만의 일기를 쓰고 성찰의 과정을 거친다.
④ 회사의 연간 보고서를 훑어본다.

출제의도

탐색의 방법에 관한 내용을 숙지하고 자기탐색과 환경탐색을 구분할 수 있는지를 평가하는 문항이다.

해 설

경력개발 과정 중 '자신과 환경이해'의 2단계에서는 경력목표를 설정하는데 도움이 될 수 있도록 자신의 능력, 흥미, 적성, 가치관 등을 파악하고 직무와 관련된 주변 환경의 기회와 장애요인에 대하여 정확하게 분석한다. 탐색의 방법에는 자기탐색과 환경탐색이 있으며 ③의 방법은 자기탐색에 관한 방법에 해당한다.

답 ③

출제예상문제

1 L씨는 직장에 입사한 지 3년차이다. 신입사원으로 입사했을 때 나름대로 촉망을 받던 인재였으나 현재는 신입사원보다 자신의 능력이 뒤떨어져 보이는 것을 느끼고 있다. 그래서 L씨는 자신의 전문성을 신장시키고 다른 직원과의 차별성을 유지할 수 있는 일을 배워보기로 결심하였다. L씨가 자기개발을 위해 하여야 할 행동으로 옳지 않은 것은?

① 나에게 어떤 능력이 부족한지 찾는다.

② 나는 어떤 능력을 개발하여야 하는지 찾는다.

③ 이 능력이 다른 사람에게는 없는지 찾는다.

④ 나의 경력에 이 능력이 어떻게 활용될 지 찾는다.

> ✔ **해설** 자신의 능력개발을 위해서는 자기개발의 필요성을 느끼고 자기개발을 위한 자신의 이해로 어떠한 능력을 개발해야 하는지를 찾고, 자신이 이를 위해 어떻게 해야 하는지를 찾는 것이 중요하다. 즉, 자기개발을 위해서는 자아인식, 자기관리, 경력개발로 이루어져야 한다.

2 소프트웨어 개발회사에 근무 중인 Y씨는 국제화 시대에 영어의 활용이 증가하고 있음을 느끼며, 자신이 바이어를 만나도 영어를 자유롭게 구사할 수 없음에 회의감을 느끼고 있다. 이에 Y씨가 자기개발을 위하여 가장 먼저 하여야 할 활동으로 적합한 것은?

① 시간관리능력을 기르도록 한다.

② 자기성찰노트를 작성하도록 한다.

③ 독서를 많이 하도록 한다.

④ 영어 학원에 등록 하도록 한다.

> ✔ **해설** 영어의 자유로운 구사를 위해서는 영어학원에 등록하는 것이 가장 먼저 이루어져야 한다.

3 기획사에서 3년째 재직 중인 L씨는 지금보다 더 규모가 크고 자신의 역량을 더 발휘할 수 있는 출판사로 전직을 고려하고 있다. 기획사에서 자신이 계속적으로 이루어낸 많은 도서의 기획을 바탕으로 출판사에 입사하면 자신이 좀 더 많은 능력을 발휘할 수 있을 것이라는 생각에서이다. 그렇다면 L씨가 출판사에 입사하기 전에 개발해야 할 능력은 무엇인가?

① 대인관계능력 　　　　　　　　　② 시간관리능력
③ 경력개발능력 　　　　　　　　　④ 언어구사능력

✔해설 경력개발은 경력목표와 전략을 수립하고 실행하며 피드백하는 과정을 말한다. 직장인은 한 조직의 구성원으로 자신의 조직과 함께 상호작용하며 자신의 경력을 개발해 나간다. 자신의 상황을 인지하고 경력관련 목표를 설정하여 그 목표를 달성하기 위한 과정인 경력계획과 이에 따라서 경력계획을 준비하고 실행하여 피드백하는 경력관리로 이루어진다.

4 자기개발의 특징에 대한 설명으로 옳지 않은 것은?

① 자기개발은 일과 관련하여 이루어지는 활동이다.
② 자기개발은 생활 가운데 이루어져야 한다.
③ 자기개발은 개인적인 과정으로 사람마다 지향하는 바와 선호하는 방법이 다르다.
④ 자기개발은 일시적으로 이루어진다.

✔해설 자기개발은 평생에 걸쳐서 이루어지는 과정이다.

5 국제화시대에 발맞추기 위해 외국어 능력을 키우기로 결심한 K씨는 퇴근 후 영어 학원을 등록하였다. 그리고 한 달이 지난 지금, K씨는 공원에서 쓰디 쓴 커피 한잔을 마시며 지난 한 달을 돌이켜 보고 있다. 영어 학원 등록 후 회식에 참석하느라 학원을 빠지고, 컨디션이 안 좋아서 빠지고, 친구가 술 한 잔 하자고 해서 빠지고 해서 학원을 간 날보다 빠진 날이 훨씬 많았다. K씨에게 작용한 자기개발 저해요인으로 바르게 짝지어진 것은?

① 개인적 욕구, 제한적 사고 　　　　② 문화적 장애, 제한적 사고
③ 개인적 욕구, 문화적 장애 　　　　④ 문화적 장애, 사회적 장애

✔해설 직장환경, 사회환경, 가족환경으로 인한 회식은 문화적 장애에 해당하며, 건강의 문제나 친구와의 약속은 개인적인 욕구가 작용한 장애요인이라 할 수 있다.

Answer 1.③ 2.④ 3.③ 4.④ 5.③

6 자기개발 계획 수립을 위한 전략으로 가장 적절한 것은?

① 장기·단기 목표 모두 구체적으로 작성해야 한다.

② 장기목표는 단기목표를 수립하기 위한 기본단계가 된다.

③ 인간관계는 자기개발 목표를 수립하는데 고려해야 될 사항인 동시에 하나의 자기개발 목표가 될 수 있다.

④ 미래에 대한 계획이므로 현재의 의무를 고려할 필요는 없다.

> ✔해설 ① 장기 목표의 경우 구체적인 방법으로 계획하는 것이 불가능할 때도 있다.
> ② 단기 목표가 장기 목표를 수립하기 위한 기본단계가 된다.
> ④ 자기개발 계획을 수립할 경우에는 현재의 직무와 관련된 계획을 수립하여야 한다.

7 대학을 졸업 후 2년 동안 백수로 지내던 K씨가 드디어 보험회사에 취직을 했다. 직업을 가지게 된 K씨는 자신의 모든 역량을 동원하여 이번 분기에 보험 판매왕이 될 것이라는 목표를 삼았다. 그러나 한 달, 두 달이 지나가도록 판매왕이 되기는커녕 성과가 하나도 없었다. K씨는 막상 보험을 판매하려니 수줍기도 하고, 주변에 아는 사람도 없는 등 아침부터 저녁까지 매일 발품만 팔다가 하루를 보내고 만 것이다. 퇴근길에 돌이켜 보니 K씨는 자신에게는 판매라는 직업이 맞지 않다는 생각을 했지만 이미 정한 직업이라 다른 직업을 구할 수도 없어 수많은 고민에 빠지게 되었다. 여기서 K씨의 가장 큰 문제점은 무엇인가?

① 자기관리   ② 인맥관리

③ 경력개발   ④ 자아인식

> ✔해설 자아인식 … 직업생활과 관련하여 자신의 가치, 신념, 흥미, 적성, 성격 등 자신이 누구인지 아는 것이다. 자아인식은 자기개발의 첫 단계이며 자신이 어떠한 특성을 가지고 있는지를 바르게 탐색할 수 있어야 적절한 자기개발이 이루어질 수 있다. 자신을 알아가는 방법으로는 내가 아는 나를 확인하는 방법, 다른 사람과의 대화를 통해 알아가는 방법, 표준화된 검사 척도를 이용하는 방법 등이 있다.

8 K그룹에 입사한 신입사원 L씨는 회사에서 아무 말도 없고 과묵한 사람으로 소문이 나 있다. 그러나 L씨는 회사에 입사한지 얼마되지 않아 아는 사람도 없고, 친한 사람도 없기 때문에 말을 하지 않는 것이었다. 사실 그는 집이나 밖에서 친구들이나 가족들에게는 말도 많고 재미있다고 알려져 있다. K씨의 경우를 조해리의 창을 통해 살펴볼 때 어디에 해당하는가?

① 공개된 자아   ② 눈먼 자아

③ 숨겨진 자아   ④ 아무도 모르는 자아

✔해설 숨겨진 자아는 나는 알지만 드러내지 않아 남은 모르는 것으로, 자신은 보지만 다른 사람들은 보지 못하거나 볼 수 없는 부분을 말한다. 이것은 오직 자신만이 알고 있는 사적 세계로, 은밀한 생각이나 야망 또는 욕구 같은 것들이 여기에 해당된다. 본인 스스로 공개를 꺼리고 비밀에 부치는 부분, 단점, 성적, 애정관계나 소득에 관한 정보 및 때에 따라 학력이나 직업도 이 영역에 속할 수 있다.

9 흥미와 적성을 개발하기 위한 방법 중 다음에서 설명하는 것은 무엇인가?

> 이것을 통해 자신을 의식적으로 관리하는 방법을 깨닫게 되면 문제 상황을 해결할 수 있게 된다. 실제로 이러한 자기마음의 관리는 학습능력향상, 잠재능력개발, 집중력향상, 발표력향상 및 다양한 심리치료에 효과적으로 적용되고 있다. '나는 이 일을 잘할 수 있다.', '나는 지금 주어진 일이 적성에 맞는다.'하고 생각하며 지속적인 자기암시를 하다보면 자신도 모르는 사이 자신감을 얻게 되고 흥미나 적성을 가지게 될 것이다.

① 성취감
② 직장문화
③ 마인드컨트롤
④ 적성검사

✔해설 마인드컨트롤은 자신을 의식적으로 관리하는 방법으로 이 방법을 자주 사용하면 자신감을 얻게 되고 흥미나 적성을 개발할 수 있게 된다.

10 다음 중 성찰을 하여야 하는 이유로 옳지 않은 것은?

① 다른 일을 하는데 노하우가 축적된다.
② 성장의 기회가 된다.
③ 부와 명예를 형성할 수 있다.
④ 창의적인 사고를 가능하게 한다.

✔해설 성찰을 하여야 하는 이유
ㄱ 다른 일을 하는데 노하우가 축적된다.
ㄴ 성장의 기회가 된다.
ㄷ 신뢰감을 형성할 수 있다.
ㄹ 창의적인 사고가 가능하게 한다.

Answer 6.③ 7.④ 8.③ 9.③ 10.③

11 다음의 사례에서 L씨에게 필요한 것은 무엇인가?

> K씨와 L씨는 출판사 편집부에 동시에 입사하였다. 평소 하고 싶었던 분야인 출판업에 취업한 K씨는 야근을 해도, 철야를 해도 과중한 업무지시가 내려져도 늘 웃는 모습을 잃지 않고 항상 긍정적으로 생각을 하였다. 그 결과 매출이 높은 도서를 개발하게 되었고 3년 뒤 대리로 승진을 하게 되었다. 그러나 어디든 취업만 하면 그만이라는 생각을 가졌던 L씨는 야근을 해도 투덜, 철야를 해도 투덜, 사무실이 조금만 더워도 투덜되는 매사 부정적인 반응을 보였다. 그러자 L씨의 도서는 오답과 오탈자 투성이로 소비자로부터 항의를 받은 것이 많고 심지어 어느 도서는 모두 수거하여 폐기하는 것도 있었다. 이리하여 L씨는 3년이 지나도 계속 사원의 자리에 앉아 있다.

① 자신에게 맞는 흥미와 적성 찾기
② 부정적인 마인드를 긍정적인 마인드로 고치기
③ 일에 대한 태도를 바르게 고치기
④ 자기개발을 위해 의사소통능력 향상시키기

✔ 해설 L씨는 자신의 흥미와 적성을 제대로 파악하지 못했으므로 출판사 편집부에서 모든 것이 불만이 되어 버린 것이다. 직장생활을 잘 하기 위해서는 자신의 흥미와 적성을 개발하는 노력이 필요하다.

12 Y씨는 ○○회사에 입사한지 2년이 되었다. 회사에서 해외 시장 진출을 위하여 1년간 인도로 출장을 다녀오라고 한다. 그런데 Y씨는 인도에 대한 안 좋은 경험과 생각을 가지고 있다. 대학 때 인도로 배낭여행을 갔다가 인도사람들에게 모든 것을 빼앗기고 빈털터리로 힘들게 귀국한 일과 인도에서의 한국 사람들에 대한 많은 사건·사고들 때문이다. 본인의 경력을 위해서도 회사를 위해서도 좋은 일이라며 상사는 계속적으로 설득을 하고 있다. Y씨의 가장 현명한 선택은?

① 회사를 그만 두는 것이 제일 낫다.
② 회사를 다니려면 받아들여야 하므로 그냥 수락해야 한다.
③ 인도에서의 경험을 상사에게 이야기하여 자신의 입장을 밝힌다.
④ 다른 나라는 다 가도 인도는 안 된다고 이야기를 해야 한다.

✔ 해설 회사를 위해서라면 반드시 받아들여야 하지만 Y씨의 입장도 생각해야 하므로 Y씨는 자신의 내면관리를 위해서 극단적인 결정보다는 상사에게 자신의 입장을 이야기하여 함께 대안을 마련하는 것이 좋다.

13 우리는 직장생활을 영위하기 위하여 부정적인 마인드를 긍정적인 마인드로 변화시키는 연습을 하고 인내심을 가지고 긍정적인 사고를 하여야 한다. 다음 중 부정적인 마인드를 긍정적인 마인드로 변화시키는 것의 예로 잘못된 것은?

① 나만 왜 일이 이렇게 많아! → 나는 다른 사람들보다 능력이 뛰어나므로 이 일을 전부 다 처리할 수 있어!

② 왜 나한테만 이 일을 시키지! → 내가 남들보다 이 일에 대해서는 아주 탁월한 능력을 가지고 있지!

③ 나의 상사는 자기나 열심히 하지 왜 다른 사람들까지 귀찮게 해! → 오지랖이 왜 저리 넓을까 라고 마음 넓은 내가 이해해야지!

④ 왜 이렇게 사무실이 더운 거야! → 에너지 절약을 위해 더위 정도는 참으면 돼!

> ✔ 해설 상사는 자기나 열심히 하지 왜 늘 사람들을 귀찮게 해! → 열정적인 상사를 만나 배울 점이 참 많다. 팀의 수행성과 향상은 개인의 수행성과 향상을 가져오는 것이므로 좋다.

14 자신과 다른 사람의 관점에서 보는 자기이해의 모델인 조해리의 창에 관한 설명 중 옳지 않은 것은?

① 조해리의 창에서는 활발하고 원만한 인간관계가 이루어지는 개방형이 가장 바람직하다.
② 자기주장형은 다른 사람의 말에 좀 더 진지하게 귀를 기울이는 노력이 필요하다.
③ 신중형은 자기개방을 통해 다른 사람과 좀 더 넓고 깊이 있는 교류가 필요하다.
④ 고립형은 숨겨진 영역이 가장 넓은 사람이다.

> ✔ 해설

구분		피드백을 얻는 정도	
		내가 알고 있는 정보	내가 모르고 있는 정보
자기공개의 정도	타인이 알고 있는 정보	공개된 영역(개방형)	맹목의 영역(자기주장형)
	타인이 모르고 있는 정보	숨겨진 영역(신중형)	미지의 영역(고립형)

15 직장인 K씨는 항상 보고서를 제출할 때마다 M씨와 비교를 당하면서 질책을 받는다. 항상 업무를 처리할 때마다 허둥지둥 바쁘고 정신이 없게 일을 하는 K씨는 일하는 거에 비해 늘 질책을 받고 M씨는 조용하게 있는지도 없는지도 모를 정도인데 항상 일을 잘 수행한다고 칭찬을 듣는다. 그러던 어느 날 K씨는 왜 M씨가 늘 칭찬을 받는지를 궁금히 여겨 M씨의 자리에 가 보았더니 너무 깨끗하게 정돈이 되어 있고 주위 사람들에게 들으니 퇴근 후에는 대학원을 다니면서 자기개발을 한다고 한다. 다음 중 K씨에게 가장 부족한 면은 무엇인가?

① 자기개발　　　　　　　　　　② 침착성
③ 학위　　　　　　　　　　　　④ 자기관리

> ✔ **해설**　직장인 K씨는 자기관리가 부족하다. 자기관리란 자신을 이해하고, 목표를 성취하기 위하여 자신의 행동 및 업무수행을 관리하고 조정하는 것이다.

16 다음 중 인내심과 긍정적 마인드에 대한 설명으로 옳지 않은 것은?

① 인내심을 가진 사람은 신뢰감을 줄 수 있다.
② 자신의 목표를 분명하게 정립하면 인내심을 키우는 데 도움이 된다.
③ 인내심을 키우기 위해서는 일관되게 한 가지 시각으로 상황을 분석해야 한다.
④ 자기 스스로 운명을 통제할 수 있다고 믿는 사람은 그렇지 않은 사람보다 더 성공할 확률이 높다.

> ✔ **해설**　인내심을 키우기 위해서는 새로운 시각으로 상황을 분석해야 한다. 어떤 사물이나 현상을 바라보는 시각은 매우 다양하며, 다양한 시각을 가지게 되면 다른 사람이 하는 행동이나, 현재 자신의 생각과 다르게 벌어지는 일에 대하여 참고 넘어갈 수 있게 된다.

17 업무수행성과를 높이기 위한 전략으로 볼 수 없는 것은?

① 일을 미루지 않는다.
② 업무를 한 가지씩 순서를 정해서 처리한다.
③ 회사와 팀의 업무지침을 따른다.
④ 다른 사람이 일하는 방식과 다르게 일한다.

> ✔ **해설**　업무는 유사한 업무끼리 묶어서 한 번에 처리하면 효율적으로 일을 할 수 있다. 한 번 움직일 때마다 여러 가지 일을 한 번에 처리하여 다시 같은 일을 반복해서 가지 않도록 경로를 단축시켜야 한다.

18 다음 중 직장에서 자신이 의사결정을 해야 하는 상황으로 볼 수 없는 것은?

① 회사가 적성과 흥미에 맞지 않아 이직을 생각할 때

② 가정에 행사와 회사의 회식이 동시에 잡혔을 때

③ 업무가 여러 개 중복되어 우선순위를 정할 때

④ 거래처에서 접대문의가 들어왔을 때

✔ 해설 거래처에서 접대문의가 들어왔을 때에는 회사의 중요한 업무 계약 때문인지 아니면 사적인 접대인지를 확인하여 상사에게 보고를 하여야 한다. 이러한 것은 자신이 마음대로 결정할 수 있는 것이 아니기 때문이다.

19 경력개발은 자신과 상황을 인식하고 경력 관련 목표를 설정하여 그 목표를 달성하기 위한 과정인 경력계획과 이에 따라 경력계획을 준비하고 실행하며 피드백하는 (　　　)로 이루어져 있다. 다음 중 (　　　) 안에 들어갈 알맞은 말은?

① 경력단계　　　　　　　　　　　② 경력변화

③ 경력관리　　　　　　　　　　　④ 경력측정

✔ 해설 경력관리는 규칙적으로 지속적으로 이루어져야 하며, 잘못된 정보나 이에 대한 이해가 부족하여 경력 목표를 잘못 설정하는 경우가 있으므로 계속적이고 적극적인 경력관리를 통해 이를 수정해 나가야 한다. 또한 환경이나 조직의 변화에 따라 새로운 미션을 수립하고 새로운 경력이동 경로를 만들어가야 한다.

20 다음 중 경력단계에 해당하지 않는 것은?

① 흥미선택　　　　　　　　　　　② 조직입사

③ 경력초기　　　　　　　　　　　④ 경력중기

✔ 해설 경력단계 … 직업선택 → 조직입사 → 경력초기 → 경력중기 → 경력말기

Answer　15.④　16.③　17.② 18.④ 19.③ 20.①

21 신입사원인 K씨는 선배 L씨와 Y과장에게 각각 다른 업무를 지시받았다. 신입사원인 K씨가 가장 먼저 해야 할 행동은 무엇인가?

① Y과장에게 선배 L씨가 지시한 업무를 다른 사람에게 부탁해 달라고 요청한다.
② 선배 L씨에게 Y과장이 지시한 업무를 다른 사람에게 부탁해 달라고 요청한다.
③ Y과장이 더 높은 직책이므로 Y과장이 지시한 일만 처리한다.
④ 두 가지 업무 중 우선순위를 정해달라고 Y과장과 선배 L씨에게 부탁한다.

✔ 해설 두 가지 업무가 중첩될 경우 본인 스스로 의사결정을 하지 못하므로 상사에게 우선순위를 정해 달라고 하여 업무를 처리하는 것이 옳다.

22 자기개발을 해야 하는 필요성에 대한 설명으로 옳지 않은 것은?

① 업무의 성과를 향상시키기 위해 필요하다.
② 변화하는 환경에 적응하기 위해 필요하다.
③ 달성하고자 하는 목표를 성취하기 위해 필요하다.
④ 수직적인 인간관계를 개선하기 위해 필요하다.

✔ 해설 자기개발은 주변 사람들과 긍정적인 인간관계를 형성하기 위해 필요하다. 자기관리 자체가 긍정적인 인간관계를 형성하는 것이라고 말할 정도로 자기개발에 있어서 대인관계는 매우 중요하다. 자신의 내면을 관리하고 자신의 시간을 관리하며, 자신의 생산성을 높이는 모든 일이 원만한 인간관계의 형성과 유지의 기반이 된다.

23 직장인 K씨는 입사한지 10년이 되어 부장의 직급이 되었다. 그런데 요즘 새로운 관리방법의 도입으로 인하여 이에 적응하는 데 어려움을 느끼고 있다. 또한 본인 스스로도 매일 매일의 반복적인 일상에 따분함마저 느낀다. 다음 중 K씨는 경력단계 중 어디에 해당하는가?

① 조직입사   ② 경력초기
③ 경력중기   ④ 경력말기

✔ 해설 경력중기는 자신이 그동안 성취한 것을 재평가하고, 생산성을 그대로 유지하는 단계이다. 그러나 경력중기에 이르면 직업 및 조직에서 어느 정도 입지를 굳게 되어 더 이상 수직적인 승진가능성이 적은 경력 정체시기에 이르게 되며, 새로운 환경의 변화에 직면하게 되어 생산성을 유지하는데 어려움을 겪기도 한다.

24 직장인 L씨는 자기개발을 위해 자신이 처한 상황을 메모로 정리하려고 한다. 다음 중 경력개발을 위한 내용에 해당하는 것은?

① 나의 업무수행의 장점은 무엇일까?

② 나는 업무생산성을 높이기 위해 무엇을 해야 할까?

③ 나는 언제 승진을 하게 될까?

④ 나는 현재 직업이 적성에 맞는가?

✔ 해설 경력개발은 자신의 경력목표와 전략을 수립하고 실행하며 피드백을 하는 과정이다.

25 다음 중 자기개발의 3가지 요소로 볼 수 없는 것은?

① 자아인식   ② 경력개발

③ 자기관리   ④ 직업흥미

✔ 해설 자기개발은 자신이 어떤 특성을 가지고 있는지 이해하는 자아인식, 자신의 특성과 상황에 따라 자신의 행동 및 업무수행을 관리하고 조정하는 자기관리, 일과 관련된 경험을 계획하고 관리하는 경력개발로 이루어진다.

26 다음의 사례를 통해 확인할 수 있는 자기개발을 저해하는 요인은?

> 직장인 I씨는 선배의 조언으로 자신이 부족한 엑셀 작업 능력을 키우기 위해 퇴근 후 컴퓨터 학원에 등록을 하였다. 그런데 동료들과의 술자리가 있을 때마다 학원을 빠지는 바람에 컴퓨터 학원의 엑셀과정이 끝났지만 I씨는 하나도 배운 것이 없다. I씨는 "왜 나는 열심히 학원을 다니고 몇 번 빠지지도 않았는데 왜 배운 것이 없을까?"라는 의구심에 컴퓨터 학원에 환불을 요구하였다.

① 개인적인 욕구가 강해서   ② 제한적으로 사고를 하여서

③ 문화적인 장애로 인하여   ④ 자기개발방법을 잘 몰라서

✔ 해설 자신이 하고자 하는 일이 귀찮아서 또는 건강이 안좋아서, 개인적인 친분 유지활동이 더 중요하다고 생각되어서 등은 자기실현의 욕구보다 개인적인 욕구가 더 강해서 발생하는 장애요인에 해당한다.

27 직장인 L씨는 출판사에 입사를 하였지만 입사동기들처럼 쉽게 업무에 적응을 하지 못한다. 그런데 더욱이 하는 일마다 사고를 일으켜 미운털이 박힐 대로 박히고 말았다. 의욕도 없고 이직을 해야 하나 많은 고민이 생겨 하루하루가 버티기 힘들다. 너무 힘든 나머지 친한 선배에게 조언을 구하였다. 선배는 현 직무를 담당하는데 필요한 능력과 이에 대한 자신의 수준, 자신에게 필요한 능력 등을 생각하여 자기개발을 하라고 조언하였다. 그런데 L씨는 자기개발을 어떻게 해야 하는지 어렵기만 하다. L씨가 자기개발이 어려운 이유는 무엇인가?

① 의사결정 시 자신감 부족   ② 주변상황의 제약

③ 일상생활의 요구사항   ④ 자기정보의 부족

> **✔ 해설** 자신의 흥미, 장점, 가치, 라이프스타일 등을 충분히 이해하지 못하면 자신에게 필요한 것이 무엇인지를 알 수 없게 된다.

28 직장인 K씨는 입사한 지 1년이 되어가는 사원이다. 업무의 강도는 그리 높지 않으나 실수를 연발하고 있다. '다시는 이런 실수를 하지 말아야지.'하며 다짐을 해도 매번 같은 실수를 반복하고 있다. 직장인 K씨에게 필요한 것은 무엇인가?

① 흥미   ② 마인드컨트롤

③ 적성   ④ 성찰

> **✔ 해설** 매번 같은 실수를 반복하는 것은 깊이 있는 성찰 없이 지나가기 때문이다. K씨는 자신의 실수를 반성적으로 성찰하는 것이 필요하다.

29 성찰과 관련된 설명 중 옳지 않은 것은?

① 성찰을 하면 현재의 부족한 부분을 알 수 있다.

② 성찰을 하더라도 한번 한 실수는 반복적으로 하게 되므로, 처음에 실수를 하지 않는 것이 중요하다.

③ 성찰은 과거에 있었던 일에 대한 반성으로 실수를 다시 하지 않도록 도와준다.

④ 성찰은 지속적으로 연습해야 몸에 익힐 수 있다.

> **✔ 해설** 성찰을 통해 우리는 현재의 부족한 부분이 무엇인지를 알 수 있으며 이를 개선하여 과거의 실수를 반복하지 않도록 할 수 있다. 성찰은 지속적인 연습을 통해 보다 더 잘 할 수 있게 되므로 꾸준히 자신을 돌아보는 시간을 갖는 것이 중요하다.

30 다음 중 자기관리에 대한 설명으로 옳지 않은 것은?

① 자신을 이해하고, 목표를 성취하기 위하여 자신의 행동 및 업무수행을 관리하고 조정하는 것이다.

② 자기관리를 잘 할 수 있는 능력을 자기관리능력이라 한다.

③ 자신의 비전과 목표를 정립하고 자신의 역할 및 능력을 분석하여 과제를 발견하며 이에 따른 일정을 수립하여 시행하는 절차로 이루어진다.

④ 자기관리는 한 번에 이루어질 수 있다.

✔ 해설 자기관리는 자기관리절차를 통하여 이루어진 결과를 지속적으로 반성하고 피드백하여야 이루어질 수 있다.

31 다음 중 자기관리가 이루어지는 단계로 옳은 것은?

① 비전 및 목적 정립 → 과제 발견 → 일정 수립 → 수행 → 반성 및 피드백

② 비전 및 목적 정립 → 일정 수립 → 과제 발견 → 수행 → 반성 및 피드백

③ 비전 및 목적 정립 → 과제 발견 → 수행 → 일정 수립 → 반성 및 피드백

④ 비전 및 목적 정립 → 일정 수립 → 수행 → 반성 및 피드백 → 과제 발견

✔ 해설 자기관리가 이루어지는 단계
ㄱ 비전 및 목적 정립
ㄴ 과제 발견
ㄷ 일정 수립
ㄹ 수행
ㅁ 반성 및 피드백

32 자기개발의 특징에 대한 설명으로 옳지 않은 것은?

① 자기개발에서 개발의 주체는 본인이다.

② 자신을 바탕으로 자신에게 앞으로 닥칠 변화를 예측하고 자신에게 필요한 목표를 설정하여야 한다.

③ 자기개발은 평생에 걸쳐 이루어지는 과정이다.

④ 자기개발은 자신의 적성과 관련하여 이루어지는 활동이다.

✔ 해설 자기개발은 자신의 일과 관련하여 이루어지는 활동이다. 대부분 사람들은 일과 관련하여 인간관계를 맺고 일과 관련하여 능력을 발휘하고 개발한다.

Answer 27.④ 28.④ 29.② 30.④ 31.① 32.④

33 직장인 R씨는 최근 중국과의 거래성사로 인하여 중국어를 배울 필요성을 느끼고 있다. 그래서 R씨는 중국어 학원을 다니기 위하여 어느 학원이 좋은지 알아보고 있다. 이러한 R씨의 행동은 무엇인가?

① 자아인식 　　　　　　　　　　② 자기관리

③ 경력개발 　　　　　　　　　　④ 자기개발

> ✔ 해설　자기개발은 자신의 능력, 적성 및 특성 등에 있어서 강점과 약점을 찾고 확인하여 강점을 강화시키고, 약점을 관리하여 성장을 위한 기회로 활용하는 것으로 자신의 목표성취를 위하여 스스로를 관리하며 개발해나가는 능력을 말한다.

34 자기개발의 특징에 대한 내용으로 옳지 않은 것은?

① 자기개발은 개인적인 과정으로 개개인마다 지향하는 바가 다르다.

② 자기개발은 생활 가운데서 이루어져야 한다.

③ 자기개발은 승진이나 이직을 원하는 경우 더욱 필요하다.

④ 자기개발은 평생에 걸쳐서 이루어지는 과정이다.

> ✔ 해설　자기개발은 일과 관련하여 이루어지며, 승진이나 이직을 원하는 사람이 아닌 모든 사람이 해야 한다.

35 다음 중 자아인식과 관련된 내용에 해당하지 않는 것은?

① 직업흥미 　　　　　　　　　　② 자기개발의 첫 단계

③ 표준화된 검사 척도 이용 　　　④ 일과 관련된 경험

> ✔ 해설　자아인식은 자신의 직업흥미, 적성, 장점과 단점을 분석하고 인식하는 것이며 자기개발의 첫 단계가 된다.

36 자기개발을 대한 계획을 수립한다고 하여 모든 목표를 달성할 수 있는 것은 아니다. 자기개발 목표를 성취하기 위한 전략으로 볼 수 없는 것은?

① 장단기 목표를 수립한다.

② 주변상황을 고려한다.

③ 현재의 직무를 고려한다.

④ 구체적으로 계획을 수립한다.

> ✔ 해설 자기개발을 위한 전략
> ㉠ 장단기 목표를 수립한다.
> ㉡ 인간관계를 고려한다.
> ㉢ 현재의 직무를 고려한다.
> ㉣ 구체적인 계획을 수립한다.

37 자기개발계획 수립을 위한 전략으로 옳지 않은 것은?

① 자기개발 계획을 수립할 때에는 자신의 인간관계를 고려한다.

② 자기개발의 방법은 구체적일수록 좋다.

③ 자기개발 계획은 직무관련 경험 등을 고려하는 것이 좋다.

④ 자기개발 계획시 장단기 목표는 5년 이내가 적절하다.

> ✔ 해설 장기목표는 5~20년, 단기목표는 1~3년이 적절하다.

38 자아는 자기 자신, 나를 일컫는 말로 스스로의 자기 존재를 인식하고 타인과 자기 외부에 대해 판단하고 행동하는 독립체라 할 수 있다. 자아는 환경이나 교육에 따라 변화하기도 하며, 여러 차원의 복잡한 구조를 가지고 있다. 다음 중 내면적 자아에 해당하지 않는 것은?

① 적성   ② 흥미

③ 가치관   ④ 외모

> ✔해설 **자아의 분류**
> ㉠ 내면적 자아 : 적성, 흥미, 성격, 가치관 등
> ㉡ 외면적 자아 : 외모, 나이 등

39 직장인 L씨는 자신이 누구인지를 잘 알고 있다고 판단하며 살아가고 있다. 그러나 다른 사람들의 이야기를 들어보면 L씨는 자신이 생각하는 모습과 다른 사람들이 생각하는 모습에 큰 차이가 있음을 발견하였다. '나는 이런 사람이다.'라고 이야기를 해도 다른 사람들은 의아해할 뿐 L씨의 말을 믿어주지 않는다. 왜 L씨는 본인이 생각하는 모습과 다른 사람들이 생각하는 모습이 다른지 그 이유로 가장 적절한 것은?

① L씨는 자아가 강하기 때문이다.

② L씨는 자신을 정확하게 인식하지 못하기 때문이다.

③ L씨는 자신감이 넘치기 때문이다.

④ L씨는 다른 사람들의 시선 따위는 신경쓰지 않기 때문이다.

> ✔해설 다른 사람이 보는 자신과 자신이 생각하는 모습이 다르다는 것은 자신을 객관적으로 파악하지 못했기 때문이다. 자신을 객관적으로 인식하기 위해서는 다른 사람의 의견과 표준화된 검사 도구를 사용할 필요가 있다.

40 이제 대학을 막 졸업한 K씨는 직장을 구해야 하는데 무슨 일이 자신에게 맞는지를 도무지 알 수가 없다. 영업직을 하려니 수줍음이 많고, 판매직을 하려니 말 주변이 없다. 이러한 K씨에게 제일 필요한 것은 무엇인가?

① 나의 업무수행 능력이 무엇인지 판단한다.

② 직장생활의 장점과 단점에 대해서 알아본다.

③ 표준화된 검사를 실시하여 나에게 맞는 직업을 찾는다.

④ 다른 사람이 보는 나의 모습에 대해 조사한다.

> ✔ **해설** 표준화된 검사 도구를 사용하면 자신의 진로를 설계하고, 직업을 구하며, 자신에게 맞는 일을 찾아가는데 도움이 된다. 자신의 흥미와 적성을 잘 알지 못하는 경우 표준화된 검사 도구를 이용하면 자신의 직업, 흥미, 적성을 알 수 있고 다른 사람과 비교해 볼 수도 있다.

CHAPTER 04 대인관계능력

1 직장생활에서의 대인관계

(1) 대인관계능력

① 의미 직장생활에서 협조적인 관계를 유지하고, 조직구성원들에게 도움을 줄 수 있으며, 조직내부 및 외부의 갈등을 원만히 해결하고 고객의 요구를 충족시켜줄 수 있는 능력이다.

② 인간관계를 형성할 때 가장 중요한 것은 자신의 내면이다.

예제 1

인간관계를 형성하는데 있어 가장 중요한 것은?

① 외적 성격 위주의 사고
② 이해득실 위주의 만남
③ 자신의 내면
④ 피상적인 인간관계 기법

출제의도

인간관계형성에 있어서 가장 중요한 요소가 무엇인지 묻는 문제다.

해 설

③ 인간관계를 형성하는데 있어서 가장 중요한 것은 자신의 내면이고 이때 필요한 기술이나 기법 등은 자신의 내면에서 자연스럽게 우러나와야 한다.

답 ③

---

(2) 대인관계 향상 방법

① 감정은행계좌 : 인간관계에서 구축하는 신뢰의 정도

② 감정은행계좌를 적립하기 위한 6가지 주요 예입 수단

　　㉠ 상대방에 대한 이해심

　　㉡ 사소한 일에 대한 관심

　　㉢ 약속의 이행

　　㉣ 기대의 명확화

　　㉤ 언행일치

　　㉥ 진지한 사과

② 대인관계능력을 구성하는 하위능력

(1) 팀워크능력

① 팀워크의 의미

    ㉠ 팀워크와 응집력

      • 팀워크 : 팀 구성원이 공동의 목적을 달성하기 위해 상호 관계성을 가지고 협력하여 일을 해 나가는 것

      • 응집력 : 사람들로 하여금 집단에 머물도록 만들고 그 집단의 멤버로서 계속 남아있기를 원하게 만드는 힘

예제 2

A회사에서는 격주로 사원 소식지 '우리가족'을 발행하고 있다. 이번 호의 특집 테마는 팀워크에 대한 것으로, 좋은 사례를 모으고 있다. 다음 중 팀워크의 사례로 가장 적절하지 않은 것은 무엇인가?

① 팀원들의 개성과 장점을 살려 사내 직원 연극대회에서 대상을 받을 수 있었던 사례

② 팀장의 갑작스러운 부재 상황에서 팀원들이 서로 역할을 분담하고 소통을 긴밀하게 하면서 팀의 당초 목표를 원만하게 달성할 수 있었던 사례

③ 자재 조달의 차질로 인해 납기 준수가 어려웠던 상황을 팀원들이 똘똘 뭉쳐 헌신적으로 일한 결과 주문 받은 물품을 성공적으로 납품할 수 있었던 사례

④ 팀의 분위기가 편안하고 인간적이어서 주기적인 직무순환 시기가 도래해도 다른 부서로 가고 싶어 하지 않는 사례

출제의도

팀워크와 응집력에 대한 문제로 각 용어에 대한 정의를 알고 이를 실제 사례를 통해 구분할 수 있어야 한다.

해 설

④ 응집력에 대한 사례에 해당한다.

답 ④

    ㉡ 팀워크의 유형

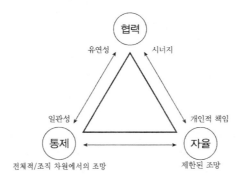

② 효과적인 팀의 특성

    ㉠ 팀의 사명과 목표를 명확하게 기술한다.

    ㉡ 창조적으로 운영된다.

ⓒ 결과에 초점을 맞춘다.

ⓔ 역할과 책임을 명료화시킨다.

ⓜ 조직화가 잘 되어 있다.

ⓗ 개인의 강점을 활용한다.

ⓢ 리더십 역량을 공유하며 구성원 상호간에 지원을 아끼지 않는다.

ⓞ 팀 풍토를 발전시킨다.

ⓩ 의견의 불일치를 건설적으로 해결한다.

ⓒ 개방적으로 의사소통한다.

ⓚ 객관적인 결정을 내린다.

ⓣ 팀 자체의 효과성을 평가한다.

③ 멤버십의 의미

ⓐ 멤버십은 조직의 구성원으로서의 자격과 지위를 갖는 것으로 훌륭한 멤버십은 팔로워십(followership)의 역할을 충실하게 수행하는 것이다.

ⓑ 멤버십 유형 : 독립적 사고와 적극적 실천에 따른 구분

구분	소외형	순응형	실무형	수동형	주도형
자아상	• 자립적인 사람 • 일부러 반대의견 제시 • 조직의 양심	• 기쁜 마음으로 과업 수행 • 팀플레이를 함 • 리더나 조직을 믿고 헌신함	• 조직의 운영방침에 민감 • 사건을 균형 잡힌 시각으로 봄 • 규정과 규칙에 따라 행동함	• 판단, 사고를 리더에 의존 • 지시가 있어야 행동	• 스스로 생각하고 건설적 비판을 하며 자기 나름의 개성이 있고 혁신적·창조적 • 솔선수범하고 주인의식을 가지며 적극적으로 참여하고 자발적, 기대 이상의 성과를 내려고 노력
동료/ 리더의 시각	• 냉소적 • 부정적 • 고집이 셈	• 아이디어가 없음 • 인기 없는 일은 하지 않음 • 조직을 위해 자신과 가족의 요구를 양보함	• 개인의 이익을 극대화하기 위한 흥정에 능함 • 적당한 열의와 평범한 수완으로 업무 수행	• 하는 일이 없음 • 제 몫을 하지 못함 • 업무 수행에는 감독이 반드시 필요	
조직에 대한 자신의 느낌	• 자신을 인정 안 해줌 • 적절한 보상이 없음 • 불공정하고 문제가 있음	• 기존 질서를 따르는 것이 중요 • 리더의 의견을 거스르는 것은 어려운 일임 • 획일적인 태도 행동에 익숙함	• 규정준수를 강조 • 명령과 계획의 빈번한 변경 • 리더와 부하 간의 비인간적 풍토	• 조직이 나의 아이디어를 원치 않음 • 노력과 공헌을 해도 아무 소용이 없음 • 리더는 항상 자기 마음대로 함	

④ 팀워크 촉진 방법

  ㉠ 동료 피드백 장려하기

  ㉡ 갈등 해결하기

  ㉢ 창의력 조성을 위해 협력하기

  ㉣ 참여적으로 의사결정하기

(2) 리더십능력

① 리더십의 의미 : 리더십이란 조직의 공통된 목적을 달성하기 위하여 개인이 조직원들에게 영향을 미치는 과정이다.

  ㉠ 리더십 발휘 구도 : 산업 사회에서는 상사가 하급자에게 리더십을 발휘하는 수직적 구조였다면 정보 사회로 오면서 하급자뿐만 아니라 동료나 상사에게까지도 발휘하는 전방위적 구조로 바뀌었다.

  ㉡ 리더와 관리자

리더	관리자
• 새로운 상황 창조자	• 상황에 수동적
• 혁신지향적	• 유지지향적
• 내일에 초점을 둠.	• 오늘에 초점을 둠.
• 사람의 마음에 불을 지핀다.	• 사람을 관리한다.
• 사람을 중시	• 체제나 기구를 중시
• 정신적	• 기계적
• 계산된 리스크를 취한다.	• 리스크를 회피한다.
• '무엇을 할까'를 생각한다.	• '어떻게 할까'를 생각한다.

예제 3

리더에 대한 설명으로 옳지 않은 것은?

① 사람을 중시한다.
② 오늘에 초점을 둔다.
③ 혁신지향적이다.
④ 새로운 상황 창조자이다.

출제의도
리더와 관리자에 대한 문제로 각각에 대해 완벽하게 구분할 수 있어야 한다.

해 설
② 리더는 내일에 초점을 둔다.

 답 ②

② 리더십 유형

　㉠ 독재자 유형 : 정책의사결정과 대부분의 핵심정보를 그들 스스로에게만 국한하여 소유하고 고수하려는 경향이 있다. 통제 없이 방만한 상태일 때, 가시적인 성과물이 안 보일 때 효과적이다.

　㉡ 민주주의에 근접한 유형 : 그룹에 정보를 잘 전달하려고 노력하고 전체 그룹의 구성원 모두를 목표방향으로 설정에 참여하게 함으로써 구성원들에게 확신을 심어주려고 노력한다. 혁신적이고 탁월한 부하직원들을 거느리고 있을 때 효과적이다.

　㉢ 파트너십 유형 : 리더와 집단 구성원 사이의 구분이 희미하고 리더가 조직에서 한 구성원이 되기도 한다. 소규모 조직에서 경험, 재능을 소유한 조직원이 있을 때 효과적으로 활용할 수 있다.

　㉣ 변혁적 리더십 유형 : 개개인과 팀이 유지해 온 업무수행 상태를 뛰어넘어 전체 조직이나 팀원들에게 변화를 가져오는 원동력이 된다. 조직에 있어 획기적인 변화가 요구될 때 활용할 수 있다.

③ 동기부여 방법

　㉠ 긍정적 강화법을 활용한다.

　㉡ 새로운 도전의 기회를 부여한다.

　㉢ 창의적인 문제해결법을 찾는다.

　㉣ 책임감으로 철저히 무장한다.

　㉤ 적절한 코칭을 한다.

　㉥ 변화를 두려워하지 않는다.

　㉦ 지속적으로 교육한다.

④ 코칭

　㉠ 코칭은 조직의 지속적인 성장과 성공을 만들어내는 리더의 능력으로 직원들의 능력을 신뢰하며 확신하고 있다는 사실에 기초한다.

　㉡ 코칭의 기본 원칙

　　• 관리는 만병통치약이 아니다.

　　• 권한을 위임한다.

　　• 훌륭한 코치는 뛰어난 경청자이다.

　　• 목표를 정하는 것이 가장 중요하다.

⑤ 임파워먼트 : 조직성원들을 신뢰하고 그들의 잠재력을 믿으며 그 잠재력의 개발을 통해 High Performance 조직이 되도록 하는 일련의 행위이다.

　㉠ 임파워먼트의 이점(High Performance 조직의 이점)

　　• 나는 매우 중요한 일을 하고 있으며, 이 일은 다른 사람이 하는 일보다 훨씬 중요한 일이다.

　　• 일의 과정과 결과에 나의 영향력이 크게 작용했다.

- 나는 정말로 도전하고 있고 나는 계속해서 성장하고 있다.
- 우리 조직에서는 아이디어가 존중되고 있다.
- 내가 하는 일은 항상 재미가 있다.
- 우리 조직의 구성원들은 모두 대단한 사람들이며, 다 같이 협력해서 승리하고 있다.

ⓒ 임파워먼트의 충족 기준
- 여건의 조성 : 사람들이 자유롭게 참여하고 기여할 수 있는 여건 조성
- 재능과 에너지의 극대화
- 명확하고 의미 있는 목적에 초점

ⓒ 높은 성과를 내는 임파워먼트 환경의 특징
- 도전적이고 흥미 있는 일
- 학습과 성장의 기회
- 높은 성과와 지속적인 개선을 가져오는 요인들에 대한 통제
- 성과에 대한 지식
- 긍정적인 인간관계
- 개인들이 공헌하며 만족한다는 느낌
- 상부로부터의 지원

ⓒ 임파워먼트의 장애요인
- 개인 차원 : 주어진 일을 해내는 역량의 결여, 동기의 결여, 결의의 부족, 책임감 부족, 의존성
- 대인 차원 : 다른 사람과의 성실성 결여, 약속 불이행, 성과를 제한하는 조직의 규범, 갈등처리 능력 부족, 승패의 태도
- 관리 차원 : 통제적 리더십 스타일, 효과적 리더십 발휘 능력 결여, 경험 부족, 정책 및 기획의 실행 능력 결여, 비전의 효과적 전달능력 결여
- 조직 차원 : 공감대 형성이 없는 구조와 시스템, 제한된 정책과 절차

⑥ 변화관리의 3단계 : 변화 이해 → 변화 인식 → 변화 수용

(3) 갈등관리능력

① 갈등의 의미 및 원인

ㄱ 갈등이란 상호 간의 의견차이 때문에 생기는 것으로 당사가 간에 가치, 규범, 이해, 아이디어, 목표 등이 서로 불일치하여 충돌하는 상태를 의미한다.

ㄴ 갈등을 확인할 수 있는 단서
- 지나치게 감정적으로 논평과 제안을 하는 것
- 타인의 의견발표가 끝나기도 전에 타인의 의견에 대해 공격하는 것
- 핵심을 이해하지 못한데 대해 서로 비난하는 것

- 편을 가르고 타협하기를 거부하는 것
- 개인적인 수준에서 미묘한 방식으로 서로를 공격하는 것

ⓒ 갈등을 증폭시키는 원인 : 적대적 행동, 입장 고수, 감정적 관여 등

② 실제로 존재하는 갈등 파악

ⓐ 갈등의 두 가지 쟁점

핵심 문제	감정적 문제
• 역할 모호성 • 방법에 대한 불일치 • 목표에 대한 불일치 • 절차에 대한 불일치 • 책임에 대한 불일치 • 가치에 대한 불일치 • 사실에 대한 불일치	• 공존할 수 없는 개인적 스타일 • 통제나 권력 확보를 위한 싸움 • 자존심에 대한 위협 • 질투 • 분노

예제 4

갈등의 두 가지 쟁점 중 감정적 문제에 대한 설명으로 적절하지 않은 것은?

① 공존할 수 없는 개인적 스타일
② 역할 모호성
③ 통제나 권력 확보를 위한 싸움
④ 자존심에 대한 위협

출제의도

갈등의 두 가지 쟁점인 핵심문제와 감정적 문제에 대해 묻는 문제로 이 두 가지 쟁점을 구분할 수 있는 능력이 필요하다.

해 설

② 갈등의 두 가지 쟁점 중 핵심 문제에 대한 설명이다.

답 ②

ⓑ 갈등의 두 가지 유형

- 불필요한 갈등 : 개개인이 저마다 문제를 다르게 인식하거나 정보가 부족한 경우, 편견 때문에 발생한 의견 불일치로 적대적 감정이 생길 때 불필요한 갈등이 일어난다.
- 해결할 수 있는 갈등 : 목표와 욕망, 가치, 문제를 바라보는 시각과 이해하는 시각이 다를 경우에 일어날 수 있는 갈등이다.

③ 갈등해결 방법

    ㉠ 다른 사람들의 입장을 이해한다.

    ㉡ 사람들이 당황하는 모습을 자세하게 살핀다.

    ㉢ 어려운 문제는 피하지 말고 맞선다.

    ㉣ 자신의 의견을 명확하게 밝히고 지속적으로 강화한다.

    ㉤ 사람들과 눈을 자주 마주친다.

    ㉥ 마음을 열어놓고 적극적으로 경청한다.

    ㉦ 타협하려 애쓴다.

    ㉧ 어느 한쪽으로 치우치지 않는다.

    ㉨ 논쟁하고 싶은 유혹을 떨쳐낸다.

    ㉩ 존중하는 자세로 사람들을 대한다.

④ 윈-윈(Win-Win) 갈등 관리법 : 갈등과 관련된 모든 사람으로부터 의견을 받아서 문제의 본질적인 해결책을 얻고자 하는 방법이다.

⑤ 갈등을 최소화하기 위한 기본원칙

    ㉠ 먼저 다른 팀원의 말을 경청하고 나서 어떻게 반응할 것인가를 결정한다.

    ㉡ 모든 사람이 거의 대부분의 문제에 대해 나름의 의견을 가지고 있다는 점을 인식한다.

    ㉢ 의견의 차이를 인정한다.

    ㉣ 팀 갈등해결 모델을 사용한다.

    ㉤ 자신이 받기를 원하지 않는 형태로 남에게 작업을 넘겨주지 않는다.

    ㉥ 다른 사람으로부터 그러한 작업을 넘겨받지 않는다.

    ㉦ 조금이라도 의심이 날 때에는 분명하게 말해 줄 것을 요구한다.

    ㉧ 가정하는 것은 위험하다.

    ㉨ 자신의 책임이 어디서부터 어디까지인지를 명확히 하고 다른 팀원의 책임과 어떻게 조화되는지를 명확히 한다.

    ㉩ 자신이 알고 있는 바를 알 필요가 있는 사람들을 새롭게 파악한다.

    ㉪ 다른 팀원과 불일치하는 쟁점이나 사항이 있다면 다른 사람이 아닌 당사자에게 직접 말한다.

(4) 협상능력

① 협상의 의미

　㉠ 의사소통 차원 : 이해당사자들이 자신들의 욕구를 충족시키기 위해 상대방으로부터 최선의 것을 얻어내려 설득하는 커뮤니케이션 과정

　㉡ 갈등해결 차원 : 갈등관계에 있는 이해당사자들이 대화를 통해서 갈등을 해결하고자 하는 상호작용과정

　㉢ 지식과 노력 차원 : 우리가 얻고자 하는 것을 가진 사람의 호의를 쟁취하기 위한 것에 관한 지식이며 노력의 분야

　㉣ 의사결정 차원 : 선호가 서로 다른 협상 당사자들이 합의에 도달하기 위해 공동으로 의사결정 하는 과정

　㉤ 교섭 차원 : 둘 이상의 이해당사자들이 여러 대안들 가운데서 이해당사자들 모두가 수용 가능한 대안을 찾기 위한 의사결정과정

② 협상 과정

단계	내용
협상 시작	• 협상 당사자들 사이에 상호 친근감을 쌓음 • 간접적인 방법으로 협상의사를 전달함 • 상대방의 협상의지를 확인함 • 협상진행을 위한 체제를 짬
상호 이해	• 갈등문제의 진행상황과 현재의 상황을 점검함 • 적극적으로 경청하고 자기주장을 제시함 • 협상을 위한 협상대상 안건을 결정함
실질 이해	• 겉으로 주장하는 것과 실제로 원하는 것을 구분하여 실제로 원하는 것을 찾아 냄 • 분할과 통합 기법을 활용하여 이해관계를 분석함
해결 대안	• 협상 안건마다 대안들을 평가함 • 개발한 대안들을 평가함 • 최선의 대안에 대해서 합의하고 선택함 • 대안 이행을 위한 실행계획을 수립함
합의 문서	• 합의문을 작성함 • 합의문상의 합의내용, 용어 등을 재점검함 • 합의문에 서명함

③ 협상전략

    ㉠ 협력전략 : 협상 참여자들이 협동과 통합으로 문제를 해결하고자 하는 협력적 문제해결전략

    ㉡ 유화전략 : 양보전략으로 상대방이 제시하는 것을 일방적으로 수용하여 협상의 가능성을 높이려는 전략이다. 순응전략, 화해전략, 수용전략이라고도 한다.

    ㉢ 회피전략 : 무행동전략으로 협상으로부터 철수하는 철수전략이다. 협상을 피하거나 잠정적으로 중단한다.

    ㉣ 강압전략 : 경쟁전략으로 자신이 상대방보다 힘에 있어서 우위를 점유하고 있을 때 자신의 이익을 극대화하기 위한 공격적인 전략이다.

④ 상대방 설득 방법의 종류

    ㉠ See-Feel-Change 전략 : 시각화를 통해 직접 보고 스스로가 느끼게 하여 변화시키는 전략

    ㉡ 상대방 이해 전략 : 상대방에 대한 이해를 바탕으로 갈등해결을 용이하게 하는 전략

    ㉢ 호혜관계 형성 전략 : 혜택들을 주고받은 호혜관계 형성을 통해 협상을 용이하게 하는 전략

    ㉣ 헌신과 일관성 전략 : 협상 당사자간에 기대하는 바에 일관성 있게 헌신적으로 부응하여 행동함으로서 협상을 용이하게 하는 전략

    ㉤ 사회적 입증 전략 : 과학적인 논리보다 동료나 사람들의 행동에 의해서 상대방을 설득하는 전략

    ㉥ 연결전략 : 갈등 문제와 갈등관리자를 연결시키는 것이 아니라 갈등을 야기한 사람과 관리자를 연결시킴으로서 협상을 용이하게 하는 전략

    ㉦ 권위전략 : 직위나 전문성, 외모 등을 활용하여 협상을 용이하게 하는 전략

    ㉧ 희소성 해결 전략 : 인적, 물적 자원 등의 희소성을 해결함으로서 협상과정상의 갈등해결을 용이하게 하는 전략

    ㉨ 반항심 극복 전략 : 억압하면 할수록 더욱 반항하게 될 가능성이 높아지므로 이를 피함으로서 협상을 용이하게 하는 전략

(5) 고객서비스능력

① 고객서비스의 의미 : 고객서비스란 다양한 고객의 요구를 파악하고 대응법을 마련하여 고객에게 양질의 서비스를 제공하는 것을 말한다.

② 고객의 불만표현 유형 및 대응방안

불만표현 유형	대응방안
거만형	• 정중하게 대하는 것이 좋다. • 자신의 과시욕이 채워지도록 뽐내게 내버려 둔다. • 의외로 단순한 면이 있으므로 일단 호감을 얻게 되면 득이 될 경우도 있다.
의심형	• 분명한 증거나 근거를 제시하여 스스로 확신을 갖도록 유도한다. • 때로는 책임자로 하여금 응대하는 것도 좋다.
트집형	• 이야기를 경청하고 맞장구를 치며 추켜세우고 설득해 가는 방법이 효과적이다. • '손님의 말씀이 맞습니다.' 하고 고객의 지적이 옳음을 표시한 후 '저도 그렇게 생각하고 있습니다만……' 하고 설득한다. • 잠자코 고객의 의견을 경청하고 사과를 하는 응대가 바람직하다.
빨리빨리형	• '글쎄요.', '아마' 하는 식으로 애매한 화법을 사용하지 않는다. • 만사를 시원스럽게 처리하는 모습을 보이면 응대하기 쉽다.

③ 고객 불만처리 프로세스

단계	내용
경청	• 고객의 항의를 경청하고 끝까지 듣는다. • 선입관을 버리고 문제를 파악한다.
감사와 공감표시	• 일부러 시간을 내서 해결의 기회를 준 것에 감사를 표시한다. • 고객의 항의에 공감을 표시한다.
사과	• 고객의 이야기를 듣고 문제점에 대해 인정하고, 잘못된 부분에 대해 사과한다.
해결약속	• 고객이 불만을 느낀 상황에 대해 관심과 공감을 보이며, 문제의 빠른 해결을 약속한다.
정보파악	• 문제해결을 위해 꼭 필요한 질문만 하여 정보를 얻는다. • 최선의 해결방법을 찾기 어려우면 고객에게 어떻게 해주면 만족스러운지를 묻는다.
신속처리	• 잘못된 부분을 신속하게 시정한다.
처리확인과 사과	• 불만처리 후 고객에게 처리 결과에 만족하는지를 물어본다.
피드백	• 고객 불만 사례를 회사 및 전 직원에게 알려 다시는 동일한 문제가 발생하지 않도록 한다.

④ 고객만족 조사

     ⊙ 목적 : 고객의 주요 요구를 파악하여 가장 중요한 고객요구를 도출하고 자사가 가지고 있는 자원을 토대로 경영 프로세스의 개선에 활용함으로써 경쟁력을 증대시키는 것이다.

     ⓒ 고객만족 조사계획에서 수행되어야 할 것

- 조사 분야 및 대상 결정 : 정확한 조사를 위해 명확히 결정
- 조사목적 설정 : 전체적 경향의 파악, 고객에 대한 개별대응 및 고객과의 관계유지 파악, 평가목적, 개선목적
- 조사방법 및 횟수 : 설문조사 및 심층면접법이 대표적이며, 연속으로 조사해야 효과적
- 조사결과 활용 계획 : 조사목적에 맞게 구체적인 활용계획 작성

예제 5

고객중심 기업의 특징으로 옳지 않은 것은?

① 고객이 정보, 제품, 서비스 등에 쉽게 접근할 수 있도록 한다.
② 보다 나은 서비스를 제공할 수 있도록 기업정책을 수립한다.
③ 고객 만족에 중점을 둔다.
④ 기업이 행한 서비스에 대한 평가는 한번으로 끝낸다.

출제의도

고객서비스능력에 대한 포괄적인 문제로 실제 고객중심 기업의 입장에서 생각해 보면 쉽게 풀 수 있는 문제다.

해 설

④ 기업이 행한 서비스에 대한 평가는 수시로 이루어져야 한다.

답 ④

출제예상문제

1 다음에서 설명하고 있는 개념은 무엇인가?

> 조직 현장의 구성원에게 업무 재량을 위임하고 자주적이고 주체적인 체제 속에서 사람이나 조직의 의욕과 성과를 이끌어 내기 위한 '권한부여', '권한이양'의 의미이다. 최근 고객 니즈에 대한 신속한 대응과 함께 구성원이 직접 의사결정에 참여하여 현장에서 개선/변혁이 신속 정확하게 이루어지기 위해서 활용도가 높아지고 있다.

① 리니어먼트   ② 컴파트먼트

③ 임파워먼트   ④ 리더블먼트

> ✔**해설** 임파워먼트는 조직성원들을 신뢰하고 그들의 잠재력을 믿으며 그 잠재력의 개발을 통해 High Performance 조직이 되도록 하는 일련의 행위이다.

2 다음은 전문가 효과에 대한 내용이다. 이와 관련된 설득 전략으로 옳은 것은?

> 수용자가 커뮤니케이터에 대해 특정 분야에 대한 전문성을 갖고 있는 전문가라는 인식을 갖게 되면 전문가 효과가 발생한다. 전문가 효과는 수용자들이 전문가가 제시하는 정보를 내면화해 자신의 생각을 변화시키는 효과다. 수용자들이 원래 자신이 갖고 있던 생각인지, 아니면 타인의 생각을 전달받은 것인지를 구분하지 못하고 타인의 생각마저도 자신의 생각처럼 표현한다면 타인이 전달한 생각을 수용자가 내면화했다고 볼 수 있다.

① 연결전략   ② 권위전략

③ 상대방 이해 전략   ④ 사회적 입증 전략

> ✔**해설** ② 직위나 전문성, 외모 등을 활용하여 협상을 용이하게 하는 전략
> ① 갈등을 야기한 사람과 관리자를 연결시킴으로서 협상을 용이하게 하는 전략
> ③ 상대방에 대한 이해를 바탕으로 갈등해결을 용이하게 하는 전략
> ④ 과학적인 논리보다 동료나 사람들의 행동에 의해서 상대방을 설득하는 전략

3 무역회사에 근무하는 팀장 S씨는 오전 회의를 통해 신입사원 O가 작성한 견적서를 살펴보았다. 그러던 중 다른 신입사원에게 지시한 주문양식이 어떻게 진행되고 있는지를 묻기 위해 신입사원 M을 불렀다. M은 "K가 제대로 주어진 업무를 하지 못하고 있어서 저는 아직까지 계속 기다리고만 있습니다. 그래서 아직 완성되지 못했습니다. 라고 하였다. 그래서 K를 불러 물어보니 M의 말은 사실이 아닙니다."라고 변명을 하고 있다. 팀장 S씨가 할 수 있는 가장 효율적인 대처방법은?

① 사원들 간의 피드백이 원활하게 이루어지는지 확인을 한다.

② 팀원들이 업무를 하면서 서로 협력을 하는지 확인을 한다.

③ 의사결정 과정에 잘못된 부분이 있는지 확인한다.

④ 중재를 하고 문제가 무엇인지 확인을 한다.

> ✔ 해설 M과 K 사이의 갈등이 있음을 발견하게 되었으므로 즉각적으로 개입을 하여 중재를 하고 이를 해결하는 것이 리더의 대처방법이다.

4 귀하는 서문대학 대졸 공채 입학사정관의 조직구성원들 간의 원만한 관계 유지를 위한 갈등관리 역량에 관해 입학사정관 인증교육을 수료하게 되었다. 인증교육은 다양한 갈등사례를 통해 갈등과정을 시뮬레이션 함으로써 바람직한 갈등해결방법을 모색하는 데 중점을 두고 있다. 입학사정관이 교육을 통해 습득한 갈등과정을 바르게 나열한 것을 고르시오.

① 대결 국면 – 의견불일치 – 진정 국면 – 격화 국면 – 갈등의 해소

② 의견 불일치 – 격화 국면 – 대결 국면 – 갈등의 해소 – 진정 국면

③ 의견 불일치 – 대결 국면 – 격화 국면 – 진정 국면 – 갈등의 해소

④ 대결 국면 – 의견불일치 – 격화 국면 – 진정 국면 – 갈등의 해소

> ✔ 해설 갈등의 진행과정은 '의견 불일치 – 대결국면 – 격화 국면 – 진정 국면 – 갈등의 해소'의 단계를 거친다.

5 흔히 협상의 실패는 협상의 과정에서 일어나게 된다. 따라서 협상 시에 발생할 수 있는 실수를 방지하기 위하여 사전에 철저한 준비가 필요하게 된다. 다음 대화에 나타난 내용 중, 협상 시 주로 나타나는 실수를 보여주는 것이 아닌 것은 어느 것인가?

① "이봐, 우리가 주도권을 잃어선 안 되네. 저쪽의 입장을 주장할 기회를 주게 되면 결국 끌려가게 되어 있어."

② "상대측 박 본부장이 평소 골프광이라고 했지? 우리 신입사원 중에 티칭 프로 출신이 있다고 들었는데, 그 친구도 이번 상담에 참석 시키게나."

③ "이게 얼마나 좋은 기횐데요. 미비한 자료는 추후 보완하면 될 테니 당장 협상에 참석해서 성과를 이루어내야 한다고 봅니다."

④ "일단 누가 됐든 협상파트너에게 다짐을 받아두면 되지 않겠나. 담당자가 약속을 했으니 거의 다 성사된 거나 다름없겠지."

✔ **해설** ②와 같은 경우는 협상 시 상대방 관심 분야의 전문가를 투입함으로써 설득력을 높일 수 있는 매우 효과적인 전략으로 볼 수 있다. 나머지 보기의 경우는 협상 시 주로 나타나는 다음과 같은 실수의 유형이 된다.
① 협상의 통제권을 잃을까 두려워하는 것
③ 준비되기도 전에 협상을 시작하는 것
④ 잘못된 사람과의 협상

6 다음에서 나타난 신교수의 동기부여 방법으로 가장 적절한 것은?

> 신교수는 매 학기마다 새로운 수업을 들어가면 첫 번째로 내주는 과제가 있다. 한국사에 대한 본인의 생각을 A4용지 한 장에 적어오라는 것이다. 이 과제는 정답이 없고 옳고 그름이 기준이 아니라는 것을 명시해준다. 그리고 다음시간에 학생 각자가 적어온 글들을 읽어보도록 하는데, 개개인에게 꼼꼼히 인상깊었던 점을 알려주고 구체적인 부분을 언급하며 칭찬한다.

① 변화를 두려워하지 않는다.
② 지속적으로 교육한다.
③ 책임감으로 철저히 무장한다.
④ 긍정적 강화법을 활용한다.

✔ 해설 동기부여 방법
ⓐ 긍정적 강화법을 활용한다.
ⓑ 새로운 도전의 기회를 부여한다.
ⓒ 창의적인 문제해결법을 찾는다.
ⓓ 책임감으로 철저히 무장한다.
ⓔ 몇 가지 코칭을 한다.
ⓕ 변화를 두려워하지 않는다.
ⓖ 지속적으로 교육한다.

Answer 5.② 6.④

7 갈등은 다음과 같이 몇 가지 과정을 거치면서 진행되는 것이 일반적인 흐름이라고 볼 때, 빈칸의 ㈎, ㈏, ㈐에 들어가야 할 말을 순서대로 올바르게 나열한 것은?

---

1. 의견 불일치

   인간은 다른 사람들과 함께 부딪치면서 살아가게 되는데, 서로 생각이나 신념, 가치관이 다르고 성격도 다르기 때문에 다른 사람들과 의견의 불일치를 가져온다. 많은 의견 불일치는 상대방의 생각과 동기를 설명하는 기회를 주고 대화를 나누다보면 오해가 사라지고 더 좋은 관계로 발전할 수 있지만, 사소한 오해로 인한 작은 갈등이라도 그냥 내버려두면 심각한 갈등으로 발전하게 된다.

2. 대결 국면

   의견 불일치가 해소되지 않으면 대결 국면으로 빠져들게 된다. 이 국면에서는 이제 단순한 해결방안은 없고 제기된 문제들에 대하여 새로운 다른 해결점을 찾아야 한다. 일단 대결국면에 이르게 되면 감정이 개입되어 상대방의 주장에 대한 문제점을 찾기 시작하고, 자신의 입장에 대해서는 그럴듯한 변명으로 옹호하면서 양보를 완강히 거부하는 상태에까지 이르게 된다. 즉, (가)은(는) 부정하면서 자기주장만 하려고 한다. 서로의 입장을 고수하려는 강도가 높아지면서 서로 간의 긴장은 더욱 높아지고 감정적인 대응이 더욱 격화되어 간다.

3. 격화 국면

   격화 국면에 이르게 되면 상대방에 대하여 더욱 적대적인 현상으로 발전해 나간다. 이제 의견일치는 물 건너가고 (나)을(를) 통해 문제를 해결하려고 하기 보다는 강압적, 위협적인 방법을 쓰려고 하며, 극단적인 경우에는 언어폭력이나 신체적인 폭행으로까지 번지기도 한다. 상대방에 대한 불신과 좌절, 부정적인 인식이 확산되면서 다른 요인들에까지 불을 붙이는 상황에 빠지기도 한다. 이 단계에서는 상대방의 생각이나 의견, 제안을 부정하고, 상대방은 그에 대한 반격으로 대응함으로써 자신들의 반격을 정당하게 생각한다.

4. 진정 국면

   시간이 지나면서 정점으로 치닫던 갈등은 점차 감소하는 진정 국면에 들어선다. 계속되는 논쟁과 긴장이 귀중한 시간과 에너지만 낭비하고 이러한 상태가 무한정 유지될 수 없다는 것을 느끼고 점차 흥분과 불안이 가라앉고 이성과 이해의 원상태로 돌아가려 한다. 그러면서 (다)이(가) 시작된다. 이 과정을 통해 쟁점이 되는 주제를 논의하고 새로운 제안을 하고 대안을 모색하게 된다. 이 단계에서는 중개자, 조정자 등의 제3자가 개입함으로써 갈등 당사자 간에 신뢰를 쌓고 문제를 해결하는데 도움이 되기도 한다.

5. 갈등의 해소

   진정 국면에 들어서면 갈등 당사자들은 문제를 해결하지 않고는 자신들의 목표를 달성하기 어렵다는 것을 알게 된다. 물론 경우에 따라서는 결과에 다 만족할 수 없는 경우도 있지만 어떻게 해서든지 서로 일치하려고 한다.

① 상대방의 자존심 – 업무 – 침묵

② 제3자의 존재 – 리더 – 반성

③ 조직 전체의 분위기 – 이성 – 의견의 일치

④ 상대방의 입장 – 설득 – 협상

> ✔해설 대결 국면에서의 핵심 사항은 상대방의 입장에 대한 무비판적인 부정이며, 격화 국면에서는 설득이 전혀 효과를 발휘할 수 없게 된다. 진정 국면으로 접어들어 비로소 협상이라는 대화가 시작되며 험난한 단계를 거쳐 온 갈등은 이때부터 서서히 해결의 실마리가 찾아지게 된다.

8 다음과 같은 팀 내 갈등을 원만하게 해결하기 위하여 팀원들이 함께 모색해 보아야 할 사항으로 가장 적절하지 않은 것은?

> 평소 꼼꼼하고 치밀하며 안정주의를 지향하는 성격인 정 대리는 위험을 감수하거나 모험에 도전하는 일만큼 우둔한 것은 없다고 생각한다. 그런 성격 덕분에 정 대리는 팀 내 경비 집행 및 예산 관리를 맡고 있다. 한편, 정 대리와 입사동기인 남 대리는 디테일에는 다소 약하지만 진취적, 창조적이며 어려운 일에 도전하여 뛰어난 성과를 달성하는 모습을 자신의 장점으로 가지고 있다. 두 사람은 팀의 크고 작은 업무 추진에 있어 주축을 이뤄가며 조화로운 팀을 꾸려가는 일에 늘 앞장을 서 왔지만 왠지 최근 들어 자주 부딪히는 모습이다. 이에 다른 직원들까지 업무 성향별로 나뉘는 상황이 발생하여 팀장은 큰 고민에 빠져있다. 다음 달에 있을 중요한 프로젝트 추진을 앞두고, 두 사람의 단결된 힘과 각자의 리더십이 필요한 상황이다.

① 각각의 주장을 검토하여 잘못된 부분을 지적하고 고쳐주는 일

② 어느 한쪽으로도 치우치지 않고 중립을 지키는 일

③ 차이점보다 유사점을 파악하도록 돕는 일

④ 다른 사람들을 참여시켜서 개방적으로 토의하게 하는 일

> ✔해설 갈등을 성공적으로 해결하기 위한 방안의 하나로, 내성적이거나 자신을 표현하는 데 서투른 팀원을 격려해주는 것이 중요하며, 이해된 부분을 검토하고 누가 옳고 그른지에 대해 논쟁하는 일은 피하는 것이 좋다.

Answer 7.④ 8.①

9 다음은 고객 불만 처리 프로세스를 도식화한 그림이다. 이 중 '정보파악'의 단계에서 이루어지는 행위를 〈보기〉에서 모두 고른 것은?

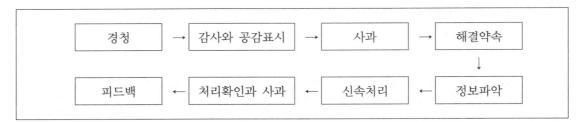

〈보기〉
(가) 고객의 항의에 선입관을 버리고 경청하며 문제를 파악한다.
(나) 문제해결을 위해 고객에게 필수적인 질문만 한다.
(다) 고객에게 어떻게 해주면 만족스러운 지를 묻는다.
(라) 고객 불만의 효과적인 근본 해결책은 무엇인지 곰곰 생각해 본다.

① (가), (나), (다)
② (가), (나), (라)
③ (나), (다), (라)
④ (가), (나), (다), (라)

✔ 해설   (가)는 첫 번째 경청의 단계에 해당하는 말이다. 정보파악 단계에서는 문제해결을 위해 꼭 필요한 질문만 하여 정보를 얻고, 최선의 해결방법을 찾기 어려우면 고객에게 어떻게 해주면 만족스러운지를 묻는 일이 이루어지게 된다.

10 ○○기업 인사팀에 근무하고 있는 김 대리는 팀워크와 관련된 신입사원 교육을 진행하였다. 교육이 끝나고 수강한 신입사원들에게 하나의 상황을 제시한 후, 교육 내용을 토재로 주어진 상황에 대해 이해한 바를 발표하도록 하였다. 김 대리가 제시한 상황과 이를 이해한 신입사원들의 발표 내용 중 일부가 다음과 같을 때, 교육 내용을 잘못 이해한 사람은 누구인가?

〈지시된 상황〉

입사한 지 2개월이 된 강 사원은 요즘 고민이 많다. 같은 팀 사람들과 업무를 진행함에 있어 어려움을 겪고 있기 때문이다. 각각의 팀원들이 가지고 있는 능력이나 개인의 역량은 우수한 편이다. 그러나 팀원들 모두 자신의 업무를 수행하는 데는 열정적이지만, 공동의 목적을 달성하기 위해 업무를 수행하다 보면 팀원들의 강점은 드러나지 않으며, 팀원들은 다른 사람의 업무에 관심이 없다. 팀원들이 자기 자신의 업무를 훌륭히 해낼 줄 안다면 팀워크 또한 좋을 것이라고 생각했던 강 사원은 혼란을 겪고 있다.

최주봉 : 강 사원의 팀은 팀원들의 강점을 잘 인식하고 이를 활용하는 방법을 찾는 것이 중요할 것 같습니다. 팀원들의 강점을 잘 활용한다면 강 사원뿐만 아니라 팀원들 모두가 공동의 목적을 달성하는 데 대한 자신감을 갖게 될 것입니다.

오세리 : 팀원들이 개인의 업무에만 관심을 갖는 것은 문제가 있습니다. 개인의 업무 외에도 업무지원, 피드백, 동기부여를 위해 서로의 업무에 관심을 갖고 서로에게 의존하는 것이 중요합니다.

이아야 : 강 사원의 팀은 팀워크가 많이 부족한 것 같습니다. 팀원들로 하여금 집단에 머물도록 만들고, 팀의 구성원으로서 계속 남이 있기를 원하게 만드는 팀워크를 키우는 것이 중요합니다.

장유신 : 강 사원이 속해 있는 팀의 구성원들은 팀의 에너지를 최대로 활용하지 못하는 것 같습니다. 각자의 역할과 책임을 다함과 동시에 서로 협력할 줄 알아야 합니다.

① 최주봉   ② 오세리
③ 이아야   ④ 장유신

✔해설 구성원이 서로에 끌려서 집단에 계속해서 남아 있기를 원하는 정도는 팀응집력에 대한 내용이다.
팀워크는 팀 구성원간의 협동 동작·작업, 또는 그들의 연대, 팀의 구성원이 공동의 목표를 달성하기 위하여 각 역할에 따라 책임을 다하고 협력적으로 행동하는 것을 이르는 말이다.

11 다음 사례에서 오부장이 취할 행동으로 가장 적절한 것은?

> 오부장이 다니는 J의류회사는 전국 각지에 매장을 두고 있는 큰 기업 중 하나이다. 따라서 매장별로 하루에도 수많은 손님들이 방문하며 그 중에는 옷에 대해 불만을 품고 찾아오는 손님들도 간혹 있다. 하지만 고지식하며 상부의 지시를 중시 여기는 오부장은 이러한 사소한 일들도 하나 하나 보고하여 상사의 지시를 받으라고 부하직원들에게 강조하고 있다. 그러다 보니 매장 직원들은 사소한 문제 하나라도 스스로 처리하지 못하고 일일이 상부에 보고를 하고 상부의 지시가 떨어지면 그때서야 문제를 해결한다. 이로 인해 자연히 불만고객에 대한 대처가 늦어지고 항의도 잇따르게 되었다. 오늘도 한 매장에서 소매에 단추 하나가 없어 이를 수선해 줄 것을 요청하는 고객의 불만을 상부에 보고해 지시를 기다리다가 결국 고객이 기다리지 못하고 환불요청을 한 사례가 있었다.

① 오부장이 직접 그 고객에게 가서 불만사항을 처리한다.
② 사소한 업무처리는 매장 직원들이 스스로 해결할 수 있도록 어느 정도 권한을 부여한다.
③ 매장 직원들에게 고객의 환불요청에 대한 책임을 물어 징계를 내린다.
④ 앞으로 이러한 실수가 일어나지 않도록 옷을 수선하는 직원들의 교육을 다시 시킨다.

✔ 해설   위의 사례에서 불만고객에 대한 대처가 늦어지고 그로 인해 항의가 잇따르고 있는 이유는 사소한 일조차 상부에 보고해 그 지시를 기다렸다가 해결하는 업무체계에 있다. 따라서 오부장은 어느 정도의 권한과 책임을 매장 직원들에게 위임하여 그들이 현장에서 바로 문제를 해결할 수 있도록 도와주어야 한다.

12 리더는 조직원들에게 지속적으로 자신의 잠재력을 발휘하도록 만들기 위한 외적인 동기 유발제 그 이상을 제공해야 한다. 이러한 리더의 역량이라고 볼 수 없는 것은?

① 조직을 위험에 빠지지 않도록 리스크 관리를 철저히 하여 안심하고 근무할 수 있도록 해준다.
② 높은 성과를 달성한 조직원에게는 따뜻한 말과 칭찬으로 보상해 준다.
③ 직원 자신이 상사로부터 인정받고 있으며 일부 권한을 위임받았다고 느낄 수 있도록 동기를 부여한다.
④ 직원들이 자신의 업무에 책임을 지도록 하는 환경 속에서 일할 수 있게 해 준다.

✔ 해설   리더는 변화를 두려워하지 않아야 하며, 리스크를 극복할 자질을 키워야한다. 위험을 감수해야 할 이유가 합리적이고 목표가 실현가능한 것이라면 직원들은 기꺼이 변화를 향해 나아갈 것이며, 위험을 선택한 자신에게 자긍심을 가지며 좋은 결과를 이끌어내고자 지속적으로 노력할 것이다.

13 G사 홍보팀 직원들은 팀워크를 향상시킬 수 있는 방법에 대한 토의를 진행하며 다음과 같은 의견들을 제시하였다. 다음 중 팀워크의 기본요소를 제대로 파악하고 있지 못한 사람은 누구인가?

> A : "팀워크를 향상시키기 위해서는 무엇보다 팀원 간의 상호 신뢰와 존중이 중요하다고 봅니다."
> B : "또 하나 빼놓을 수 없는 것은 스스로에 대한 넘치는 자아의식이 수반되어야 팀워크에 기여할 수 있어요."
> C : "팀워크는 상호 협력과 각자의 역할에서 책임을 다하는 자세가 기본이 되어야 함을 우리 모두 명심해야 합니다."
> D : "저는 팀원들끼리 솔직한 대화를 통해 서로를 이해하는 일이 무엇보다 중요하다고 생각해요."

① A   ② B
③ C   ④ D

> ✔해설 '내가'라는 자아의식의 과잉은 팀워크를 저해하는 대표적인 요인이 될 수 있다. 팀워크는 팀 구성원이 공동의 목적을 달성하기 위해 상호 관계성을 가지고 서로 협력하여 일을 해나가는 것인 만큼 자아의식이 강하거나 자기중심적인 이기주의는 반드시 지양해야 할 요소가 된다.

14 직장생활을 하다보면 조직원들 사이에 갈등이 존재할 수 있다. 이러한 갈등은 서로 불일치하는 규범, 이해, 목표 등이 충돌하는 상태를 의미한다. 다음 중 갈등을 확인할 수 있는 단서로 볼 수 없는 것은?

① 지나치게 논리적으로 논평과 제안을 하는 태도
② 타인의 의견발표가 끝나기도 전에 타인의 의견에 대해 공격하는 태도
③ 핵심을 이해하지 않고 무조건 상대를 비난하는 태도
④ 무조건 편을 가르고 타협하기를 거부하는 태도

> ✔해설 갈등을 확인할 수 있는 단서
> ㉠ 지나치게 감정적으로 논평과 제안을 하는 것
> ㉡ 타인의 의견발표가 끝나기도 전에 타인의 의견에 대해 공격하는 것
> ㉢ 핵심을 이해하지 못한 채 서로 비난하는 것
> ㉣ 편을 가르고 타협하기를 거부하는 것
> ㉤ 개인적인 수준에서 미묘한 방식으로 서로를 공격하는 것

Answer   11.②   12.①   13.②   14.①

15 다음의 대화를 통해 알 수 있는 내용으로 가장 알맞은 것은?

K팀장 : 좋은 아침입니다. 어제 말씀드린 보고서는 다 완성이 되었나요?

L사원 : 예, 아직 완성을 하지 못했습니다. 시간이 많이 부족한 것 같습니다.

K팀장 : 보고서를 작성하는데 어려움이 있나요?

L사원 : 팀장님의 지시대로 하는데 어려움은 없습니다. 그러나 저에게 주신 자료 중 잘못된 부분이 있는 것 같습니다.

K팀장 : 아. 저도 몰랐던 부분이네요. 잘못된 점이 무엇인가요?

L사원 : 직접 보시면 아실 것 아닙니까? 일부러 그러신 겁니까?

K팀장 : 아 그렇습니까?

① K팀장은 아침부터 L사원을 나무라고 있다.

② K팀장은 좋은 협상 능력을 가지고 있다.

③ K팀장은 리더로서의 역할이 부족하다.

④ L사원은 팀원으로서의 팔로워십이 부족하다.

✔ 해설 대화를 보면 L사원이 팔로워십이 부족함을 알 수 있다. 팔로워십은 팀의 구성원으로서의 역할을 충실하게 잘 수행하는 능력을 말한다. L사원은 헌신, 전문성, 용기, 정직, 현명함을 갖추어야 하고 리더의 결점이 있으면 올바르게 지적하되 덮어주는 아량을 갖추어야 한다.

16 다음 사례에서 직장인으로서 옳지 않은 행동을 한 사람은?

〈사례1〉

K그룹에 다니는 철환이는 어제 저녁 친구들과 횟집에서 회를 먹고 오늘 일어나자 갑자기 배가 아파 병원에 간 결과 식중독에 걸렸다는 판정을 받고 입원을 하게 되었다. 생각지도 못한 일로 갑자기 결근을 하게 된 철환이는 즉시 회사에 연락해 사정을 말한 후 연차를 쓰고 입원하였다.

〈사례2〉

여성 구두를 판매하는 S기업의 영업사원으로 입사한 상빈이는 업무상 여성고객들을 많이 접하고 있다. 어느 날 외부의 한 백화점에서 여성고객을 만나게 된 상빈이는 그 고객과 식사를 하기 위해 식당이 있는 위층으로 에스컬레이터를 타고 가게 되었다. 이때 그는 그 여성고객에게 먼저 타도록 하고 자신은 뒤에 타고 올라갔다.

〈사례3〉

한창 열심히 근무하는 관모에게 한 통의 전화가 걸려 왔다. 얼마 전 집 근처에 있는 공인중개사에 자신의 이름으로 된 집을 월세로 내놓았는데 그 공인중개사에서 연락이 온 것이다. 그는 옆자리에 있는 동료에게 잠시 자리를 비우겠다고 말한 뒤 신속하게 사무실 복도를 지나 야외 휴게실에서 공인중개사 사장과 연락을 하고 내일 저녁 계약 약속을 잡았다.

〈사례4〉

입사한 지 이제 한 달이 된 정호는 어느 날 다른 부서에 급한 볼일이 있어 복도를 지나다가 우연히 앞에 부장님이 걸어가는 걸 보았다. 부장님보다 천천히 가자니 다른 부서에 늦게 도착할 것 같아 어쩔 수 없이 부장님을 지나치게 되었는데 이때 그는 부장님께 "실례하겠습니다."라고 말하는 것을 잊지 않았다.

---

① 철환 ② 상빈
③ 관모 ④ 정호

> ✔해설 남성과 여성이 함께 에스컬레이터나 계단을 이용하여 위로 올라갈 때는 남성이 앞에 서고 여성이 뒤에 서도록 한다.

17 경영상의 위기를 겪고 있는 S사의 사장은 직원들을 모아 놓고 위기 탈출을 위한 방침을 설명하며, 절대 사기를 잃지 말 것을 주문하고자 한다. 다음 중 S사 사장이 바람직한 리더로서 직원들에게 해야 할 연설의 내용으로 적절하지 않은 것은 어느 것인가?

① "지금의 어려움뿐 아니라 항상 미래의 지향점을 잊지 않고 반드시 이 위기를 극복하겠습니다."

② "저는 이 난관을 극복하기 위해 당면한 과제를 어떻게 해결할까 하는 문제보다 무엇을 해야 하는지에 집중하며 여러분을 이끌어 나가겠습니다."

③ "여러분들이 해 주어야 할 일들을 하나하나 제가 지시하기보다 모두가 자발적으로 우러나오는 마음을 가질 수 있는 길이 무엇인지 고민할 것입니다."

④ "저는 어떠한 일이 있어도 위험이 따르는 도전을 거부할 것이니 모두들 안심하고 업무에 만전을 기해주시길 바랍니다."

> ✔ **해설** 바람직한 리더에게는 위험을 회피하기보다 계산된 위험을 취하는 진취적인 자세가 필요하다. 위험을 회피하는 것은 리더가 아닌 관리자의 모습으로, 조직을 이끌어 갈 수 있는 바람직한 방법이 되지 못한다.
> ① 새로운 상황을 창조하며 오늘보다는 내일에 초점을 맞춘다.
> ② 어떻게 할까보다는 무엇을 할까를 생각한다.
> ③ 사람을 관리하기보다 사람의 마음에 불을 지핀다.

18 윈-윈(WIN-WIN) 갈등 관리법에 대한 설명으로 적절하지 않은 것은?

① 문제의 근본적인 해결책을 얻는 방법이다.

② 갈등을 피하거나 타협으로 예방하기 위한 방법이다.

③ 갈등 당사자 서로가 원하는 바를 얻을 수 있는 방법이다.

④ 긍정적인 접근방식에 의거한 갈등해결 방법이다.

> ✔ **해설** 갈등을 피하거나 타협으로 예방하려는 것은 문제를 근본적으로 해결하기에 한계가 있으므로 갈등에 관련된 모든 사람들의 의견을 받아 본질적인 해결책을 얻는 방법이 윈-윈 갈등 관리법이다.

19 다음 중 효과적인 팀의 특성으로 옳지 않은 것은?

① 팀의 사명과 목표를 명확하게 기술한다.

② 역할과 책임을 명료화시킨다.

③ 리더십 역량을 공유하며 구성원 상호간에 지원을 아끼지 않는다.

④ 주관적인 결정을 내린다.

> **✔ 해설** 효과적인 팀의 특성
> ㉠ 팀의 사명과 목표를 명확하게 기술한다.
> ㉡ 창조적으로 운영된다.
> ㉢ 결과에 초점을 맞춘다.
> ㉣ 역할과 책임을 명료화시킨다.
> ㉤ 조직화가 잘 되어 있다.
> ㉥ 개인의 강점을 활용한다.
> ㉦ 리더십 역량을 공유하며 구성원 상호간에 지원을 아끼지 않는다.
> ㉧ 팀 풍토를 발전시킨다.
> ㉨ 의견의 불일치를 건설적으로 해결한다.
> ㉩ 개방적으로 의사소통을 한다.
> ㉪ 객관적인 결정을 내린다.
> ㉫ 팀 자체의 효과성을 평가한다.

20 이해당사자들이 대화와 논쟁을 통해서 서로를 설득하여 문제를 해결하는 것을 협상이라고 한다. 다음 중 협상의 예로 볼 수 없는 것은?

① 남편은 외식을 하자고 하나 아내는 생활비의 부족으로 인하여 외식을 거부하였다. 아내는 집에서 고기를 굽고 맥주를 한 잔 하면서 외식을 하는 분위기를 내자고 새로운 제안을 하였고 남편은 이에 흔쾌히 승낙하였다.

② K씨는 3월이 다가오자 연봉협상에 큰 기대를 갖고 있다. 그러나 회사 사정이 어려워지면서 사장은 연봉을 올려줄 수 없는 상황이 되었고 K씨는 자신이 바라는 수준의 임금을 회사의 경제력과 자신의 목표 등을 감안하여 적정선을 맞추어 사장에게 제시하였더니 K씨는 원하는 연봉을 받을 수 있게 되었다.

③ U씨는 아내와 함께 주말에 영화를 보기로 하였다. 그런데 주말에 갑자기 장모님이 올라 오셔서 극장에 갈 수 없는 상황이 되었다. 이에 아내는 영화는 다음에 보고 오늘은 장모님과 시간을 보내자고 하였다. U씨는 영화를 못보는 것이 아쉬워 장모님을 쌀쌀맞게 대했다.

④ W씨는 자녀의 용돈문제로 고민이다. 하나 밖에 없는 딸이지만 자신이 생각하기에 그렇게 많은 용돈은 필요가 없을 듯하다. 그러나 딸아이는 계속적으로 용돈을 올려달라고 시위 중이다. 퇴근 후 지친 몸을 이끌고 집으로 온 W씨에게 딸아이는 어깨도 주물러 주고, 애교도 떨며 W씨의 기분을 좋게 만들었다. 결국 W씨는 딸의 용돈을 올려주었다.

> ✔ 해설 협상이란 것은 갈등상태에 있는 이해당사자들이 대화와 논쟁을 통하여 서로를 설득하여 문제를 해결하는 정보전달과정이자 의사결정과정이다. 위의 ①②④는 우리가 흔히 일상생활에서 겪을 수 있는 협상의 예를 보여주고 있지만, ③은 갈등상태가 유지되고 있어 올바른 협상의 예로 볼 수 없다.

21 다음의 밑줄 친 부분에 대한 설명으로 옳지 않은 것은?

> 네이버의 다음카카오는 지난해부터 지금까지 조직개편을 착착 진행하고 있다. 내부 사업 부서를 별도 법인으로 설립하거나 조직을 세분화하는 등 조직의 체질을 완전히 바꿔놓겠다는 의지를 보이고 있다. 우선 네이버는 지낸 해 4월 <u>팀제</u>를 폐지한데 이어 올해 초 본부제를 폐지하고 의사결정단계를 기존 3단계에서 '센터 · 그룹−실 · 랩'의 2단계로 축소하였다. 본부에 속해 있는 18개 센터와 8개의 셀을 상하구조 없이 전면배치하였다. 조직의 규모는 14명인 조직부터 최대 173명인 곳까지 다양하다. 조직 리더들의 직급도 제한을 두지 않았다. 네이버는 또 독립기업 제도인 CIC를 도입했다. 회사 측은 CIC에 대해 셀 조직의 진화된 형태로, 가능성 있는 서비스가 독립적으로 성장할 수 있도록 적극 지원하는 구조라고 설명하였다. 셀이 서비스 자체에서만 독립성을 지녔다면, CIC는 인사나 재무 등 경영전반의 주도권도 갖는다. 네이버 관계자는 메일과 캘린더, 클라우드 사업을 하던 네이버 웍스를 분사하는 계획도 검토 중이라며 벤처 정신을 살리고 빠른 의사결정을 할 수 있는 조직을 갖추는 것이 핵심이라고 말했다.

① 다양한 팀 간의 수평적인 연결 관계를 창출해 전체 구성원들이 정보를 공유하기가 용이하다.
② 경영환경에 유연하게 대처하여 기업의 경쟁력을 제고할 수 있다.
③ 구성원 간 이질성 및 다양성의 결합과 활용을 통한 시너지의 효과를 촉진시킨다.
④ 팀장이 되지 못한 기존 조직의 간부사원의 사기가 저하되지 않는다.

✔ **해설** 팀제에서는 팀장이 되지 못한 기존 조직의 간부사원들의 사기가 저하될 수 있는 문제점이 있다.

22 다음 사례에서 이 고객에 대한 적절한 응대법으로 옳은 것은?

> 은지는 옷가게를 운영하고 있는데 어느 날 한 여성 고객이 찾아왔다. 그녀는 매장을 둘러보면서 이 옷, 저 옷을 만져보고 입어보더니 "어머, 여기는 옷감이 좋아보이지도 않는데 가격은 비싸네.", "여긴 별로 예쁜 옷이 없네. 디자이너가 아직 경험이 부족한 것 같은데." 등의 말을 하면서 거만하게 자신도 디자이너 출신이고 아가씨가 아직 경험이 부족한 것 같아 자신이 조금 조언을 해 주겠다며 은지에게 옷을 만들 때 옷감은 어떤 걸로 해야 하고 매듭은 어떻게 지어야 한다는 둥의 말을 늘어놓았다. 그러는 동안 옷가게에는 몇 명의 다른 손님들이 옷을 둘러보며 은지를 찾다가 그냥 되돌아갔다.

① 자신의 과시욕이 채워지도록 뽐내게 내버려 둔다.
② 분명한 증거나 근거를 제시하여 스스로 확신을 갖도록 유도한다.
③ 이야기를 경청하고 맞장구를 치며 치켜세우고 설득해 간다.
④ "글쎄요.", "아마"와 같은 애매한 화법을 사용하지 않는다.

✔ **해설** 위 사례의 여성고객은 거만형에 해당하는 고객이다.
  ※ 거만형 고객에 대한 응대법
    ㉠ 정중하게 대하는 것이 좋다.
    ㉡ 자신의 과시욕이 채워지도록 뽐내게 내버려 둔다.
    ㉢ 의외로 단순한 면이 있으므로 일단 호감을 얻게 되면 득이 될 경우도 있다.

23 다음에 해당하는 협상전략은 무엇인가?

> 양보전략으로 상대방이 제시하는 것을 일방적으로 수용하여 협상의 가능성을 높이려는 전략이다. 순응전략, 화해전략, 수용전략이라고도 한다.

① 협력전략   ② 회피전략
③ 강압전략   ④ 유화전략

✔ **해설** ① **협력전략** : 협상 참여자들이 협동과 통합으로 문제를 해결하고자 하는 협력적 문제해결전략이다.
  ② **회피전략** : 무행동전략으로 협상으로부터 철수하는 철수전략이다. 협상을 피하거나 잠정적으로 중단한다.
  ③ **강압전략** : 경쟁전략으로 자신이 상대방보다 힘에 있어서 우위를 점유하고 있을 때 자신의 이익을 극대화하기 위한 공격적 전략이다.

24 다음 중 동기부여 방법으로 옳지 않은 것은?

① 긍정적 강화법을 활용한다.

② 새로운 도전의 기회를 부여한다.

③ 적절한 코칭을 한다.

④ 일정기간 교육을 실시한다.

> ✔ **해설** 동기부여 방법
> ㉠ 긍정적 강화법을 활용한다.
> ㉡ 새로운 도전의 기회를 부여한다.
> ㉢ 창의적인 문제해결법을 찾는다.
> ㉣ 책임감으로 철저히 무장한다.
> ㉤ 적절한 코칭을 한다.
> ㉥ 변화를 두려워하지 않는다.
> ㉦ 지속적으로 교육한다.

25 다음 중 거만형 불만고객에 대한 대응방안으로 옳지 않은 것은?

① 정중하게 대하는 것이 좋다.

② 분명한 증거나 근거를 제시하여 스스로 확신을 갖도록 유도한다.

③ 자신의 과시욕이 채워지도록 뽐내게 내버려 둔다.

④ 의외로 단순한 면이 있으므로 일단 호감을 얻게 되면 득이 될 경우도 있다.

> ✔ **해설** ② 의심형 불만고객에 대한 대응방안이다.

26 '협상'을 위해 취하여야 할 ㈎~㈑의 행동을 바람직한 순서대로 알맞게 나열한 것은?

> ㈎ 자신의 의견을 적극적으로 개진하여 상대방이 수용할 수 있는 근거를 제시한다.
> ㈏ 상대방의 의견을 경청하고 자신의 주장을 제시한다.
> ㈐ 합의를 통한 결과물을 도출하여 최종 서명을 이끌어낸다.
> ㈑ 상대방 의견을 분석하여 무엇이 그러한 의견의 근거가 되었는지 찾아낸다.

① ㈑－㈐－㈏－㈎
② ㈑－㈎－㈏－㈐
③ ㈏－㈎－㈐－㈑
④ ㈏－㈑－㈎－㈐

> ✔해설 협상은 보통 '협상 시작→상호 이해→실질 이해→해결 대안→합의 문서'의 다섯 단계로 구분한다. 제시된 보기는 ㈎-해결 대안, ㈏-상호 이해, ㈐-합의 문서, ㈑-실질 이해이므로 올바른 순서는 ㈏ － ㈑ － ㈎ － ㈐이다.

27 직장인 K씨는 야구에 전혀 관심이 없다. 그러나 하나 밖에 없는 아들은 야구를 엄청 좋아한다. 매일 바쁜 업무로 인하여 아들과 서먹해진 느낌을 받은 K씨는 휴가를 내어 아들과 함께 전국으로 프로야구 경기를 관람하러 다녔다. 그 덕분에 K씨와 아들의 사이는 급속도로 좋아졌다. K씨의 행동에 대한 설명으로 옳은 것은?

① K씨는 회사에 흥미를 잃었다.
② K씨는 새롭게 야구경기에 눈을 뜨게 되었다.
③ K씨는 아들에 대한 이해와 배려가 깊다.
④ K씨는 아들이 자기를 욕할까봐 무섭다.

> ✔해설 K씨의 행동은 대인관계 향상 방법의 하나인 상대방을 이해하는 마음에 해당한다.

28 고객만족을 측정하는데 있어 오류를 범하는 경우가 발생한다. 다음 중 오류를 범할 수 있는 유형에 해당하지 않는 것은?

① 고객이 원하는 것을 알고 있다고 착각한다.

② 포괄적인 가치만을 질문한다.

③ 모든 고객들이 동일 수준의 서비스를 원한다고 생각한다.

④ 전문가로부터 도움을 얻는다.

> ✔해설 고객만족을 측정하는 데 있어 오류를 범할 수 있는 유형
> ㉠ 고객이 원하는 것을 알고 있다고 생각한다.
> ㉡ 적절한 측정 프로세스 없이 조사를 시작한다.
> ㉢ 비전문가로부터 도움을 얻는다.
> ㉣ 포괄적인 가치만을 질문한다.
> ㉤ 중요도척도를 오용한다.
> ㉥ 모든 고객이 동일 수준의 서비스를 원하고 필요하다고 생각한다.

29 다음 사례에서 팀워크에 도움이 안 되는 사람은 누구인가?

> ◎◎기업의 입사동기인 영재와 영초, 문식, 윤영은 이번에 처음으로 함께 프로젝트를 수행하게 되었다. 이는 이번에 나온 신제품에 대한 소비자들의 선호도를 조사하는 것으로 ◎◎기업에서 이들의 팀워크 능력을 알아보기 위한 일종의 시험이었다. 이 프로젝트에서 네 사람은 각자 자신이 잘 할 수 있는 능력을 살려 업무를 분담했는데 평소 말주변이 있고 사람들과 만나는 것을 좋아하는 영재는 직접 길거리로 나가 시민들을 대상으로 신제품에 대한 설문조사를 실시하였다. 그리고 어릴 때부터 일명 '천재소년'이라고 자타가 공인한 영초는 자신의 능력을 믿고 다른 사람들과는 따로 설문조사를 실시하였고 보고서를 작성하였다. 한편 대학에서 수학과를 나와 통계에 자신 있는 문식은 영재가 조사해 온 자료를 바탕으로 통계를 내기 시작하였고 마지막으로 꼼꼼한 윤영이가 깔끔하게 보고서를 작성하여 상사에게 제출하였다.

① 영재 　　　　　　　　　　② 영초
③ 문식 　　　　　　　　　　④ 윤영

> ✔해설 팀워크는 팀이 협동하여 행하는 동작이나 그들 상호 간의 연대를 일컫는다. 따라서 아무리 개인적으로 능력이 뛰어나다 하여도 혼자서 일을 처리하는 사람은 팀워크가 좋은 사람이라고 볼 수 없다. 따라서 정답은 ②번이다.

Answer　26.④　27.③　28.④　29.②

30 다음 사례에 나타난 리더십 유형의 특징으로 옳은 것은?

> 이번에 새로 팀장이 된 대근은 입사 5년차인 비교적 젊은 팀장이다. 그는 자신의 팀에 있는 팀원들은 모두 나름대로의 능력과 경험을 가지고 있으며 자신은 그들 중 하나에 불과하다고 생각한다. 따라서 다른 팀의 팀장들과 같이 일방적으로 팀원들에게 지시를 내리거나 팀원들의 의견을 듣고 그 중에서 마음에 드는 의견을 선택적으로 추리는 등의 행동을 하지 않고 평등한 입장에서 팀원들을 대한다. 또한 그는 그의 팀원들에게 의사결정 및 팀의 방향을 설정하는데 참여할 수 있는 기회를 줌으로써 팀 내 행동에 따른 결과 및 성과에 대해 책임을 공유해 나가고 있다. 이는 모두 팀원들의 능력에 대한 믿음에서 비롯된 것이다.

① 질문을 금지한다.

② 모든 정보는 리더의 것이다.

③ 실수를 용납하지 않는다.

④ 책임을 공유한다.

 ①②③ 전형적인 독재자 유형의 특징이다.
  ※ 파트너십 유형의 특징
    ㉠ 평등
    ㉡ 집단의 비전
    ㉢ 책임 공유

31 갈등관리 상황에서 자기와 상대이익을 만족시키려는 의도가 다 같이 높을 때 제시될 수 있는 갈등해소 방안으로 가장 적합한 것은?

① 협동   ② 경쟁

③ 타협   ④ 회피

구분		상대방의 이익을 만족시키려는 정도		
		낮음	중간	높음
자신의 이익을 만족시키려는 정도	낮음	회피		순응
	중간		타협	
	높음	경쟁		협동

32 다음 열거된 항목들 중, 팀원에게 제시할 수 있는 '팀원의 강점을 잘 활용하여 팀 목표를 달성하는 효과적인 팀'의 핵심적인 특징으로 선택하기에 적절하지 않은 것은?

> (개) 객관적인 결정을 내린다.
> (내) 팀의 사명과 목표를 명확하게 기술한다.
> (다) 역할과 책임을 명료화시킨다.
> (라) 개인의 강점을 활용하기보다 짜인 시스템을 활용한다.
> (마) 의견의 불일치를 건설적으로 해결한다.
> (바) 결과보다 과정과 방법에 초점을 맞춘다.

① (개), (다), (라)　　　　　　　　② (내), (마), (라), (바)

③ (라), (바)　　　　　　　　　　　④ (마), (바)

✔ **해설**　(라)-개인의 감정을 활용한다.
　　(바)-과정과 방법이 아닌 결과에 초점을 맞추어야 한다.
　※ 효과적인 팀의 핵심적인 특징으로는 다음과 같은 것들이 있다.
　　㉠ 팀의 사명과 목표를 명확하게 기술한다.
　　㉡ 창조적으로 운영된다.
　　㉢ 결과에 초점을 맞춘다.
　　㉣ 역할과 책임을 명료화시킨다.
　　㉤ 조직화가 잘되어 있다.
　　㉥ 개인의 강점을 활용한다.
　　㉦ 리더십 역량을 공유하며 구성원 상호간에 지원을 아끼지 않는다.
　　㉧ 의견의 불일치를 건설적으로 해결한다.
　　㉨ 개방적인 의사소통을 하고 객관적인 결정을 내린다.

33 제약회사 영업부에 근무하는 U씨는 영업부 최고의 성과를 올리는 영업사원으로 명성이 자자하다. 그러나 그런 그에게도 단점이 있었으니 그것은 바로 서류 작업을 정시에 마친 적이 없다는 것이다. U씨가 회사로 복귀하여 서류 작업을 지체하기 때문에 팀 전체의 생산성에 차질이 빚어지고 있다면 영업부 팀장인 K씨의 행동으로 올바른 것은?

① U씨의 영업실적은 뛰어나므로 다른 직원에게 서류 작업을 지시한다.

② U씨에게 퇴근 후 서류 작업을 위한 능력을 개발하라고 지시한다.

③ U씨에게 서류작업만 할 수 있는 아르바이트 직원을 붙여준다.

④ U씨로 인한 팀의 분위기를 설명하고 해결책을 찾아보라고 격려한다.

> ✔ **해설** 팀장인 K씨는 U씨에게 팀의 생산성에 영향을 미치는 내용을 상세히 설명하고 이 문제와 관련하여 해결책을 스스로 강구하도록 격려하여야 한다.

34 다음 중 팀워크의 사례가 아닌 것은?

① 부하직원의 작은 실수로 실패할 뻔 했던 거래를 같은 팀원들이 조금씩 힘을 보태어 거래를 성사시킨 일

② 도저히 기한 안에 처리될 것 같지 않던 프로젝트를 팀원들이 모두 힘을 합하여 성공적으로 마무리한 일

③ 사무실내의 분위기가 좋고 서로를 배려해서 즐겁게 일하여 부서이동 때 많이 아쉬웠던 일

④ 상을 당한 팀장님의 갑작스런 부재에도 당황하지 않고 각자 업무를 분담하여 운영에 차질이 없었던 일

> ✔ **해설** ③ 응집력이 좋은 사례이다.
> ※ **팀워크와 응집력**
>   ㉠ **팀워크** : 팀 구성원이 공동의 목적을 달성하기 위해 상호 관계성을 가지고 협력하여 일을 해나가는 것
>   ㉡ **응집력** : 사람들로 하여금 집단에 머물고 싶도록 하고, 그 집단의 멤버로 계속 남아있기를 원하게 만드는 것

35 직장인 Y씨는 태어나서 지금까지 단 한 번도 지키지 못할 약속은 한 적이 없다. 그리고 모든 상황에서 이를 지키기 위하여 노력을 한다. 그러나 사람의 일이 모두 뜻대로 되지 않듯이 예기치 않은 사건의 발생으로 약속을 지키지 못하는 경우는 생기기 마련이다. 이럴 때 Y씨는 상대방에게 충분히 자신의 상황을 설명하여 약속을 연기한다. Y씨의 행동은 대인관계 향상 방법 중 어디에 해당하는가?

① 상대방에 대한 이해
② 사소한 일에 대한 관심
③ 약속의 이행
④ 언행일치

✔ 해설 **약속의 이행** … 책임을 지고 약속을 지키는 것은 중요한 일이다. 약속을 어기게 되면 다음에 약속을 해도 상대방은 믿지 않게 마련이다. 약속은 대개 사람들의 기대를 크게 만들기 때문에 항상 약속을 지키는 습관을 가져야 신뢰감을 형성할 수 있게 된다.

36 협상의 의미를 바르게 연결한 것은?

① 의사소통 차원의 협상 – 자신이 얻고자 하는 것을 가진 사람의 호의를 쟁취하기 위한 것에 관한 지식이며 노력의 분야이다.
② 갈등해결 차원의 협상 – 갈등관계에 있는 이해당사자들이 대화를 통해서 갈등을 해결하고자 하는 상호작용과정이다.
③ 지식과 노력 차원의 협상 – 이해당사자들이 자신들의 욕구를 충족시키기 위해 상대로부터 최선의 것을 얻어내기 위해 상대를 설득하는 커뮤니케이션 과정이다.
④ 의사결정 차원의 협상 – 둘 이상의 이해당사자들이 여러 대안들 가운데 이해당사자들의 찬반을 통해 다수의 의견이 모아지는 대안을 선택하는 의사결정과정이다.

✔ 해설 ① **의사소통 차원의 협상**: 이해당사자들이 자신들의 욕구를 충족시키기 위해 상대로부터 최선의 것을 얻어내기 위해 상대를 설득하는 커뮤니케이션 과정이다.
③ **지식과 노력 차원의 협상**: 자신이 얻고자 하는 것을 가진 사람의 호의를 쟁취하기 위한 것에 관한 지식이며 노력의 분야이다.
④ **의사결정 차원의 협상**: 둘 이상의 이해당사자들이 여러 대안들 가운데 이해당사자들 모두가 수용가능한 대안을 찾기 위한 의사결정과정이다.

Answer 33.④ 34.③ 35.③ 36.②

37 리더십에 대한 일반적인 의미로 볼 수 없는 것은?

① 조직 구성원들로 하여금 조직목표를 위해 자발적으로 노력하도록 영향을 주는 행위를 말한다.

② 목표달성을 위하여 개인이 조직원들에게 영향을 미치는 과정을 말한다.

③ 주어진 상황 내에서 목표달성을 위해 개인 또는 집단에 영향력을 행사하는 과정을 의미한다.

④ 조직의 관리자가 하급자에게 발휘하는 일종의 권력을 의미한다.

> ✔ **해설** 리더십은 하급자뿐만 아니라 동료나 상사에게까지도 발휘하는 사회적 영향력이다.

38 다음의 사례를 보고 뉴욕의 리츠칼튼 호텔의 고객서비스의 특징으로 옳은 것은?

> Robert는 미국 출장길에 샌프란시스코의 리츠칼튼 호텔에서 하루를 묵은 적이 있었다.
>
> 그는 서양식의 푹신한 베개가 싫어서 프런트에 전화를 걸어 좀 딱딱한 베개를 가져다 달라고 요청하였다. 호텔 측은 곧이어 딱딱한 베개를 구해왔고 덕분에 잘 잘 수 있었다.
>
> 다음날 현지 업무를 마치고 다음 목적지인 뉴욕으로 가서 우연히 다시 리츠칼튼 호텔에서 묵게 되었는데 아무 생각 없이 방 안에 들어간 그는 깜짝 놀랐다. 침대 위에 전날 밤 사용하였던 것과 같은 딱딱한 베개가 놓여 있는 게 아닌가.
>
> 어떻게 뉴욕의 호텔이 그것을 알았는지 그저 놀라울 뿐이었다. 그는 호텔 측의 이 감동적인 서비스를 잊지 않고 출장에서 돌아와 주위 사람들에게 침이 마르도록 칭찬했다.
>
> 어떻게 이런 일이 가능했을까? 리츠칼튼 호텔은 모든 체인점이 항시 공유할 수 있는 고객 데이터베이스를 구축하고 있었고, 데이터베이스에 저장된 정보를 활용해서 그 호텔을 다시 찾는 고객에게 완벽한 서비스를 제공하고 있었던 것이다.

① 불만 고객에 대한 사후 서비스가 철저하다.

② 신규 고객 유치를 위해 이벤트가 다양하다.

③ 고객이 물어보기 전에 고객이 원하는 것을 실행한다.

④ 고객이 원하는 것이 이루어질 때까지 노력한다.

> ✔ **해설** 리츠칼튼 호텔은 고객이 무언가를 물어보기 전에 고객이 원하는 것에 먼저 다가가는 것을 서비스 정신으로 삼고 있다. 기존 고객의 데이터베이스를 공유하여 고객이 원하는 서비스를 미리 제공할 수 있는 것이다.

39 다음 중 임파워먼트에 해당하는 가장 적절한 사례는 무엇인가?

① 영업부 팀장 L씨는 사원 U씨에게 지난 상반기의 판매 수치를 정리해 오라고 요청하였다. 또한 데이터베이스를 업데이트하고, 회계부서에서 받은 수치를 반영하여 새로운 보고서를 제출하라고 지시하였다.

② 편집부 팀장 K씨는 사원 S씨에게 지난 3달간의 도서 판매 실적을 정리해 달라고 요청하였다. 또한 신간등록이 되어 있는지 확인 후 업데이트하고, 하반기에 내놓을 새로운 도서의 신간 기획안을 제출하라고 지시하였다.

③ 마케팅팀 팀장 I씨는 사원 Y씨에게 상반기 판매 수치를 정리하고 이 수치를 분석하여 하반기 판매 향상에 도움이 될 만한 마케팅 계획을 직접 개발하도록 지시했다.

④ 홍보부 팀장 H씨는 사원 R씨에게 지난 2년간의 회사 홍보물 내용을 검토하고 업데이트 할 내용을 정리한 후 보고서로 작성하여 10부를 복사해 놓으라고 지시하였다.

✔ **해설** 임파워먼트는 권한 위임을 의미한다. 직원들에게 일정 권한을 위임함으로서 훨씬 수월하게 성공의 목표를 이룰 수 있을 뿐 아니라 존경받는 리더로 거듭날 수 있다. 권한 위임을 받은 직원은 자신의 능력을 인정받아 권한을 위임받았다고 인식하는 순간부터 업무효율성이 증가하게 된다.

Answer 37.④ 38.③ 39.③

40 다음은 엄팀장과 그의 팀원인 문식의 대화이다. 다음 상황에서 엄팀장이 주의해야 할 점으로 옳지 않은 것은?

> 엄팀장 : 문식씨, 좋은 아침이군요. 나는 문식씨가 구체적으로 어떤 업무를 하길 원하는지, 그리고 새로운 업무 목표는 어떻게 이룰 것인지 의견을 듣고 싶습니다.
>
> 문식 : 솔직히 저는 현재 제가 맡고 있는 업무도 벅찬데 새로운 업무를 받은 것에 대해 달갑지 않습니다. 그저 난감할 뿐이죠.
>
> 엄팀장 : 그렇군요. 그 마음 충분히 이해합니다. 하지만 현재 회사 여건상 인력감축은 불가피합니다. 현재의 인원으로 업무를 어떻게 수행할 수 있을지에 대해 우리는 계획을 세워야 합니다. 이에 대해 문식씨가 새로 맡게 될 업무를 검토하고 그것을 어떻게 달성할 수 있을지 집중적으로 얘기해 봅시다.
>
> 문식 : 일단 주어진 업무를 모두 처리하기에는 시간이 너무 부족합니다. 좀 더 다른 방법을 세워야 할 것 같아요.
>
> 엄팀장 : 그렇다면 혹시 그에 대한 다른 대안이 있나요?
>
> 문식 : 기존에 제가 가지고 있던 업무들을 보면 없어도 될 중복된 업무들이 있습니다. 이러한 업무들을 하나로 통합한다면 새로운 업무를 볼 여유가 생길 것 같습니다.
>
> 엄팀장 : 좋습니다. 좀 더 구체적으로 말씀해 주시겠습니까?
>
> 문식 : 우리는 지금까지 너무 고객의 요구를 만족시키기 위해 필요 없는 절차들을 많이 따르고 있었습니다. 이를 간소화할 필요가 있다고 생각합니다.
>
> 엄팀장 : 그렇군요. 어려운 문제에 대해 좋은 해결책을 제시해 줘서 정말 기쁩니다. 그렇다면 지금부터는 새로운 업무를 어떻게 진행시킬지, 그리고 그 업무가 문식씨에게 어떤 이점으로 작용할지에 대해 말씀해 주시겠습니까? 지금까지 문식씨는 맡은 업무를 잘 처리하였지만 너무 같은 업무만을 하다보면 도전정신도 없어지고 자극도 받지 못하죠. 이번에 새로 맡게 될 업무를 완벽하게 처리하기 위해 어떤 방법을 활용할 생각입니까?
>
> 문식 : 네. 사실 말씀하신 바와 같이 지금까지 겪어보지 못한 전혀 새로운 업무라 기분이 좋지는 않습니다. 하지만 반면 저는 지금까지 제 업무를 수행하면서 창의적인 능력을 사용해 보지 못했습니다. 이번 업무는 제게 이러한 창의적인 능력을 발휘할 수 있는 기회입니다. 따라서 저는 이번 업무를 통해 좀 더 창의적인 능력을 발휘해 볼 수 있는 경험과 그에 대한 자신감을 얻게 됐다는 점이 가장 큰 이점으로 작용할 것이라 생각됩니다.
>
> 엄팀장 : 문식씨 정말 훌륭한 생각을 가지고 있군요. 이미 당신은 새로운 기술과 재능을 가지고 있다는 것을 우리에게 보여주고 있습니다.

① 지나치게 많은 정보와 지시를 내려 직원들을 압도한다.

② 어떤 활동을 다루고, 시간은 얼마나 걸리는지 등에 대해 구체적이고 명확하게 밝힌다.

③ 질문과 피드백에 충분한 시간을 할애한다.

④ 직원들의 반응을 이해하고 인정한다.

> **해설** 위의 상황은 엄팀장이 팀원인 문식에게 코칭을 하고 있는 상황이다. 따라서 코칭을 할 때 주의해야 할 점으로 옳지 않은 것을 고르면 된다.
> ① 지나치게 많은 정보와 지시로 직원들을 압도해서는 안 된다.
> ※ **코칭을 할 때 주의해야 할 점**
> ㉠ 시간을 명확히 알린다.
> ㉡ 목표를 확실히 밝힌다.
> ㉢ 핵심적인 질문으로 효과를 높인다.
> ㉣ 적극적으로 경청한다.
> ㉤ 반응을 이해하고 인정한다.
> ㉥ 직원 스스로 해결책을 찾도록 유도한다.
> ㉦ 코칭과정을 반복한다.
> ㉧ 인정할 만한 일은 확실히 인정한다.
> ㉨ 결과에 대한 후속 작업에 집중한다.

Answer 40.①

05 직업윤리

1 윤리와 직업

(1) 윤리의 의미

① 윤리적 인간 : 공동의 이익을 추구하고 도덕적 가치 신념을 기반으로 형성된다.

② 윤리규범의 형성 : 공동생활과 협력을 필요로 하는 인간생활에서 형성되는 공동행동의 룰을 기반으로 형성된다.

③ 윤리의 의미 : 인간과 인간 사이에서 지켜야 할 도리를 바르게 하는 것으로 인간 사회에 필요한 올바른 질서라고 할 수 있다.

예제 1

윤리에 대한 설명으로 옳지 않은 것은?

① 윤리는 인간과 인간 사이에서 지켜져야 할 도리를 바르게 하는 것으로 볼 수 있다.

② 동양적 사고에서 윤리는 인륜과 동일한 의미이며, 엄격한 규율이나 규범의 의미가 배어 있다.

③ 인간은 윤리를 존중하며 살아야 사회가 질서와 평화를 얻게 되고, 모든 사람이 안심하고 개인적 행복을 얻게 된다.

④ 윤리는 세상에 두 사람 이상이 있으면 존재하며, 반대로 혼자 있을 때도 지켜져야 한다.

출제의도

윤리의 의미와 윤리적 인간, 윤리규범의 형성 등에 대한 기본적인 이해를 평가는 문제이다.

해설

윤리는 인간과 인간 사이에서 지켜져야 할 도리를 바르게 하는 것으로서 이 세상에 두 사람 이상이 있으면 존재하고 반대로 혼자 있을 때에는 의미가 없는 말이 되기도 한다.

답 ④

---

(2) 직업의 의미

① 직업은 본인의 자발적 의사에 의한 장기적으로 지속하는 일로, 경제적 보상이 따라야 한다.

② 입신출세론 : 입신양명(立身揚名)이 입신출세(立身出世)로 바뀌면서 현대에 와서는 직업 활동의 결과를 출세에 비중을 두는 경향이 짙어졌다.

③ 3D 기피현상 : 힘들고(Difficult), 더럽고(Dirty), 위험한(Dangerous) 일은 하지 않으려고 하는 현상

(3) 직업윤리

① 직업윤리란 직업인이라면 반드시 지켜야 할 공통적인 윤리규범으로 어느 직장에 다니느냐를 구분하지 않는다.

② 직업윤리와 개인윤리의 조화

　㉠ 업무상 행해지는 개인의 판단과 행동이 사회적 파급력이 큰 기업시스템을 통하여 다수의 이해관계자와 관련된다.

　㉡ 많은 사람의 고도화 된 협력을 요구하므로 맡은 역할에 대한 책임완수와 투명한 일 처리가 필요하다.

　㉢ 규모가 큰 공동 재산·정보 등을 개인이 관리하므로 높은 윤리의식이 요구된다.

　㉣ 직장이라는 특수 상황에서 갖는 집단적 인간관계는 가족관계, 친분관계와는 다른 배려가 요구된다.

　㉤ 기업은 경쟁을 통하여 사회적 책임을 다하고, 보다 강한 경쟁력을 키우기 위하여 조직원인의 역할과 능력을 꾸준히 향상시켜야 한다.

　㉥ 직무에 따른 특수한 상황에서는 개인 차원의 일반 상식과 기준으로는 규제할 수 없는 경우가 많다.

예제 2

직업윤리에 대한 설명으로 옳지 않은 것은?

① 개인윤리를 바탕으로 각자가 직업에 종사하는 과정에서 요구되는 특수한 윤리규범이다.
② 직업에 종사하는 현대인으로서 누구나 공통적으로 지켜야 할 윤리기준을 직업윤리라 한다.
③ 개인윤리의 기본 덕목인 사랑, 자비 등과 공동발전의 추구, 장기적 상호이익 등의 기본은 직업윤리도 동일하다.
④ 직업을 가진 사람이라면 반드시 지켜야 할 윤리규범이며, 중소기업 이상의 직장에 다니느냐에 따라 구분된다.

출제의도

직업윤리의 정의와 내용에 대한 올바른 이해를 요구하는 문제이다.

해 설

직업윤리란 직업을 가진 사람이라면 반드시 지켜야 할 공통적인 윤리규범을 말하는 것으로 어느 직장에 다니느냐를 구분하지 않는다.

답 ④

② 직업윤리를 구성하는 하위능력

(1) 근로윤리

① 근면한 태도

　　㉠ 근면이란 게으르지 않고 부지런한 것으로 근면하기 위해서는 일에 임할 때 적극적이고 능동적인 자세가 필요하다.

　　㉡ 근면의 종류
　　　• 외부로부터 강요당한 근면
　　　• 스스로 자진해서 하는 근면

② 정직한 행동

　　㉠ 정직은 신뢰를 형성하고 유지하는 데 기본적이고 필수적인 규범이다.

　　㉡ 정직과 신용을 구축하기 위한 지침
　　　• 정직과 신뢰의 자산을 매일 조금씩 쌓아가자.
　　　• 잘못된 것도 정직하게 밝히자.
　　　• 타협하거나 부정직을 눈감아 주지 말자.
　　　• 부정직한 관행은 인정하지 말자.

③ 성실한 자세 : 성실은 일관하는 마음과 정성의 덕으로 자신의 일에 최선을 다하고자 하는 마음자세를 가지고 업무에 임하는 것이다.

예제 3

우리 사회에서 정직과 신용을 구축하기 위한 지침으로 볼 수 없는 것은?

① 정직과 신뢰의 자산을 매일 조금씩 쌓아가도록 한다.
② 잘못된 것도 정직하게 밝혀야 한다.
③ 작은 실수는 눈감아 주고 때론 타협을 하여야 한다.
④ 부정직한 관행은 인정하지 말아야 한다.

출제의도

근로윤리 중에서도 정직한 행동과 성실한 자세에 대해 올바르게 이해하고 있는지 평가하는 문제이다.

해 설

타협하거나 부정직한 일에 대해서는 눈감아주지 말아야 한다.

답 ③

(2) 공동체윤리

① 봉사(서비스)의 의미

 ㉠ 직업인에게 봉사란 자신보다 고객의 가치를 최우선으로 하는 서비스 개념이다.

 ㉡ SERVICE의 7가지 의미

- S(Smile & Speed) : 서비스는 미소와 함께 신속하게 하는 것
- E(Emotion) : 서비스는 감동을 주는 것
- R(Respect) : 서비스는 고객을 존중하는 것
- V(Value) : 서비스는 고객에게 가치를 제공하는 것
- I(Image) : 서비스는 고객에게 좋은 이미지를 심어 주는 것
- C(Courtesy) : 서비스는 예의를 갖추고 정중하게 하는 것
- E(Excellence) : 서비스는 고객에게 탁월하게 제공되어져야 하는 것

 ㉢ 고객접점서비스 : 고객과 서비스 요원 사이에서 15초 동안의 짧은 순간에 이루어지는 서비스로, 이 순간을 진실의 순간(MOT ; Moment of Truth) 또는 결정적 순간이라고 한다.

② 책임의 의미 : 책임은 모든 결과는 나의 선택으로 인한 결과임을 인식하는 태도로, 상황을 회피하지 않고 맞닥뜨려 해결하는 자세가 필요하다.

③ 준법의 의미 : 준법은 민주 시민으로서 기본적으로 지켜야 하는 의무이며 생활 자세이다.

④ 예절의 의미 : 예절은 일정한 생활문화권에서 오랜 생활습관을 통해 하나의 공통된 생활방법으로 정립되어 관습적으로 행해지는 사회계약적 생활규범으로, 언어문화권에 따라 다르고 같은 언어문화권이라도 지방에 따라 다를 수 있다.

⑤ 직장에서의 예절

 ㉠ 직장에서의 인사예절

- 악수
-악수를 하는 동안에는 상대에게 집중하는 의미로 반드시 눈을 맞추고 미소를 짓는다.
-악수를 할 때는 오른손을 사용하고, 너무 강하게 쥐어짜듯이 잡지 않는다.
-악수는 힘 있게 해야 하지만 상대의 뼈를 부수듯이 손을 잡지 말아야 한다.
-악수는 서로의 이름을 말하고 간단한 인사 몇 마디를 주고받는 정도의 시간 안에 끝내야 한다.
- 소개
-나이 어린 사람을 연장자에게 소개한다.
-내가 속해 있는 회사의 관계자를 타 회사의 관계자에게 소개한다.
-신참자를 고참자에게 소개한다.
-동료임원을 고객, 손님에게 소개한다.
-비임원을 임원에게 소개한다.

-소개받는 사람의 별칭은 그 이름이 비즈니스에서 사용되는 것이 아니라면 사용하지 않는다.

-반드시 성과 이름을 함께 말한다.

-상대방이 항상 사용하는 경우라면, Dr. 또는 Ph.D. 등의 칭호를 함께 언급한다.

-정부 고관의 직급명은 퇴직한 경우라도 항상 사용한다.

-천천히 그리고 명확하게 말한다.

-각각의 관심사와 최근의 성과에 대하여 간단한 언급을 한다.

• 명함 교환

-명함은 반드시 명함 지갑에서 꺼내고 상대방에게 받은 명함도 명함 지갑에 넣는다.

-상대방에게서 명함을 받으면 받은 즉시 호주머니에 넣지 않는다.

-명함은 하위에 있는 사람이 먼저 꺼내는데 상위자에 대해서는 왼손으로 가볍게 받쳐 내는 것이 예의이며, 동위자, 하위자에게는 오른손으로만 쥐고 건넨다.

-명함을 받으면 그대로 집어넣지 말고 명함에 관해서 한두 마디 대화를 건네 본다.

-쌍방이 동시에 명함을 꺼낼 때는 왼손으로 서로 교환하고 오른손으로 옮겨진다.

ⓒ 직장에서의 전화예절

• 전화걸기

-전화를 걸기 전에 먼저 준비를 한다. 정보를 얻기 위해 전화를 하는 경우라면 얻고자 하는 내용을 미리 메모하도록 한다.

-전화를 건 이유를 숙지하고 이와 관련하여 대화를 나눌 수 있도록 준비한다.

-전화는 정상적인 업무가 이루어지고 있는 근무 시간에 걸도록 한다.

-당신이 통화를 원하는 상대와 통화할 수 없을 경우에 대비하여 비서나 다른 사람에게 메시지를 남길 수 있도록 준비한다.

-전화는 직접 걸도록 한다.

-전화를 해달라는 메시지를 받았다면 가능한 한 48시간 안에 답해주도록 한다.

• 전화받기

-전화벨이 3~4번 울리기 전에 받는다.

-당신이 누구인지를 즉시 말한다.

-천천히, 명확하게 예의를 갖추고 말한다.

-밝은 목소리로 말한다.

-말을 할 때 상대방의 이름을 함께 사용한다.

-메시지를 받아 적을 수 있도록 펜과 메모지를 곁에 둔다.

-주위의 소음을 최소화한다.

-긍정적인 말로서 전화 통화를 마치고 전화를 건 상대방에게 감사를 표시한다.

• 휴대전화

-당신이 어디에서 휴대전화로 전화를 하든지 간에 상대방에게 통화를 강요하지 않는다.

−상대방이 장거리 요금을 지불하게 되는 휴대전화의 사용은 피한다.

−운전하면서 휴대전화를 하지 않는다.

−친구의 휴대전화를 빌려 달라고 부탁하지 않는다.

−비상시에만 휴대전화를 사용하는 친구에게는 휴대전화로 전화하지 않는다.

ⓒ 직장에서의 E-mail 예절

• E-mail 보내기

−상단에 보내는 사람의 이름을 적는다.

−메시지에는 언제나 제목을 넣도록 한다.

−메시지는 간략하게 만든다.

−요점을 빗나가지 않는 제목을 잡도록 한다.

−올바른 철자와 문법을 사용한다.

• E-mail 답하기

−원래 이-메일의 내용과 관련된 일관성 있는 답을 하도록 한다.

−다른 비즈니스 서신에서와 마찬가지로 화가 난 감정의 표현을 보내는 것은 피한다.

−답장이 어디로, 누구에게로 보내는지 주의한다.

⑥ 성예절을 지키기 위한 자세 : 직장에서 여성의 특징을 살린 한정된 업무를 담당하던 과거와는 달리 여성과 남성이 대등한 동반자 관계로 동등한 역할과 능력발휘를 한다는 인식을 가질 필요가 있다.

ⓐ 직장 내에서 여성이 남성과 동등한 지위를 보장 받기 위해서 그만한 책임과 역할을 다해야 하며, 조직은 그에 상응하는 여건을 조성해야 한다.

ⓑ 성희롱 문제를 사전에 예방하고 효과적으로 처리하는 방안이 필요한 것이다.

ⓒ 남성 위주의 가부장적 문화와 성 역할에 대한 과거의 잘못된 인식을 타파하고 남녀공존의 직장문화를 정착하는 노력이 필요하다.

예제 4

예절에 대한 설명으로 옳지 않은 것은?

① 예절은 일정한 생활문화권에서 오랜 생활습관을 통해 하나의 공통된 생활방식으로 정립되어 관습적으로 행해지는 사회계약적인 생활규범이라 할 수 있다.

② 예절은 언어문화권에 따라 다르나 동일한 언어문화권일 경우에는 모두 동일하다.

③ 무리를 지어 하나의 문화를 형성하여 사는 일정한 지역을 생활문화권이라 하며, 이 문화권에 사는 사람들이 가장 편리하고 바람직한 방법이라고 여겨 그렇게 행하는 생활방법이 예절이다.

④ 예절은 한 나라에서 통일되어야 국민들이 생활하기가 수월하며, 올바른 예절을 지키는 것이 바른 삶을 사는 것이라 할 수 있다.

출제의도

공동체윤리에 속하는 여러 항목 중 예절의 의미와 특성에 대한 이해능력을 평가하는 문제이다.

해 설

예절은 언어문화권에 따라 다르고, 동일한 언어문화권이라도 지방에 따라 다를 수 있다. 예를 들면 우리나라의 경우 서울과 지방에 따라 예절이 조금씩 다르다.

답 ②

출제예상문제

1 다음 지문의 빈칸에 들어갈 알맞은 것을 〈보기〉에서 고른 것은?

> 기업은 합법적인 이윤 추구 활동 이외에 자선·교육·문화·체육 활동 등 사회에 긍정적 영향을 미치는 책임 있는 활동을 수행하기도 한다. 이처럼 기업이 사회적 책임을 수행하는 이유는 _____

〈보기〉
㉠ 기업은 국민의 대리인으로서 공익 추구를 주된 목적으로 하기 때문이다.
㉡ 기업의 장기적인 이익 창출에 기여할 수 있기 때문이다.
㉢ 법률에 의하여 강제된 것이기 때문이다.
㉣ 환경 경영 및 윤리 경영의 가치를 실현할 수 있기 때문이다.

---

① ㉠, ㉡   ② ㉠, ㉢
③ ㉡, ㉢   ④ ㉡, ㉣

✔ **해설** 기업은 환경 경영, 윤리 경영과 노동자를 비롯한 사회 전체의 이익을 동시에 추구하며 그에 따라 의사 결정 및 활동을 하는 사회적 책임을 가져야 한다.
㉠ 기업은 이윤 추구를 주된 목적으로 하는 사적 집단이다.

2 다음 기사 내용에서 'A씨'에게 필요한 업무 수행의 자세로 알맞은 것은?

부실 공사 눈감아준 공무원 입건

△△경찰서는 부실공사를 알고도 준공검사를 해준 혐의로 공무원 A씨를 불구속 입건했다. 그는 수백 억 원의 예산이 투입되는 주택 건설 사업과 관련해 기존 설계도면에 문제가 있다는 것을 알면서도 설계 변경 없이 공사를 진행하도록 하고 준공검사까지 내주었다. 특히 A씨는 준공검사 때에도 현장에 가지 않고 준공검사 조서를 작성한 것으로 드러났다.

---

① 많은 성과를 내기 위해 관행에 따라 일을 처리해야 한다.
② 사실 확인보다는 문서의 정확성을 위해 노력해야 한다.
③ 정명(正名) 정신에 따라 사회적 책임을 완수해야 한다.
④ 인정(人情)에 의거해 업무를 처리해야 한다.

✔해설 ③ 사회적으로 문제가 되는 공직자의 비리, 부정부패는 책임 윤리의 부재에서 비롯된 것이다. 이러한 문제를 해결하기 위해서는 사회적 지위에 맞게 역할을 수행해야 한다는 정명(正名) 정신이 필요하다.

Answer 1.④ 2.③

3 다음과 같은 입장에서 긍정의 대답을 할 질문으로 알맞은 것은?

> 기업의 존재는 공공적이며, 사회적 목표에 이바지하는 한에서 정당화된다. 기업이 성장하고 발전하는 것은 기업 혼자만의 힘이 아니므로, 일방적으로 이익을 추구해서는 안 되며 사회에 대해서도 일정한 책임을 져야 한다. 따라서 기업은 사회에 긍정적 영향을 미치는 다양한 활동들에 관심을 가지고 이를 지속적으로 실천해 나가야 한다.

① 기업 활동의 목적은 이윤 추구에 국한되어야 하는가?
② 기업의 이윤 추구와 사회적 책임의 실천이 병행되어야 하는가?
③ 기업은 공동선의 실현보다 경제적 효율성을 우선해야 하는가?
④ 기업의 사익 추구는 자연스럽게 공익 실현으로 이어지는가?

✔해설 제시문은 기업이 이윤 추구뿐만 아니라 사회적 책임에 대해서 관심을 가져야 한다고 보고 있는 입장이다. 따라서 기업은 이윤을 얻기 위한 활동과 함께 사회의 공익을 증진할 수 있는 활동도 실천해야 한다.

4 다음 대화의 빈칸에 들어갈 말로 가장 알맞은 것은?

> A : 공직자로서 갖추어야 할 가장 중요한 덕목은 무엇인가요?
> B : 공직자는 국민의 봉사자이므로 청렴이 가장 중요하다고 생각합니다.
> A : 그럼 경제적 사정이 어려운 친인척들이 공공 개발 계획의 정보를 미리 알려달라고 할 때에는 어떻게 해야 할까요?
> B : _____

① 국민의 요청이므로 알 권리를 충족시켜 주어야 합니다.
② 어려운 친인척들에게 경제적 이익을 주어야 합니다.
③ 정보를 알려주되 대가를 요구하지 않아야 합니다.
④ 사익을 배제하고 공명정대하게 행동해야 합니다.

✔해설 ④ 청렴은 성품과 행실이 고결하고 탐욕이 없다는 뜻으로 국민의 봉사자인 공직자가 지녀야 할 중요한 덕목이다. 공직자는 어떠한 상황에서도 사익을 배제하고 공명정대하게 행동해야 한다.

5 다음과 같은 상황에 대하여 A에게 해줄 수 있는 조언으로 알맞은 것은?

> 대학을 졸업한 A는 여러 차례 구직 활동을 하였지만 마땅한 직업을 찾지 못하고 있다. A는 힘들고, 더럽고, 위험한 일에는 종사하고 싶은 마음이 없기 때문이다.

> ㉠ 명예와 부를 획득하기 위해서 어떠한 직업도 마다해선 안 된다.
> ㉡ 생업이 없으면 도덕적 마음도 생길 수 없다.
> ㉢ 예(禮)를 통해 나누어지는 사회적 신분에 성실히 응해야 한다.
> ㉣ 힘든 일이라도 소명 의식을 갖고 신의 부름에 응해야 한다.

① ㉠, ㉡   ② ㉠, ㉢
③ ㉡, ㉢   ④ ㉡, ㉣

✔해설 ㉠ 직업은 명예와 부를 획득하기 위한 수단적 행위로 보기 어렵다.
　　　　㉢ 예를 통해 나누어지는 사회적 역할을 강조하는 것은 주어진 상황의 A에 대한 조언으로 알맞지 않다.

6 다음에서 A가 지니고 있는 직업관으로 알맞은 것은?

> 바나나 재배법 발명 특허로 신지식 농업인에 선정된 A는 국내 최대 규모의 시설을 갖춘 농장을 운영하고 있다. 그는 수많은 시행착오를 거쳐 자연 상태와 가장 유사한 생육 환경을 찾아내 인공적으로 바나나를 재배할 수 있는 방법을 개발하였다. 바나나 재배에 대한 끊임없는 도전과 노력 속에서 그는 무엇인가 새로운 것을 찾아내는 것이 재미있으며, 그때마다 자신이 가지고 있는 그 무언가가 성장하고 있는 느낌이 든다고 하였다.

① 직업은 부와 명예를 획득하는 수단이다.
② 직업은 다른 사람들과 국가에 대한 봉사이다.
③ 직업은 일차적으로 생계를 유지하기 위한 것이다.
④ 직업은 자신의 능력과 소질을 계발하기 위한 것이다.

✔해설 주어진 내용에서 A는 바나나 재배에 관한 끊임없는 도전과 노력 그 자체에서 직업 생활의 보람을 찾고 있다.

Answer 3.② 4.④ 5.④ 6.④

7 다음 대화의 빈칸에 들어갈 말로 알맞은 것은?

> A : 직업인으로서 지켜야 할 기본 윤리는 무엇인가요?
> B : 직업인이라면 일반적으로 정직과 성실, 신의, 책임, 의무 등의 덕목을 준수해야 합니다.
> A : 선생님께서 말씀하신 덕목은 모든 사람들에게 요구되는 윤리와 부합하는데, 그 이유는 무엇인가요?
> B : _____

> ㉠ 모든 직업인은 직업인이기 전에 인간이기 때문입니다.
> ㉡ 직업은 사회적 역할 분담의 성격을 지니고 있기 때문입니다.
> ㉢ 직장 생활에서 사람들과 관계를 맺어야 하기 때문입니다.
> ㉣ 특수한 윤리가 필요한 직업은 존재하지 않기 때문입니다.

① ㉠, ㉢
② ㉡, ㉣
③ ㉠, ㉡, ㉢
④ ㉠, ㉢, ㉣

✔해설 ㉣ 주어진 내용은 직업윤리의 일반성과는 거리가 멀다. 사회구조의 변화와 정보 사회로의 진전에 따른 전문 직종의 증가와 분화로 해당 직업의 특성에 알맞은 윤리가 요구되고 있는데, 이를 직업윤리의 특수성이라 한다. 특수한 윤리가 필요한 직업은 점점 늘어나고 있는 추세이나 이런 특수성은 보편적인 윤리의 토대 위에 정립되어야 한다.

8 다음 내용에 부합하는 명장(名匠)의 요건으로 알맞은 것은?

> 우리나라는 명장(名匠) 제도를 실시하고 있다. 장인 정신이 투철하고 그 분야에서 최고 수준의 기능을 보유한 사람을 명장으로 선정함으로써 기능인이 긍지와 자부심을 가지고 맡은 분야에 계속 정진할 수 있도록 유도하여 국가 산업 발전에 이바지하고자 한다. 명장 제도는 기술과 품성을 모두 갖춘 훌륭하고 모범적인 기능인이 사회의 귀감이 되도록 하는 역할을 하고 있다.

① 육체노동보다 정신노동에 종사하는 사람이다.
② 사회에 기여한 바는 없지만 기술력이 탁월하다.
③ 자본주의 사회에서 효율적인 가치를 창출하는 직업에 매진한다.
④ 자신의 재능을 기부하여 지역 주민의 삶을 풍요롭게 한다.

✔해설 ④ 명장은 자신의 재능을 기부하여 지역 주민의 삶을 풍요롭게 하는 등 사회적 책임감을 수행하는 사람이다.

9 빈칸에 들어갈 말로 알맞은 것은?

> 우리는 고아들과 병든 노인들을 헌신적으로 돌보는 의사나 교육에 대한 긍지를 가지고 산골이나 도서 벽지에서 학생 지도에 전념하는 교사들의 삶을 가치 있는 삶이라고 생각한다. 왜냐하면 그들은 직업 생활을 통해 _____을 살았기 때문이다.

① 희생과 헌신 속에서 보람을 느끼는 삶
② 직업에 귀천을 따지지 않는 삶
③ 자신의 전문성을 탁월하게 발휘하는 삶
④ 사회와 국가를 위해 자신을 포기하는 삶

✔해설 ① 의사와 교사는 자신의 직업 생활을 통해 인간에 대한 사랑을 실천하고 희생과 헌신 속에서 보람을 느끼는 삶을 살았다.

10 (가)의 입장에서 (나)의 A에게 해야 할 충고로 알맞은 것은?

> (가) 한 집을 봉양하기 위해서만 벼슬을 구하는 것은 옳지 않다. 예로부터 지혜가 깊은 목민관은 청렴을 교훈으로 삼고, 탐욕을 경계하였다.
> (나) 공무원 A는 연고지의 재개발 업무를 담당하면서 관련 사업 내용을 미리 알게 되었다. 그는 이 내용을 친인척에게 제공하여 돈을 벌게 해주고 싶은 생각에 고민하고 있다.

① 어려움에 처한 친인척을 우선적으로 도와야 한다.
② 시민의 재산권보다 업무 성과를 더 중시해야 한다.
③ 공직 생활로 얻은 재물을 사회에 환원해야 한다.
④ 업무 수행에서 얻은 정보는 공동선을 위해 사용해야 한다.

✔해설 (가)는 공직자들이 갖추어야 할 덕목의 하나로 청렴을 강조한 내용이다. 공직자는 국민보다 우월한 지위를 가지므로, 그런 권위와 권한을 이용하여 사익을 추구하려는 유혹에 빠질 수 있기 때문이다. 따라서 (나)의 공무원 A에게는 업무 수행에서 얻은 정보는 공동선을 위해 사용해야 한다는 충고가 알맞다.

Answer 7.③ 8.④ 9.① 10.④

11 회사의 아이디어 공모에 평소 당신이 생각했던 것을 알고 있던 동료가 자기 이름으로 제안을 하여 당선이 된 경우 당신의 행동으로 가장 적절한 것은?

① 동료에게 나의 아이디어였음을 솔직히 말하고 설득한다.
② 모른 척 그냥 넘어간다.
③ 회사에 대대적으로 고발하여 동료를 곤경에 빠뜨린다.
④ 동료에게 감정적으로 대응하여 다시는 그러한 행동을 하지 못하도록 한다.

✔️해설 ① 기업윤리와 직장생활의 안정을 도모하기 위해 동료에게 나의 아이디어였음을 솔직히 말하고 설득하는 것이 가장 적절하다.

12 다음의 사례를 보고 직업윤리에 벗어나는 행동을 바르게 지적한 것은?

> 직장 상사인 A는 항상 회사에서 주식이나 펀드 등 자신만의 사적인 업무로 대단히 분주하다. 사적인 업무의 성과가 좋으면 부하직원들에게 친절히 대하지만, 그렇지 않은 경우 회사의 분위기는 매우 엄숙해지고 부하직원을 호되게 꾸짖는다.

① 주식을 하는 A는 한탕주의를 선호하는 사람이므로 직업윤리에 어긋난다.
② 사무실에서 사적인 재테크를 하는 행위는 직업윤리에 어긋난다.
③ 작은 것의 소중함을 잃고 살아가는 사람이므로 직업윤리에 어긋난다.
④ 자신의 기분에 따라 사원들이 조심해야 하므로 직업윤리에 어긋난다.

✔️해설 ② A가 직장에서 사적인 업무로 컴퓨터를 사용하고, 업무시간에 개인적인 용무를 보는 행위는 직업윤리에 어긋난다.

13 유명 외국계회사와 합병이 되면서 약 1년간 해외에서 근무할 직원으로 옆자리의 동료가 추천되었다. 그러나 해외에서의 업무가 당신의 경력에 도움이 많이 될 것 같아 해외근무를 희망하고 있던 중이었다. 당신의 행동으로 가장 적절한 것은?

① 상사에게 단도직입적으로 해외근무에 대한 강한 의지를 표명한다.
② 동료를 강제로 협박하여 해외근무를 포기하게끔 한다.
③ 동료에게 양해를 구하고 회사 내규에 따라 자신이 추천받을 수 있는 방법을 찾는다.
④ 운명이라 생각하고 그냥 체념한다.

✔️해설 ③ 직업윤리에 어긋나지 않는 선에서 동료에게 먼저 양해를 구하고, 회사의 합법적인 절차에 따라 자신이 추천받을 수 있는 방법을 모색하는 것이 가장 적절하다.

14 상사가 당신에게는 어려운 업무만 주고 입사동기인 A에게는 쉬운 업무만 주는 것을 우연히 알게 되었다. 당신의 행동으로 가장 적절한 것은?

① 상사에게 왜 차별대우를 하는지에 대해 무작정 따진다.

② 상사에게 알고 있는 사실과 부당한 대우로 인한 불편함을 솔직히 이야기하고 해결방안을 제시한다.

③ A에 대한 인적사항을 몰래 조사하여 특혜를 받을 만한 사실이 있는지 파헤친다.

④ 직장생활의 일부라고 생각하고 꿋꿋이 참아낸다.

> **✔ 해설** ② 개인적인 감정은 되도록 배제하면서 알고 있는 사실과 현재의 상황에 대해 설명하고 불편함을 개선해나가는 것은 직업윤리에 어긋나지 않는다.

15 상사의 실수로 인하여 영업상 큰 손해를 보게 되었다. 그런데 부하직원인 A에게 책임을 전가하려고 한다. 당신은 평소 A와 가장 가까운 사이이며 A는 이러한 상사의 행동에 아무런 대응도 하지 않고 있다. 이럴 때 당신의 행동으로 가장 적절한 것은?

① A에게 왜 아무런 대응도 하지 않는지에 대해 따지고 화를 낸다.

② 상사가 A에게 책임을 전가하지 못하도록 A를 대신하여 상사와 맞대응한다.

③ 상사의 부적절한 책임전가 행위를 회사에 대대적으로 알린다.

④ A에게 대응하지 않는 이유를 물어보고 A가 갖고 있는 어려움에 대해 의논하여 도움을 줄 수 있도록 한다.

> **✔ 해설** ④ 가까운 동료가 가지고 있는 어려움을 파악하여 스스로 원만한 해결을 이룰 수 있도록 돕는 것이 가장 적절하다.

16 당신은 새로운 통신망의 개발을 위한 프로젝트에 합류하게 되었는데, 이 개발을 위해서는 마케팅 부서의 도움이 절실히 필요하다. 그러나 귀하는 입사한 지 얼마 되지 않았기 때문에 마케팅 부서의 사람들을 한 명도 제대로 알지 못한다. 이런 상황을 아는지 모르는지 팀장은 귀하에게 이 개발의 모든 부분을 일임하였다. 이럴 때 당신의 행동으로 가장 적절한 것은?

① 팀장에게 다짜고짜 프로젝트를 못하겠다고 보고한다.
② 팀장에게 자신의 상황을 보고한 후 마케팅 부서의 도움을 받을 수 있는 방법을 찾는다.
③ 마케팅 부서의 팀장을 찾아가 도와달라고 직접 부탁한다.
④ 마케팅 부서의 도움 없이도 프로젝트를 수행할 수 있다는 것을 보여주기 위해 그냥 진행한다.

✔ 해설 ② 자신이 처한 상황에 대한 판단이 우선시 되어야 하며, 혼자서 해결하기 어려운 업무에 대해서는 상사에게 문의하여 조언을 얻거나 도움을 받을 수 있는 방법을 찾는 것이 적절하다.

17 당신은 △△기업의 지원팀 과장으로 협력업체를 관리하는 감독관이다. 새로운 제품의 출시가 임박하여 제대로 상품이 생산되는지를 확인하기 위하여 협력업체를 내방하였다. 그런데 생산현장에서 담당자의 작업지침이 △△기업에서 보낸 작업지침서와 많이 달라 불량품이 발생할 조짐이 현저하다. 이번 신제품에 △△기업은 사활을 걸고 있다. 이러한 상황에서 당신의 행동으로 가장 적절한 것은?

① 협력업체 대표를 불러 작업지침에 대한 사항을 직접 물어본다.
② 곧바로 회사에 복귀하여 협력업체의 무분별한 작업을 고발하고 거래를 중지해야 한다고 보고한다.
③ 협력업체 대표를 불러 작업을 중단시키고 계약을 취소한다고 말한다.
④ 협력업체 현장 담당자에게 왜 지침이 다른지 물어보고 잘못된 부분을 지적하도록 한다.

✔ 해설 ④ 계열사 또는 협력업체와의 관계는 일방적이기보다는 상호보완적인 형태가 바람직하다. 따라서 협력업체 현장 담당자에게 작업지침에 대한 사항을 문의하고 해결방안을 찾도록 하는 것이 적절하다.

18 당신은 설계부서에서 근무를 하고 있다. 최근 수주 받은 제품을 생산하기 위한 기계를 설계하던 중 클라이언트가 요청한 부품을 구매해 줄 것을 구매부서에 요청하였으나 구매부서 담당자는 가격이 비싸다는 이유로 그와 비슷한 저가의 부품을 구매해 주었다. 이러한 상황을 뒤늦게 당신이 알게 되었다. 당신이 취할 수 있는 가장 바람직한 행동은?

① 구매부서 팀장에게 항의를 하고 원하는 부품을 요구한다.
② 클라이언트에게 알리지 않고 저가의 부품을 그냥 사용한다.
③ 클라이언트에게 양해를 구한 후 구매부서를 설득하여 부품을 교환한다.
④ 구매부서의 이러한 행동을 그대로 상부에 보고한다.

> ✔해설 ① 구매부서 팀장에게 직접 항의하는 것보다는 직원을 먼저 설득하는 것이 바람직하다.
> ② 설령 저가의 부품을 사용하더라도 클라이언트에게 알리지 않는 것은 바람직하지 않다.
> ④ 비록 다른 부서의 부당한 업무행위이더라도 아무런 절차 없이 상부에 그대로 보고하는 것은 바람직하지 못하다.

19 상사가 매일 같은 사무실에서 근무하는 동료의 외모를 비꼬아 농담을 던진다. 그런데 점점 더 수위가 높아지는 것을 알게 된 당신의 행동으로 가장 적절한 것은?

① 동료에게 조심히 성형수술을 제안한다.
② 상사의 단점을 파악하여 동료에게 알려준다.
③ 상사에게 동료에 대한 험담이 마음의 상처가 될 수 있다는 사실을 조심스럽게 전한다.
④ 그냥 무시한다.

> ✔해설 직장생활에서 개인적으로 혹은 주관적으로 다른 사람을 비방하거나 험담하는 것은 직업윤리에 어긋나는 행위이므로 상사에게 예의를 갖추어 동료에 대한 지나친 농담과 험담이 부당함을 전한다.

Answer 16.② 17.④ 18.③ 19.③

05. 직업윤리 ▍263

20 당신은 □□기업의 기술개발팀에서 근무를 하고 있다. 그런데 10년 넘게 알고 지낸 친한 선배가 당신이 다니고 있는 회사의 신제품 관련 기술에 대한 정보를 조금만 알려달라고 부탁을 하였다. 그 선배는 당신이 어렵고 힘들 때 항상 곁에서 가족처럼 챙겨주고 아껴주던 가족보다 더 소중한 선배이다. 또한 그 신제품을 개발할 때에도 많은 조언과 소스 등을 알려 주었던 선배이다. 회사 기밀을 유출하면 당신은 물론 □□기업은 엄청나게 큰 피해를 입을 수도 있다. 이러한 상황에서 당신이 취할 수 있는 가장 바람직한 행동은?

① 이런 부탁을 할 거면 다시는 연락을 하지 말자고 화를 낸다.
② 그냥 못들은 척하며 은근슬쩍 넘어간다.
③ 다른 선배나 지인에게 자신의 상황을 얘기하며 조언을 구한다.
④ 원하는 기술을 가르쳐주는 대신 새로운 일자리를 달라고 요구한다.

> ✔ 해설 ③ 가능한 한 회사 기밀이 유출되지 않는 방법으로 해결하는 것이 가장 바람직하다. 아무리 사적으로 친하고 정이 있다고 하여도 기업과 개인을 비교하는 것은 그 기준이 다르므로 함부로 회사 기밀을 유출하는 것은 올바르지 못하다. 따라서 주변에 조언을 구하여 사적인 관계가 무너지지 않도록 원만히 해결해야 한다.

21 다음 중 기업윤리에 대한 설명으로 가장 적절하지 않은 것은?

① 기업윤리의 준수가 단기적으로는 기업의 효율성을 저해할 수 있지만 장기적 관점에서 조직 유효성을 확보할 수 있게 한다.
② 기업윤리는 조직구성원의 행동규범을 제시하고 건전한 시민으로서의 윤리적 성취감을 충족시켜준다.
③ 기업윤리를 확립하기 위해 정부 및 공익단체의 권고와 감시활동이 필요하다.
④ 기업윤리는 사회적 규범의 체계로서 수익성을 추구하는 경영활동과는 독립된 별개의 영역이므로 경영목표나 전략에 영향을 주지 않는다.

> ✔ 해설 기업윤리는 기업을 올바르게 운영하는 기준 및 기업의 도덕적 책임도 포함되는 것으로 기업의 경영 방식 및 경영 정책에 영향을 준다.

22 직업윤리의 기본 원칙으로 알맞은 것은?

⊙ 사회적 책임　　　　　　　　　ⓛ 연대의식의 해체
ⓒ 전문성 제고　　　　　　　　　ⓔ 천직 · 소명 의식
ⓜ 협회의 강령 비판

---

① ㉠, ㉡, ㉢　　　　　　　　　② ㉠, ㉢, ㉣

③ ㉡, ㉢, ㉣　　　　　　　　　④ ㉡, ㉢, ㉤

> ✔해설　ⓛ 연대의식의 해체는 직장에서의 인간관계를 어렵게 하고, 직업의 사회적 의미를 퇴색시킨다.
> ⓜ 협회의 강령을 잘 준수하는 것도 훌륭한 직업인의 자세이다.

23 A는 현재 한 기업의 경력 20년차 부장으로서 근무하고 있다. 최근 상부에서 기업문화 개선을 위한 방안으로 전화응대 시 서로 자신의 신분을 먼저 알리도록 하자는 지시사항이 내려왔다. 경력과 회사 내의 위치를 고려하였을 때, 전화 상대가 대부분 자신의 후배인 경우가 많은 A에게는 못마땅한 상황이다. 이러한 상황에서 A에게 해줄 수 있는 조언으로 가장 적절한 것은?

① 직장 내에서 전화를 걸거나 받는 경우 자신의 신분을 먼저 알리는 것은 부끄럽거나 체면을 구기는 일이 아니다. 또한 전화상대가 후배일 가능성만 높을 뿐, 선배일 수도 있고 외부 고객의 전화일 수도 있다.

② 전화응대 시 서로 자신의 신분을 먼저 알림으로써 친목도모 및 사내 분위기 향상의 효과가 있으며, 직원들 간의 원활한 의사소통에도 도움이 된다.

③ 비록 직급이 높은 간부들에게는 못마땅한 부분이 있을 수 있으나, 상부의 지시사항을 잘 이해함으로써 발생하는 부수적인 효과도 기대할 수 있다.

④ 직장 내 상사로서 솔선수범하여 기업문화 개선에 앞장서는 모습을 보인다면 후배 직원들에게 좋은 본보기가 되어 회사의 위계질서를 세우는 데 큰 도움이 될 수 있다.

> ✔해설　높은 직급의 간부로서 이행해야 하는 불편하고 번거로운 지시사항에 대해 불만스러움이 있는 상황이므로 이를 해결해줄 수 있는 조언으로 적절한 것은 ①이다.

Answer　20.③　21.④　22.②　23.①

24 회사 내에서 기업윤리 관련 업무를 담당하고 있는 당신은 상사로부터 회사 내 새로운 기업윤리 지침을 작성해보라는 지시를 받았다. 당신은 업무에 대한 근면성, 성실성, 책임성 등을 바탕으로 새로운 기업윤리 지침을 작성하였으며, 이에 대한 설명을 보충하기 위해 규정 위반 사례들을 모아 첨부하려고 한다. 다음 중 당신이 첨부할 위반 사례로 가장 적절한 것은?

① 출장 중에 회사 카드로 식사 및 숙박을 해결하는 행위
② 업무 중 모바일 메신저를 통하여 외부 사람에게 정보를 구하는 행위
③ 휴식 시간을 잘 지키지 않는 행위
④ 업무 외 시간에 불법상거래와 도박을 하는 행위

✔해설 ④ 직장 밖에서나 업무 외 시간에 불법상거래 및 도박을 하는 것은 기업윤리에 어긋나며 회사에도 안 좋은 영향을 미친다.

25 당신은 잦은 철야로 인하여 몸이 몹시 피곤해 있다. 그런데 어젯밤에도 늦게까지 일하면서 처리한 일이 사고가 터지게 되었다. 이에 대해 상사가 불같이 화를 내며 심하게 꾸짖었다. 그러나 당신은 사고 관련 일뿐만 아니라 듣기 매우 거북한 인격 모독성 발언까지 듣게 되었다. 그것도 모든 사원들이 보는 자리에서 말이다. 이 상황에서 당신이 취할 수 있는 행동으로 가장 적절한 것은?

① 그냥 가만히 고개를 숙이고 있는다.
② 왜 사람을 무시하느냐고 막 부장에게 대든다.
③ 일에 관한 것은 사과를 드리며 인격 모독성 발언에 대해 사과할 것을 요구한다.
④ 책상 위의 모든 것을 다 집어 던지고 회사를 나간다.

✔해설 ③ 개인적인 불만이 있더라도 감정적인 부분은 되도록 배제하고 업무적인 부분에 대해 사과하는 것이 현명한 방법이다. 또한 자신이 느낀 인격적인 모독감에 대해서는 상사에게 사과를 요구하는 것이 합당하다.

26 다음은 인터넷 검색을 통하여 얻은 내용을 나타낸 것이다. 주어진 내용에 해당하는 사례들을 〈보기〉에서 알맞게 고른 것은?

> 기업이 생산 및 영업 활동을 하면서 환경경영, 윤리경영, 사회공헌과 노동자를 비롯한 지역 사회 등 사회 전체의 이익을 동시에 추구하며 그에 따라 의사결정 및 활동을 하는 것

〈보기〉
㉠ 장난감 제조업체인 A사는 자사 공장에서의 아동 노동을 금지하는 규정을 제정하고 시행하였다.
㉡ 가공식품 회사인 B사는 생산 원가를 낮추기 위해 공장을 해외로 이전하기로 하였다.
㉢ 무역회사인 C사는 매년 소재지의 학교와 문화 시설에 상당액을 기부하고 있다.
㉣ 자동차 회사인 D사는 구조 조정을 명분으로 상당수의 직원을 해고하였다.

① ㉠, ㉡
② ㉠. ㉢
③ ㉡, ㉣
④ ㉢, ㉣

✔해설 ㉠ 기업이 인권을 보호하기 위해 노력한 활동으로 사회적 책임을 수행한 사례에 해당한다.
㉢ 지역 사회의 이익을 함께 추구하는 기업 활동으로 기업의 사회적 책임을 수행한 사례에 해당한다.
㉡㉣ 기업이 이윤을 확대하기 위해 취한 행동으로 기업의 사회적 책임 수행과는 거리가 멀다.

27 다음 대화의 빈칸에 들어갈 내용으로 적절하지 않은 것은?

> 교사 : '노블레스 오블리주'가 무슨 뜻인가요?
> 학생 : 사회 지도층이 공동체를 위해 지녀야 할 도덕성을 의미합니다.
> 교사 : 그렇다면 그 구체적인 예로 어떤 것이 있을까요?
> 학생 : _____ 등이 있습니다.

① 법관이 은퇴한 후 무료 변호 활동을 하는 것
② 전문직 종사자가 사회에 대한 부채 의식을 버리는 것
③ 의사가 낙후된 지역에서 의료 봉사활동을 하는 것
④ 교수가 재능 기부에 참여하여 지식을 나누는 것

✔해설 사회 지도층으로서의 도덕적 의무를 이행하기 위해서 고위공직자 및 전문직 종사자는 사회에 대한 책임감을 가져야 한다.

Answer 24.④ 25.③ 26.② 27.②

28 다음 중 기업의 사회적 책임과 기업윤리에 대한 설명으로 가장 거리가 먼 것은?

① 기업의 사회적 책임이 추가적인 정부 규제와 개입을 줄일 수 있으므로 기업의 의사결정에 더 큰 자유와 신축성을 가질 수 있다.

② 기업의 사회적 책임이 도덕적, 규범적 측면을 강조하는 것이라면 기업윤리는 법률적, 제도적 측면에 초점을 둔다.

③ 기업은 기업의 유지 및 발전, 이해관계자의 이해조정, 사회발전 등의 분야에서 사회적 책임을 진다.

④ 기업윤리는 모든 상황에 보편적으로 적용되는 윤리라기보다는 기업경영이라는 특수상황에 적용되는 응용윤리의 성격을 갖는다.

> ✔ **해설** 기업의 사회적 책임이 조직차원에서 법률적, 제도적 측면을 강조한 것이라면 기업윤리는 개인차원에서 도덕적, 규범적 측면에 초점을 둔다.
> ※ **기업윤리**
> ㉠ **정의** : 사회생활을 하는 인간이 근본적으로 부딪힐 수밖에 없는 선과 악, 도덕적 책임과 의무에 관한 규율인 윤리에 관한 문제를 기업의 상황에 대입한 것이다. 따라서 기업윤리는 경영자의 행동이나 결정의 판단기준이 된다.
> ㉡ **구분**
> • 기업가 윤리 : 고객과의 신뢰, 경영의 투명성, 공정한 경쟁, 종업원에 대한 대우 등
> • 사원 윤리 : 업무에 충실, 고객에 대한 친절 등
> • 소비자 윤리 : 사원 존중, 회사에 대한 합당한 요구 등

29 기업의 사회적 책임에 대한 설명으로 가장 거리가 먼 것은?

① 기업의 사회적 책임은 근시안적, 반사회적인 이윤추구의 경영적 정당성을 부정하고 경영자에 의한 공익에의 배려를 필요한 것으로 인정하게 된 사회경제적 배경을 갖고 있다.

② 기업의 사회적 책임에 대한 긍정론의 근거로는 기업에 대한 공공성 기대, 대중적 이미지 고취, 책임과 권력의 방임, 예방보다는 치유 등이 있다.

③ 사회적 책임에 대한 부정론에 의하면, 기업이 그 목표인 최대이윤을 추구하는 과정이 사회적 책임을 수행하는 것으로 최대이윤을 추구하고 있으면 자연히 사회적 책임을 수행하는 것이라는 주장이다.

④ 환경경영, 윤리경영, 사회공헌 등을 통해 이익을 창출하면서 동시에 사회에 기여하려는 기업의 사회적 책임에 대한 관심이 높아졌다.

> ✔ **해설** 기업의 사회적 책임의 긍정론(기업양심과 기업윤리)
> ㉠ 기업에 대한 공공기대
> ㉡ 대중의 이미지
> ㉢ 책임과 권력의 균형
> ㉣ 기업의 자원 보유
> ㉤ 예방보다는 치유

30 기업윤리가 오늘날 경영자들과 사회에 중요한 개념으로 부각되고 있음에 대해 설명하는 내용으로 다음 중 가장 적절하지 않은 것은?

① 경영자의 비윤리적 행위가 빈번할수록 사회전체가 지불해야 하는 비용이 증가할 수 있다.
② 소비자보호, 환경보호와 같은 윤리적 기업활동에 대한 시민단체 등을 통한 감시활동이 강화되고 있다.
③ 기업윤리에 대한 국제사회의 요구 및 압력이 증대되고 있다.
④ 윤리경영이 기업의 재무적 성과에 미치는 기여도는 매우 적다.

✔해설 윤리경영의 적극적 실천이 기업의 가치와 성과에 모두 긍정적인 영향을 미친다는 연구결과가 나오고 있다.

31 다음은 기업의 윤리경영에 관한 사례를 나타낸 것이다. 이와 같은 윤리경영 지침을 준수하는 자세로서 가장 적절하지 않은 것은?

> 몇 년 전 한 기업에서 명절을 앞두고 대표이사가 직접 "3불문하고 명절선물을 받지 말라"라는 지시를 내려서 화제가 된 적이 있다. '3불문'이란 금액불문, 유형불문, 이유불문이다. 고유한 미풍양속이라는 그럴듯한 이유를 내세워 거래관계가 있거나 향후 거래를 희망하는 업체로부터 선물을 받는 것은 윤리경영을 해치는 길이기 때문에 내린 조치일 것이다.

① 거래처로부터 선물을 받았을 때에는 정중하게 거절하고 사과의 말씀을 드린다.
② 거래처 담당자가 선물을 몰래 놓고 갔을 경우에는 담당자에게 연락하여 돌려주고 상사에게는 보고하지 않아도 된다.
③ 직장 동료가 거래처로부터 선물을 받은 사실을 알게 되었을 경우 감사부서에 통보하기 전 상사나 직장 선배와 의논한다.
④ 거래처 직원이 부서에서 나누어 먹으라고 가져온 케이크는 상사에게 말씀드리고 의견을 따른다.

✔해설 거래처 담당자가 선물을 몰래 놓고 갔을 경우에는 담당자에게 연락하여 돌려주고 반드시 상사에게도 보고하여야 한다.

32 다음 중 기업윤리와 사회적 책임에 대한 설명으로 가장 적절하지 않은 것은?

① 기업의 사회적 책임은 법과 주주들이 요구하는 것을 넘어서 사회 전체에서 바람직한 장기적 목표를 추구할 의무까지 포함한다.

② 정부에서는 소비자 보호법, 제조물책임법, 공정거래법 등을 제정하여 기업의 윤리행위에 영향을 주고 있다.

③ 현재 기업의 사회적 책임은 윤리적 측면에서만 문제가 되고 법적 강제사항은 아니던 것이 법제화되는 사례가 많아지고 있다.

④ 기업의 사회적 책임에는 산업재해예방, 복리후생향상과 같은 대외적 윤리와 환경보호, 소비자 만족경영과 같은 대내적 윤리가 있다.

✔**해설** 기업의 사회적 책임 유형
　　㉠ 대외적 윤리 : 대리인 문제, 소비자에 대한 윤리 문제, 정부와 사회에 대한 책임
　　㉡ 대내적 윤리 : 종업원에 대한 공정한 대우, 노조에 대한 책임 등

33 다음의 설명 중에서 근로윤리를 위배한 사항이 아닌 것은?

> 　직장인 A씨는 업무 추진능력이 뛰어나서 일에 집중을 하면 성과를 높이기는 하지만, 자기중심적이고, 게으르며, 시간을 지키지 않는다. 따라서 다른 직업인들에게 사기를 저하 시키면서 팀 분위기를 해친다.

① 규정시간 위반　　　　　　　　② 업무 추진능력
③ 자기중심적 성향　　　　　　　④ 근무태만

✔**해설** 주어진 설명에서 뛰어난 업무 추진능력으로 성과를 높인다고 하였으므로 이에 대한 근로윤리를 위배한 것은 아니다.

34 우리나라의 직업관에 관한 설명으로 옳지 않은 것은?

① 입신출세론은 동기를 중시하는 경향을 가진다.

② 입신양명은 인격과 능력을 쌓아 주위의 믿음과 존경을 전제로 한다.

③ 입신출세에서 직업은 부의 축적과 권력획득의 수단으로 오인될 수 있다.

④ 입신출세는 과정을 생략하고 주로 현재 외부에 드러난 유형만 가지고 평가하는 것이다.

✔**해설** ① 입신출세론은 결과를 중시하는 경향을 가진다.

35 원만한 직업생활을 위한 봉사(서비스)활동의 의미로 옳지 않은 것은?

① 고객으로부터 사랑을 받기 위한 기본적 방법은 봉사를 강조하는 것이다.

② 고객소리의 경청과 요구사항을 해결하는 것은 기업 활동의 시작이자 끝이다.

③ 봉사의 사전적 의미는 자신의 이해를 돌보지 아니하고 몸과 마음을 다하는 것이다.

④ 우수한 상품의 경우 높은 수준의 서비스가 아니어도 고객만족은 충분히 이루어진다.

✔ 해설 ④ 상품이 우수하더라도 서비스 수준이 낮다면 고객의 만족도는 떨어지게 된다.

36 인간의 존엄성과 행복추구권에 대한 설명으로 옳지 않은 것은?

① 일 자체의 가치와 즐거움을 찾기 위한 자신의 노력이 필요하다.

② 노동의 인간화는 인간다운 근로조건, 의사결정 참여 확대, 권한과 책임을 부여해야 한다.

③ 노동을 하는 근본적인 이유에 관한 문제와 이유에 대해서는 고민하지 않아도 된다.

④ 인간의 존엄성과 행복추구권을 기본권 보장의 대의로 규정하는 헌법 정신에 입각해서 이루어져야 한다.

✔ 해설 ③ 노동을 하는 근본적인 이유에 관한 문제와 이유에 대해서는 지속적인 고민이 필요하다.

37 다음과 같은 직업 생활에 요구되는 자세로 가장 알맞은 것은?

> 인간의 삶터가 직장을 중심으로 이루어진다고 할 때 우리는 직장을 통하여 많은 사람들과 교제한다. 같은 직장 내에서 뿐만 아니라 직장 외부에서도 일과 관련된 사람들을 수시로 접촉한다. 이때, 인간관계가 원만하면 직장 생활이 즐거운 반면, 그렇지 못하면 항상 긴장과 스트레스 속에서 갈등하게 된다.

① 상사의 명령에 무조건 복종하는 자세를 갖는다.

② 화합하고 협동하는 인간관계를 맺기 위해 노력한다.

③ 경제적 효율성을 중시하는 공동체 문화를 확립한다.

④ 공정한 기회를 제공하는 수평적 조직 체계를 수립한다.

✔ 해설 제시문은 직장에서의 원만한 인간관계에 대한 내용으로, 이를 위해서는 화합하고 협동하는 자세가 필요하다.

Answer 32.④ 33.② 34.① 35.④ 36.③ 37.②

38 다음 대화의 빈칸에 들어갈 말로 알맞게 짝지어진 것은?

> 학생 : 직업인으로서 지켜야 할 기본 윤리는 무엇인가요?
> 선생님 : 직업인이라면 일반적으로 정직과 성실, 신의, 책임, 의무 등의 덕목을 준수해야 합니다.
> 학생 : 선생님께서 말씀하신 덕목은 모든 사람들에게 요구되는 윤리와 상통한데, 그 이유는 무엇인가요?
> 선생님 : _____

〈보기〉
㉠ 모든 직업인은 직업인이기 전에 인간이기 때문입니다.
㉡ 특수한 윤리가 필요한 직업은 존재하지 않기 때문입니다.
㉢ 직장 생활에서 사람들과 관계를 맺어야 하기 때문입니다.
㉣ 직업은 사회적 역할 분담의 성격을 가지고 있기 때문입니다.

① ㉠, ㉢   ② ㉡, ㉣
③ ㉠, ㉢, ㉣   ④ ㉡, ㉢, ㉣

✔ **해설** ㉡ 직업윤리의 특수성에 대한 내용으로, 특수한 윤리가 필요한 직업은 점차 늘어나고 있는 추세이나 이런 특수성은 보편적인 윤리를 바탕으로 정립되어야 한다.

39 A, B, C의 직업에 대한 관점으로 옳은 것은?

> A : 나의 능력과 소질을 실현할 수 있는 직업을 갖고 싶다.
> B : 사회와 국가에 봉사하고 헌신할 수 있는 직업을 갖고 싶다.
> C : 돈을 많이 벌어 부유한 생활을 유지할 수 있는 직업을 갖고 싶다.

① A는 생계를 유지하기 위해 소득을 얻는 수단으로 간주한다.
② B는 사회적 역할을 분담하여 의무를 이행하는 것으로 본다.
③ C는 적성과 잠재성을 계발하는 터전으로 생각한다.
④ A와 C는 사회에 기여하는 보람을 얻는 활동으로 생각한다.

① 소득을 획득하여 생계유지 수단으로 생각하는 것은 A의 직업관이다.
③ C는 수단적 직업관을 가지고 있으며, 직업을 출세나 생계유지와 같은 명예와 부를 획득하는 수단으로 여기고 있다.
④ 사회에 기여하고자 보람을 얻는 활동으로 생각하는 것은 B의 직업관이다.

40 다음 중 기업의 사회적 책임과 거리가 먼 것은?

① 고용 증대
② 지역 발전에 기여
③ 주주 가치의 극대화
④ 환경 문제의 해결

해설 기업의 사회적 책임(CSR)의 범위
㉠ 1단계 책임 : 경제적(economic)
• 고객의 욕구를 만족시키며 경제적 이익을 창출하는 책임
• 이윤극대화, 고용확대 등
㉡ 2단계 책임 : 법적(legal)
• 법률적 규제의 범위 안에서 경제적 사명을 성취하는 책임
• 회계투명성, 제품안전 등
㉢ 3단계 책임 : 윤리적(ethical)
• 사회가 적절한 행동으로 규정한 도덕적 규율을 준수하는 책임
• 환경 · 윤리경영, 고용다양성 등
㉣ 4단계 책임 : 자선적(philanthropic)
• '기업시민'으로서 사회의 긍정적 변화를 적극적으로 추구하는 책임
• 소외계층 및 교육 · 문화지원 등

Answer 38.③ 39.② 40.③

직무수행능력평가

PART

V

직무수행능력평가

출제예상문제

1 다음 내용을 보고, 보기 중 전후 맥락에 알맞은 단어를 선택한 것을 고르면?

> 우리 카지노는 2025년 달력에 실을 사진을 공모하오니 관심 있는 분들의 많은 ㉠참여 / 참석
> 바랍니다.
>
> 1. 응모 자격 : 우리 카지노에 관심이 있는 전 국민
> 2. 접수 기간 : 2024. 8. 3. ~ 2024. 8. 4.
> 3. ㉡제출 / 제시방법
>   • 서류 : 응모신청서, 컬러 또는 흑백 인화 11 × 14인치 사진을 동봉하여 등기우편 접수
>   • 주소 : 서울특별시 강남구 삼성로 610(삼성동) GKL 홍보팀
>   • 참고 : 1인당 5점 ㉢이내 / 이외 출품가능
> 4. ㉣시상 / 수상 내역
>
> | 구분 | 대상(1명) | 금상(1명) | 은상(2명) | 동상(5명) |
> |------|-----------|-----------|-----------|-----------|
> | 상금 | 300만 원 | 150만 원 | 80만 원 | 40만 원 |
>
> 5. 유의사항 : 제출한 작품 일체는 반환하지 않으며, 당선작에 대한 저작권은 본 카지노에 귀속함

① ㉠ 참석   ② ㉡ 제시
③ ㉢ 이외   ④ ㉣ 시상

✔ 해설 ㉠ 참여 : 어떤 일에 끼어들어 관계함 (○)
　　　　　참석 : 모임이나 회의 따위의 자리에 참여함
　　　　㉡ 제출 : 문안이나 의견, 법안 따위를 냄 (○)
　　　　　제시 : 어떠한 의사를 말이나 글로 나타내어 보임. 또는 검사나 검열 따위를 위하여 물품을 내어 보임
　　　　㉢ 이내 : 일정한 범위나 한도의 안. 시간, 거리, 수량 따위를 나타낼 때에 두루 쓴다. (○)
　　　　　이외 : 일정한 범위나 한도의 밖
　　　　㉣ 시상 : 상장이나 상품, 상금 따위를 줌 (○)
　　　　　수상 : 상을 받음

2 다음 카지노의 영업 종류 중 그 구분이 다른 하나를 고르면?

① 포커(Poker)

② 빙고(Bingo)

③ 마작(Mahjong)

④ 슬롯머신(Slot Machine)

> ✔ 해설 포커, 빙고, 마작은 형태에 따라 테이블게임 또는 전자테이블게임으로 구분된다.
> ④ 슬롯머신은 비디오게임과 함께 머신게임으로 구분한다.

3 다음에 제시된 자료를 읽고, 〈보기〉에 제시된 진술문의 진위에 대해 판단하면? (단, 반드시 제시된 내용만을 근거로 한다)

> 슬롯머신을 비롯해 카지노에 있는 각종 게임들의 환급률(승률, 기댓값)은 법적으로 75% 이상으로 정해져 있다. 하지만 세계 대부분의 카지노에서 슬롯머신의 환급률은 90% 내외인 것으로 전해진다. 시스템의 조합과 설정 등에 따라 조금씩 차이가 나겠지만 대부분 90% 선을 크게 벗어나지 않는다. 환급률을 90%에 맞춰놓은 슬롯머신이라면 총수입의 90%를 돌려준다는 의미일 뿐, 열 번 하면 아홉 번 돈을 돌려준다는 개념은 아니다.

> 〈보기〉
> 어떤 게임의 환급률이 80%라는 것은 고객이 1만 원을 가지고 게임을 했을 경우 2천 원을 카지노가 가져갔다는 소리이다.

① 참   ② 거짓   ③ 알 수 없음

> ✔ 해설 환급률을 90%에 맞춰놓은 슬롯머신이라면 총수입의 90%를 돌려준다는 의미이므로 10%는 카지노가 가져갔다는 소리이다. 따라서 〈보기〉에 제시된 문장은 참이다.

4 「관광진흥법」에 따른 카지노업 영업준칙으로 잘못된 것은?

① 카지노업의 건전한 발전과 원활한 영업활동, 효율적인 내부 통제를 위하여 이사회·카지노총지배인·영업부서·안전관리부서·환전·전산전문요원 등 필요한 조직과 인력을 갖추어 1일 6시간 이상 영업하여야 한다.

② 전산시설·출납창구·환전소·카운트룸·폐쇄회로·고객편의시설·통제구역 등 영업시설을 갖추어 영업을 하고, 관리기록을 유지하여야 한다.

③ 게임기구와 칩스·카드 등의 기구를 갖추어 게임 진행의 원활을 기하고, 게임테이블에는 드롭박스를 부착하여야 하며, 베팅금액 한도표를 설치하여야 한다.

④ 머신게임의 이론적 배당률을 75% 이상으로 하고 배당률과 실제 배당률이 5% 이상 차이가 있는 경우 카지노검사기관에 즉시 통보하여 카지노검사기관의 조치에 응하여야 한다.

✔ 해설 ① 카지노업의 건전한 발전과 원활한 영업활동, 효율적인 내부 통제를 위하여 이사회·카지노총지배인·영업부서·안전관리부서·환전·전산전문요원 등 필요한 조직과 인력을 갖추어 <u>1일 8시간 이상</u> 영업하여야 한다.

5 카지노에 대한 설명으로 옳은 것은 무엇인가?

① 타 산업에 비해 고용창출 효과가 낮다.

② 경제적 파급효과가 낮다.

③ 장기적인 관점에서 경제 내 생산성을 약화시킬 우려가 있다.

④ 지하 경제 비중이 감소한다.

✔ 해설 카지노는 타 산업에 비해 고용창출 효과와 경제적 파급효과가 높지만 장기적으로 보았을 때 경제 내 생산성과 성장성을 약화시켜 전체적으로 고용이 감소하는 효과를 유발할 우려가 있다.

6 100원짜리 동전을 4번 던졌더니 4번 모두 앞면이 나왔다. 그렇다면 5번째에 뒷면이 나올 확률은 얼마인가?

① 20% ② 30%

④ 40% ④ 50%

도박사의 오류(Gambler's fallacy)와 관련되어 생각해 볼 수 있는 문제이다. 도박사의 오류란 도박에서 줄곧 잃기만 하던 사람이 이번엔 꼭 딸 거라고 생각하는 오류를 말한다. 하지만 이기고 질 확률은 언제나 50 : 50으로, 앞 사건의 결과와 뒤 사건의 결과가 서로 독립적이다.

이 문제에서도 100원짜리 동전을 던졌을 때 앞면이 나올 확률과 뒷면이 나올 확률은 50 : 50으로 동일하다. 따라서 4번 던져 4번 모두 앞면이 나왔더라고 5번째에 앞면 또는 뒷면이 나올 확률은 이와 관계없이 50%이다.

※ 뜨거운 손 오류(Hot-hand fallacy) … 도박사의 오류와는 반대의 경우로, 스포츠나 도박에서 한 번 성과를 본 사람이 다음에도 계속 성공하리라 믿는 것을 의미한다.

7 다음 중 내국인의 출입이 허용된 카지노는?

① 파라다이스 카지노 워커힐 ② 세븐럭 카지노 강남점
③ 강원랜드 카지노 ④ 인스파이어 카지노

✔해설 ③ 우리나라에서 내국인의 출입이 허용된 카지노는 강원랜드 카지노뿐이다.

8 다음은 관광진흥개발기금 납부금의 징수비율에 대한 자료이다. 연간 총매출액이 200억 원인 카지노에서 납부해야 하는 관광진흥개발기금은?

> • 연간 총매출액이 10억 원 이하인 경우 : 총매출액의 100분의 1
> • 연간 총매출액이 10억 원 초과 100억 원 이하인 경우 : 1천만 원 + 총매출액 중 10억 원을 초과하는 금액의 100분의 5
> • 연간 총매출액이 100억 원을 초과하는 경우 : 4억 6천만 원 + 총매출액 중 100억 원을 초과하는 금액의 100분의 10

① 1억 원 ② 10억 6천만 원
③ 14억 6천만 원 ④ 20억 원

✔해설 연간 총매출액이 100억 원을 초과하는 경우이므로 4억 6천만 원 + (100억 원 × $\frac{10}{100}$) = 14억 6천만 원을 관광진흥개발기금으로 납부하여야 한다.

9 세계 카지노산업의 동향으로 옳지 않은 것은?

① 카지노의 합법화와 확산 추세

② 카지노의 대형화와 복합 단지화 추세

③ 카지노의 레저산업화

④ 카지노의 경쟁 약화에 따른 수익성 증가

✔ 해설 ④ 카지노의 경쟁 심화에 따라 수익성이 감소하는 추세이다.

10 다음에서 설명하고 있는 카지노 게임은?

> 딜러가 쉐이커 내에 있는 주사위 3개를 흔들어 주사위가 나타내는 숫자의 합 또는 조합을 알아
> 맞히는 참가자에게 소정의 당첨금을 지불하는 방식의 게임

① 다이사이   ② 블랙잭

③ 바카라   ④ 룰렛

✔ 해설 ② 블랙잭 : 딜러와 참가자가 함께 카드의 숫자를 겨루는 것으로 2장 이상의 카드를 꺼내어 그 합계를 21점에
　　　　 가깝도록 만들어 딜러의 점수와 승부한다.
　　　③ 바카라 : 카지노 게임의 왕이라고도 불리며, 딜러와 참가자의 어느 한쪽을 택하여 9 이하의 높은 점수로 승
　　　　 부하는 카드 게임이다.
　　　④ 룰렛 : 룰렛 휠을 가지고 룰렛 테이블에서 진행하는 게임으로, 룰렛 볼이 어느 눈금 위에 멎느냐에 돈을 건다.

11 외국인 전용 카지노가 설치되어 있지 않은 지역은?

① 대구   ② 강원

③ 경기   ④ 부산

✔ 해설 우리나라에 카지노가 설치되어 있는 지역은 서울, 부산, 인천, 강원, 대구, 제주이며 이 중 강원랜드 카지노를
　　　 제외한 나머지 업체는 모두 외국인을 대상으로 하는 외국인 전용 카지노이다.

12 다음은 GKL의 조직개편에 대한 기사의 일부를 순서에 상관없이 나열한 것이다. 다음 기사를 순서에 맞게 바르게 배열한 것은?

> ㉠ 유 사장은 "고객과 주주의 가치 실현뿐만 아니라, 국민에게 신뢰받는 공기업을 목표로 조직개편을 단행했다."라고 말했다.
> ㉡ 그랜드코리아레저(GKL)가 기업의 혁신과 효율적 운영을 위해 지난 13일자로 조직개편을 단행했다고 밝혔다.
> ㉢ 목표 달성을 위해 사장 직속 비서실을 소통실로 명칭을 변경하고 그 아래 홍보팀, 스포츠팀, 비서팀을 두어 대내외 소통 기능을 강화하고 기업문화 업무를 총괄한다.
> ㉣ 이번 조직개편은 지난달 취임한 유태열 사장이 화두로 삼은 '소통', '혁신', '윤리', '청렴'을 바탕으로 추진했다.

① ㉠ - ㉡ - ㉢ - ㉣
② ㉡ - ㉠ - ㉢ - ㉣
③ ㉡ - ㉣ - ㉠ - ㉢
④ ㉢ - ㉡ - ㉠ - ㉣

✔ 해설 ㉡ GKL의 조직개편 단행 → ㉣ 조직개편의 추진 바탕 → ㉠ 조직개편의 목표 → ㉢ 목표 달성을 위한 조직개편 내용

13 다음은 2022년과 2023년 세븐럭 카지노의 게임별 매출 비중에 관한 표이다. A + B + C + D의 값은 얼마인가?

구분	블랙잭	룰렛	바카라	다이사이	포커	슬롯머신	비디오게	합계
2022	14%	10%	A	B	13%	15%	14%	100%
2023	C	13%	31%	4%	9%	D	13%	100%

① 64
② 65
③ 66
④ 67

✔ 해설 A + B = 100 − (10 + 10 + 13 + 15 + 14) = 34
C + D = 100 − (13 + 31 + 4 + 9 + 13) = 30

14 「관광진흥법」상 카지노사업자에게 금지되는 행위가 아닌 것은?

① 카지노에 입장하는 자의 신분 확인에 필요한 사항을 묻는 행위

② 지나친 사행심을 유발하는 광고나 선전을 하는 행위

③ 총매출액을 누락시켜 관광진흥개발기금 납부금액을 감소시키는 행위

④ 정당한 사유 없이 그 연도 안에 60일 이상 휴업하는 행위

> ✔ 해설 카지노사업자에게 금지되는 행위〈관광진흥법 제28조 제1항〉
> ㉠ 법령에 위반되는 카지노기구를 설치하거나 사용하는 행위
> ㉡ 법령을 위반하여 카지노기구 또는 시설을 변조하거나 변조된 카지노기구 또는 시설을 사용하는 행위
> ㉢ 허가받은 전용영업장 외에서 영업을 하는 행위
> ㉣ 내국인(해외이주자는 제외)을 입장하게 하는 행위
> ㉤ 지나친 사행심을 유발하는 등 선량한 풍속을 해칠 우려가 있는 광고나 선전을 하는 행위
> ㉥ 법에 따른 영업 종류에 해당하지 아니하는 영업을 하거나 영업 방법 및 배당금 등에 관한 신고를 하지 아니하고 영업하는 행위
> ㉦ 총매출액을 누락시켜 관광진흥개발기금 납부금액을 감소시키는 행위
> ㉧ 19세 미만인 자를 입장시키는 행위
> ㉨ 정당한 사유 없이 그 연도 안에 60일 이상 휴업하는 행위

15 GKL 레저관리실에서 팀원 A~H의 8명을 본부 회의 때 두 팀으로 나누어 각각 주제 발표를 하기로 했다. 다음에 제시된 조건에 따라 팀을 편성할 때, 가장 적절한 팀 편성은?

> (조건 1) A와 B는 각 팀의 리더이다.
> (조건 2) C는 A 또는 D와 같은 조가 되어야 한다.

① A, B, C, E

② A, C, D, H

③ B, C, F, G

④ B, C, E, H

> ✔ 해설 (조건 1)에 따라 A와 B는 같은 팀이 될 수 없으며, (조건 2)에 따라 C는 A 또는 D와 반드시 같은 조가 되어야 한다. 조건에 맞는 조합은 ②이다.

16 Banker와 Player 중 카드 합이 9에 가까운 쪽이 승리하는 카지노 게임은?

① 바카라   ② 블랙잭

③ 다이사이   ④ 빅휠

> ✔해설 바카라 … 카지노 게임의 왕이라고도 불리며, 딜러와 참가자의 어느 한쪽을 택하여 9 이하의 높은 점수로 승부
> 하는 카드 게임이다.

17 현재 환율은 KRW1,158/USD, HKD8/USD이다. HKD2,000을 송금해야 하면 얼마의 원화가 필요
한가? (단, 수수료 등은 신경 쓰지 않는다)

① 280,000원   ② 285,500원

③ 287,500원   ④ 289,500원

> ✔해설 HKD8 = USD1이므로 HKD2,000 = USD250이다.
> 이를 다시 KRW로 환산하면 USD1 = KRW1,158이므로 USD250 = KRW289,500이다.
> 즉, HKD2,000 = USD250 = KRW289,500이다.

18 카지노산업의 특성으로 옳은 것은?

① 인적서비스 의존도가 낮다.
② 다른 산업에 비해 고용창출효과가 높다.
③ 관광객 체재기간을 단축하여 관광객 경비를 줄인다.
④ 호텔영업에 기여도 및 의존도가 낮다.

> ✔해설 ① 인적서비스 의존도가 높다.
> ③ 관광객 체재기간을 연장케 하고 관광객 지출을 증대시킨다.
> ④ 호텔영업에 기여도 및 의존도가 높다.

Answer   14.① 15.② 16.① 17.④ 18.②

19 다음은 어느 카지노의 매출액 추이를 나타낸 표이다. 이 카지노의 2024년 매출액 성장률(전년 대비)이 약 20%라면, 이 카지노의 2024년 매출액은?

연도	2019년	2020년	2021년	2022년	2023년
매출액	2,200백만	2,400백만			5,500백만

① 6,000백만 원
② 6,200백만 원
③ 6,400백만 원
④ 6,600백만 원

✔해설 2024년 매출액을 x라고 할 때, 2024년의 매출액 성장률이 20%이므로

$$\frac{x - 5,500}{5,500} \times 100 = 20$$

∴ $x = 6,600$백만 원이다.

20 Where would the directory most likely appear?

DIRECTORY OF HUMAN RESOURCES	
⟨Staffing⟩ Lynn Nurka, ext. 3105 For a list of current job openings and information on general hiring procedures and the Candidate Referral Program	⟨New Hires⟩ Ray Mackert, ext. 3130 For assistance with moving expenses, requesting and purchasing mew office equipment, and setting up e-mail
⟨Payroll⟩ Andrea Damirez, ext. 3810 For inquiries about paychecks, to change bank information, or to request a copy of a paystub	⟨Training⟩ Mohamed Jar, ext. 3990 For a current listing of the company's online training courses and for help with arranging an internal training course for employees

① In a newspaper section
② In a job advertisement
③ In a sales brochure
④ In an employee handbook

✔해설 직원 이름, 내선번호, 담당업무 등에 대한 안내이므로 직원 안내 책자에서 볼 수 있는 내용이다.

21 외국인 전용으로 허가받아 개설된 우리나라 최초의 카지노는?

① 제주 라마다 카지노
② 인천 올림포스 카지노
③ 부산 파라다이스 카지노
④ 서울 워커힐 카지노

✔해설 우리나라 최초의 카지노는 1967년 8월에 개장한 인천 올림포스 카지노이다.

22 GKL이 운영하는 세븐럭 카지노 영업점이 아닌 것은?

① 강남 코엑스점   ② 서울 드래곤시티점
③ 부산 롯데점   ④ 제주 롯데점

✔해설 GKL이 운영하는 세븐럭 카지노 영업점은 강남 코엑스점, 서울 드래곤시티점, 부산 롯데점 3곳이다.

23 다음 중 최대 베팅금액이 가장 큰 게임은?

① 룰렛   ② 블랙잭
③ 다이사이   ④ 쓰리 카드 포커

✔해설 블랙잭의 베팅금액은 최소 10,000~최대 5,000,000이다.
① 룰렛 : 2,500~1,000,000
③ 다이사이 : 5,000~2,000,000
④ 쓰리 카드 포커 : 10,000~1,000,000

24 테이블 게임 에티켓에 대한 설명으로 잘못된 것은?

① 룰렛 : "No more Bet"이라고 딜러가 선언한 후에도 베팅할 수 있다.
② 블랙잭 : 카드를 만져서는 안 된다.
③ 포커 : 차례를 지켜 베팅해야 한다.
④ 바카라 : 혼동을 유발할 수 있으니 베팅 공간에 정확히 베팅해야 한다.

> ✔해설 ① 룰렛은 딜러가 "No more Bet"이라고 선언한 후에는 반드시 베팅을 멈추어야 하고 다른 고객의 칩을 절대 만져서는 안 된다.

25 블랙잭에서 카드의 가치가 잘못 계산된 것은?

① A♦ = 10   ② J♣ = 10

③ Q♥ = 10   ④ K♠ = 10

> ✔해설 블랙잭에서 Ace는 1 또는 11로 계산하고, King, Queen, Jack은 각각 10으로 계산한다. 그 외의 카드는 카드에 표시된 숫자로 계산한다.

26 바카라에서 Tie Bet이 당첨될 경우에는 베팅 금액의 몇 배를 지급받는가?

① 2배   ② 4배
③ 8배   ④ 10배

> ✔해설 Tie는 Player와 Banker 양쪽 카드의 합이 같은 값일 경우로 Tie Bet이 당첨될 경우에는 베팅 금액의 8배를 지급받는다.

27 캐리비안 스터드 포커에서 동일한 무늬의 패가 Ace, King, Queen, Jack, 10으로 이루어진 Hand Combination은?

① Straight   ② Full House

③ Royal Flush   ④ Four of kind

 해설 Royal Flush는 동일한 무늬의 패가 Ace, King, Queen, Jack, 10으로 이루어진 경우이다. → 배당률 100배
① Straight : 연속적인 순위의 카드가 5장 있는 경우→ 배당률 4배
② Full House : 동일한 순위의 카드 3장과 동일한 순위의 카드 2장으로 구성된 경우→ 배당률 7배
④ Four of kind : 동일한 순위의 카드가 4장이 있을 경우→ 배당률 20배

28 쓰리카드 포커에서 카드서열 순위가 낮은 것에서 높은 것으로 바르게 나열된 것은?

① High Card → One Pair → Straight → Flush → Three of kind → Straight Flush

② High Card → One Pair → Flush → Straight → Three of kind → Straight Flush

③ One Pair → High Card → Straight → Flush → Three of kind → Straight Flush

④ One Pair → High Card → Flush → Straight → Three of kind → Straight Flush

해설 쓰리카드 포커의 카드서열 순위

구분	설명	서열
Straight Flush	카드 무늬가 동일하고 연속적인 숫자일 경우	높음
Three of kind	같은 숫자의 카드가 3장이 있을 경우	
Straight	연속적인 숫자의 카드가 3장 있는 경우	
Flush	동일한 무늬의 카드가 3장이 되는 경우	
One Pair	같은 숫자의 카드가 2장이 있을 경우	
High Card	다른 무늬와 다른 숫자를 가진 3장의 카드로 구성된 경우(Queen High 이상) (순위가 높은 카드로 승패를 겨룸)	낮음

29 룰렛 게임테이블의 베팅 공간을 잘못 연결한 것은?

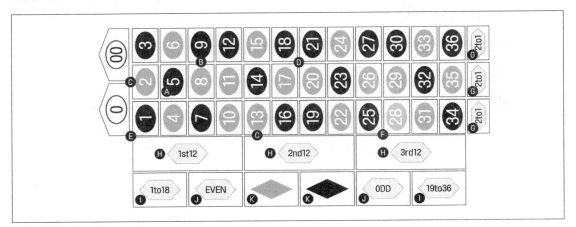

① A : STRAIGHT BET   ② C : STREET BET

③ G : SQUARE BET   ④ H : DOZEN BET

✔ 해설   ③ G는 COLUMN BET이다. SQUARE BET은 D이다.

※ 룰렛 게임 테이블

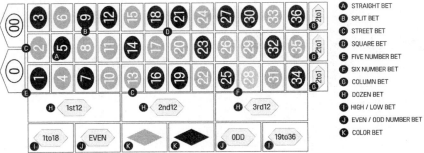

Ⓐ STRAIGHT BET
Ⓑ SPLIT BET
Ⓒ STREET BET
Ⓓ SQUARE BET
Ⓔ FIVE NUMBER BET
Ⓕ SIX NUMBER BET
Ⓖ COLUMN BET
Ⓗ DOZEN BET
Ⓘ HIGH / LOW BET
Ⓙ EVEN / ODD NUMBER BET
Ⓚ COLOR BET

30 슬롯머신 게임규칙에 대한 설명으로 틀린 것은?

① 프로그레시브 잭팟 : 한 대 혹은 여러 대의 머신기기를 연결하여 시상금을 누적한 후 고객이 최고 심볼 혹은 잭팟에 당첨될 경우 누적된 시상금을 모두 지급받게 되는 것을 말한다.

② 미스테리 프로그레시브 : 최일부 머신기기에 대하여 잭팟 당첨 시 다양한 이벤트 제공을 위해 시상금 대신 상품(자동차 등)을 제공하는 것을 말한다.

③ 연결 프로그레시브 : 머신기기 여러 대를 묶어 운영하며 특정 기기에서 잭팟이 당첨되었을 경우 여러 기기에서 누적된 시상금을 모두 지급받게 되는 것을 말한다.

④ 개별 프로그레시브 : 단독으로 기기를 운영하며 잭팟이 당첨되었을 경우 게임진행에 따른 누적된 시상금을 모두 지급받게 되는 것을 말한다.

✔해설 ② 미스테리 프로그레시브란 최고 시상 심볼이 아닌 잭팟 컨트롤러에 의해서 당첨자가 정해지며 당첨되었을 경우 누적된 시상금을 모두 지급 받게 되는 것을 말한다. 최일부 머신기기에 대하여 잭팟 당첨 시 다양한 이벤트 제공을 위해 시상금 대신 상품(자동차 등)을 제공하는 머신은 이벤트 머신이다.

31 다음 관광객이 즐기는 카지노 게임은?

> 내가 선택한 플레이어 카드 두 장의 합이 9이고, 딜러의 뱅커 카드 두 장의 합이 8이어서 내가 배팅한 금액의 당첨금을 받았다.

① 바카라
② 블랙잭
③ 다이사이
④ 룰렛

✔해설 제시된 내용은 바카라에 대한 설명이다. 바카라는 딜러가 플레이어와 뱅커 카드를 바카라 룰에 의거하여 딜링한 후, 카드 숫자의 합을 비교하여 9에 가까운 쪽이 이기는 게임이다.

② 블랙잭 : 가장 많이 알려진 카드 게임으로 딜러와 플레이어 중 카드의 합이 21 또는 21에 가장 가까운 숫자를 가지는 쪽이 이기는 게임이다. 일명 21(Twenty One)이라고도 한다.

③ 다이사이 : 플레이어가 베팅한 숫자 혹은 숫자의 조합이 Shaker(주사위 용기)로 흔들어 결정된 3개의 주사위 합과 일치하면 정해진 배당률에 의해 배당금이 지급되는 게임이다.

④ 룰렛 : 딜러가 숫자가 표시된 휠(Wheel)을 회전시킨 후, 그 반대 방향으로 볼을 회전시켜 볼이 낙착되는 숫자에 베팅한 플레이어에게 정해진 액수를 지급하는 게임이다.

32 다음 설명에 해당하는 용어는?

> 카지노 영업장의 한 구역을 총괄하고 게임진행을 관장하는 사람

① 카지노딜러　　　　　　　　　　　② 피트보스
③ 플로어퍼슨　　　　　　　　　　　④ 피트클럭

✔ 해설　피트보스(pit boss)는 카지노의 경영 조직 체계에서, 여러 명의 플로어퍼슨의 활동과 게임을 감독하는 피트에서 가장 상위의 게임 감독자로 경영자를 대신하는 사람이다.

33 다음 중 '서베일런스'의 업무로 가장 거리가 먼 것은?

① 카지노 내 CCTV 모니터링
② 미스테이크 및 규정 절차 위반 기록
③ 고객 컴플레인 사례 분석
④ 카지노 내 원활한 게임 진행

✔ 해설　서베일런스(serveillance)는 카지노 내 모든 게임의 전반적인 모니터링과 카지노 영업장 내의 모든 상황을 체크한다. 크게 영업장 관찰, 영업장 운영 상태 관리 및 개선, 미스테이크 및 규정·절차 위반 기록, 고객 성향 파악 및 게임 분석 등의 업무를 담당한다.
④ 카지노 내 원활한 게임 진행은 딜러의 업무이다.

34 다음 중 카지노 출입관리 지침에 따라 카지노 출입을 제한하는 카지노 출입제한의 종류가 아닌 것은?

① 가족요청 출입제한　　　　　　　　② 본인요청 출입제한
③ 규정위반 출입제한　　　　　　　　④ 특별 출입제한

✔ 해설　카지노 출입제한은 가족요청, 본인요청, 일반(규정위반)으로 나뉜다.
㉠ 가족요청 출입제한 : 가족(배우자 및 직계존비속)을 카지노에 출입할 수 없도록 요청하는 것
㉡ 본인요청 출입제한 : 본인 스스로 카지노에 출입할 수 없도록 요청하는 것
㉢ 일반(규정위반) 출입제한 : 사채영업, 폭력행위, 소란, 무기소지, 신분증 및 멤버십 카드 양도·양수 등 규정위반 행위가 사실로 확인되어 출입제한 되는 것

35 2019년 현행법에 명시되어 있는 국내 카지노의 허가·출입 제한 연령을 21세로 상향하는 법안을 국회에 제출하면서 카지노업계의 관심이 집중되었다. 현행법에 명시되어 있는 국내 카지노 출입 연령은 몇 세인가?

① 17세

② 18세

③ 19세

④ 20세

✔ **해설** 현행법에 따른 국내 카지노의 허가·출입 연령은 19세이다. 2019년에 민주평화당 김광수 의원은 10대 청소년과 20대 청년층 도박중독 환자수가 급증하고 있는 것에 대책으로 국내 카지노의 허가·출입 제한 연령을 21세로 상향하는 법안을 국회에 제출했다. 마카오와 싱가포르 등에 위치한 유명 카지노에서는 청소년층의 도박중독 예방을 위해 출입 제한 연령을 21세 미만으로 규정하고 있다.

Answer 32.② 33.④ 34.④ 35.③

PART

VI

면접

CHAPTER 01 면접의 기본

1 면접준비

(1) 면접의 기본 원칙

① **면접의 의미** … 면접이란 다양한 면접기법을 활용하여 지원한 직무에 필요한 능력을 지원자가 보유하고 있는지를 확인하는 절차라고 할 수 있다. 즉, 지원자의 입장에서는 채용 직무수행에 필요한 요건들과 관련하여 자신의 환경, 경험, 관심사, 성취 등에 대해 기업에 직접 어필할 수 있는 기회를 제공받는 것이며, 기업의 입장에서는 서류전형만으로 알 수 없는 지원자에 대한 정보를 직접적으로 수집하고 평가하는 것이다.

② **면접의 특징** … 면접은 기업의 입장에서 서류전형이나 필기전형에서 드러나지 않는 지원자의 능력이나 성향을 볼 수 있는 기회로, 면대면으로 이루어지며 즉흥적인 질문들이 포함될 수 있기 때문에 지원자가 완벽하게 준비하기 어려운 부분이 있다. 하지만 지원자 입장에서도 서류전형이나 필기전형에서 모두 보여주지 못한 자신의 능력 등을 기업의 인사담당자에게 어필할 수 있는 추가적인 기회가 될 수도 있다.

[서류·필기전형과 차별화되는 면접의 특징]

- 직무수행과 관련된 다양한 지원자 행동에 대한 관찰이 가능하다.
- 면접관이 알고자 하는 정보를 심층적으로 파악할 수 있다.
- 서류상의 미비한 사항과 의심스러운 부분을 확인할 수 있다.
- 커뮤니케이션 능력, 대인관계 능력 등 행동·언어적 정보도 얻을 수 있다.

③ **면접의 유형**

㉠ **구조화 면접**: 구조화 면접은 사전에 계획을 세워 질문의 내용과 방법, 지원자의 답변 유형에 따른 추가 질문과 그에 대한 평가 역량이 정해져 있는 면접 방식으로 표준화 면접이라고도 한다.

- 표준화된 질문이나 평가요소가 면접 전 확정되며, 지원자는 편성된 조나 면접관에 영향을 받지 않고 동일한 질문과 시간을 부여받을 수 있다.

- 조직 또는 직무별로 주요하게 도출된 역량을 기반으로 평가요소가 구성되어, 조직 또는 직무에서 필요한 역량을 가진 지원자를 선발할 수 있다.
- 표준화된 형식을 사용하는 특성 때문에 비구조화 면접에 비해 신뢰성과 타당성, 객관성이 높다.

ⓛ **비구조화 면접**: 비구조화 면접은 면접 계획을 세울 때 면접 목적만을 명시하고 내용이나 방법은 면접관에게 전적으로 일임하는 방식으로 비표준화 면접이라고도 한다.
- 표준화된 질문이나 평가요소 없이 면접이 진행되며, 편성된 조나 면접관에 따라 지원자에게 주어지는 질문이나 시간이 다르다.
- 면접관의 주관적인 판단에 따라 평가가 이루어져 평가 오류가 빈번히 일어난다.
- 상황 대처나 언변이 뛰어난 지원자에게 유리한 면접이 될 수 있다.

④ **경쟁력 있는 면접 요령**

㉠ **면접 전에 준비하고 유념할 사항**
- 예상 질문과 답변을 미리 작성한다.
- 작성한 내용을 문장으로 외우지 않고 키워드로 기억한다.
- 지원한 회사의 최근 기사를 검색하여 기억한다.
- 지원한 회사가 속한 산업군의 최근 기사를 검색하여 기억한다.
- 면접 전 1주일간 이슈가 되는 뉴스를 기억하고 자신의 생각을 반영하여 정리한다.
- 찬반토론에 대비한 주제를 목록으로 정리하여 자신의 논리를 내세운 예상답변을 작성한다.

ⓛ **면접장에서 유념할 사항**
- **질문의 의도 파악**: 답변을 할 때에는 질문 의도를 파악하고 그에 충실한 답변이 될 수 있도록 질문사항을 유념해야 한다. 많은 지원자가 하는 실수 중 하나로 답변을 하는 도중 자기 말에 심취되어 질문의 의도와 다른 답변을 하거나 자신이 알고 있는 지식만을 나열하는 경우가 있는데, 이럴 경우 의사소통능력이 부족한 사람으로 인식될 수 있으므로 주의하도록 한다.
- **답변은 두괄식**: 답변을 할 때에는 두괄식으로 결론을 먼저 말하고 그 이유를 설명하는 것이 좋다. 미괄식으로 답변을 할 경우 용두사미의 답변이 될 가능성이 높으며, 결론을 이끌어 내는 과정에서 논리성이 결여될 우려가 있다. 또한 면접관이 결론을 듣기 전에 말을 끊고 다른 질문을 추가하는 예상치 못한 상황이 발생될 수 있으므로 답변은 자신이 전달하고자 하는 바를 먼저 밝히고 그에 대한 설명을 하는 것이 좋다.

- 지원한 회사의 기업정신과 인재상을 기억 : 답변을 할 때에는 회사가 원하는 인재라는 인상을 심어주기 위해 지원한 회사의 기업정신과 인재상 등을 염두에 두고 답변을 하는 것이 좋다. 모든 회사에 해당되는 두루뭉술한 답변보다는 지원한 회사에 맞는 맞춤형 답변을 하는 것이 좋다.
- 나보다는 회사와 사회적 관점에서 답변 : 답변을 할 때에는 자기중심적인 관점을 피하고 좀 더 넓은 시각으로 회사와 국가, 사회적 입장까지 고려하는 인재임을 어필하는 것이 좋다. 자기중심적 시각을 바탕으로 자신의 출세만을 위해 회사에 입사하려는 인상을 심어줄 경우 면접에서 불이익을 받을 가능성이 높다.
- 난처한 질문은 정직한 답변 : 난처한 질문에 답변을 해야 할 때에는 피하기보다는 정면 돌파로 정직하고 솔직하게 답변하는 것이 좋다. 난처한 부분을 감추고 드러내지 않으려 회피하려는 지원자의 모습은 인사담당자에게 입사 후에도 비슷한 상황에 처했을 때 회피할 수도 있다는 우려를 심어줄 수 있다. 따라서 직장생활에 있어 중요한 덕목 중 하나인 정직을 바탕으로 솔직하게 답변을 하도록 한다.

(2) 면접의 종류 및 준비 전략

① 인성면접

㉠ 면접 방식 및 판단기준
- 면접 방식 : 인성면접은 면접관이 가지고 있는 개인적 면접 노하우나 관심사에 의해 질문을 실시한다. 주로 입사지원서나 자기소개서의 내용을 토대로 지원동기, 과거의 경험, 미래 포부 등을 이야기하도록 하는 방식이다.
- 판단기준 : 면접관의 개인적 가치관과 경험, 해당 역량의 수준, 경험의 구체성·진실성 등

㉡ 특징 : 인성면접은 그 방식으로 인해 역량과 무관한 질문들이 많고 지원자에게 주어지는 면접질문, 시간 등이 다를 수 있다. 또한 입사지원서나 자기소개서의 내용을 토대로 하기 때문에 지원자별 질문이 달라질 수 있다.

ⓒ 예시 문항 및 준비전략

• 예시 문항

> • 3분 동안 자기소개를 해 보십시오.
> • 자신의 장점과 단점을 말해 보십시오.
> • 학점이 좋지 않은데 그 이유가 무엇입니까?
> • 최근에 인상 깊게 읽은 책은 무엇입니까?
> • 회사를 선택할 때 중요시하는 것은 무엇입니까?
> • 일과 개인생활 중 어느 쪽을 중시합니까?
> • 10년 후 자신은 어떤 모습일 것이라고 생각합니까?
> • 휴학 기간 동안에는 무엇을 했습니까?

• 준비전략 : 인성면접은 입사지원서나 자기소개서의 내용을 바탕으로 하는 경우가 많으므로 자신이 작성한 입사지원서와 자기소개서의 내용을 충분히 숙지하도록 한다. 또한 최근 사회적으로 이슈가 되고 있는 뉴스에 대한 견해를 묻거나 시사상식 등에 대한 질문을 받을 수 있으므로 이에 대한 대비도 필요하다. 자칫 부담스러워 보이지 않는 질문으로 가볍게 대답하지 않도록 주의하고 모든 질문에 입사 의지를 담아 성실하게 답변하는 것이 중요하다.

② **발표면접**

㉠ **면접 방식 및 판단기준**

• 면접 방식 : 지원자가 특정 주제와 관련된 자료를 검토하고 그에 대한 자신의 생각을 면접관 앞에서 주어진 시간 동안 발표하고 추가 질의를 받는 방식으로 진행된다.
• 판단기준 : 지원자의 사고력, 논리력, 문제해결력 등

㉡ **특징** : 발표면접은 지원자에게 과제를 부여한 후, 과제를 수행하는 과정과 결과를 관찰·평가한다. 따라서 과제수행 결과뿐 아니라 수행과정에서의 행동을 모두 평가할 수 있다.

ⓒ 예시 문항 및 준비전략

• 예시 문항

[신입사원 조기 이직 문제]

※ 지원자는 아래에 제시된 자료를 검토한 뒤, 신입사원 조기 이직의 원인을 크게 3가지로 정리하고 이에 대한 구체적인 개선안을 도출하여 발표해 주시기 바랍니다.

※ 본 과제에 정해진 정답은 없으나 논리적 근거를 들어 개선안을 작성해 주십시오.

• A기업은 동종업계 유사기업들과 비교해 볼 때, 비교적 높은 재무안정성을 유지하고 있으며 업무강도가 그리 높지 않은 것으로 외부에 알려져 있음.
• 최근 조사결과, 동종업계 유사기업들과 연봉을 비교해 보았을 때 연봉 수준도 그리 나쁘지 않은 편이라는 것이 확인되었음.
• 그러나 지난 3년간 1~2년차 직원들의 이직률이 계속해서 증가하고 있는 추세이며, 경영진 회의에서 최우선 해결과제 중 하나로 거론되었음.
• 이에 따라 인사팀에서 현재 1~2년차 사원들을 대상으로 개선되어야 하는 A기업의 조직문화에 대한 설문조사를 실시한 결과, '상명하복식의 의사소통'이 36.7%로 1위를 차지했음.
• 이러한 설문조사와 함께, 신입사원 조기 이직에 대한 원인을 분석한 결과 파랑새 증후군, 셀프홀릭 증후군, 피터팬 증후군 등 3가지로 분류할 수 있었음.

〈동종업계 유사기업들과의 연봉 비교〉

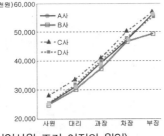

〈우리 회사 조직문화 중 개선되었으면 하는 것〉

〈신입사원 조기 이직의 원인〉

• 파랑새 증후군
– 현재의 직장보다 더 좋은 직장이 있을 것이라는 막연한 기대감으로 끊임없이 새로운 직장을 탐색함.
– 학력 수준과 맞지 않는 '하향지원', 전공과 적성을 고려하지 않고 일단 취업하고 보자는 '묻지마 지원'이 파랑새 증후군을 초래함.
• 셀프홀릭 증후군
– 본인의 역량에 비해 가치가 낮은 일을 주로 하면서 갈등을 느낌.
• 피터팬 증후군
– 기성세대의 문화를 무조건 수용하기보다는 자유로움과 변화를 추구함.
– 상명하복, 엄격한 규율 등 기성세대가 당연시하는 관행에 거부감을 가지며 직장에 답답함을 느낌.

• 준비전략 : 발표면접의 시작은 과제 안내문과 과제 상황, 과제 자료 등을 정확하게 이해하는 것에서 출발한다. 과제 안내문을 침착하게 읽고 제시된 주제 및 문제와 관련된 상황의 맥락을 파악한 후 과제를 검토한다. 제시된 기사나 그래프 등을 충분히 활용하여 주어진 문제를 해결할 수 있는 해결책이나 대안을 제시하며, 발표를 할 때에는 명확하고 자신 있는 태도로 전달할 수 있도록 한다.

③ 토론면접

㉠ 면접 방식 및 판단기준

• 면접 방식 : 상호갈등적 요소를 가진 과제 또는 공통의 과제를 해결하는 내용의 토론 과제를 제시하고, 그 과정에서 개인 간의 상호작용 행동을 관찰하는 방식으로 면접이 진행된다.
• 판단기준 : 팀워크, 적극성, 갈등 조정, 의사소통능력, 문제해결능력 등

㉡ 특징 : 토론을 통해 도출해 낸 최종안의 타당성도 중요하지만, 결론을 도출해 내는 과정에서의 의사소통능력이나 갈등상황에서 의견을 조정하는 능력 등이 중요하게 평가되는 특징이 있다.

㉢ 예시 문항 및 준비전략

• 예시 문항

> • 군 가산점제 부활에 대한 찬반토론
> • 담뱃값 인상에 대한 찬반토론
> • 비정규직 철폐에 대한 찬반토론
> • 대학의 영어 강의 확대 찬반토론
> • 워크숍 장소 선정을 위한 토론

• 준비전략 : 토론면접은 무엇보다 팀워크와 적극성이 강조된다. 따라서 토론과정에 적극적으로 참여하며 자신의 의사를 분명하게 전달하며, 갈등상황에서 자신의 의견만 내세울 것이 아니라 다른 지원자의 의견을 경청하고 배려하는 모습도 중요하다. 갈등상황을 일목요연하게 정리하여 조정하는 등의 의사소통능력을 발휘하는 것도 좋은 전략이 될 수 있다.

④ 상황면접

㉠ 면접 방식 및 판단기준

• 면접 방식 : 상황면접은 직무 수행 시 접할 수 있는 상황들을 제시하고, 그러한 상황에서 어떻게 행동할 것인지를 이야기하는 방식으로 진행된다.
• 판단기준 : 해당 상황에 적절한 역량의 구현과 구체적 행동지표

ⓛ 특징 : 실제 직무 수행 시 접할 수 있는 상황들을 제시하므로 입사 이후 지원자의 업무수행능력을 평가하는 데 적절한 면접 방식이다. 또한 지원자의 가치관, 태도, 사고방식 등의 요소를 통합적으로 평가하는 데 용이하다.

ⓒ 예시 문항 및 준비전략

• 예시 문항

> 당신은 생산관리팀의 팀원으로, 생산팀이 기한에 맞춰 효율적으로 제품을 생산할 수 있도록 관리하는 역할을 맡고 있습니다. 3개월 뒤에 제품A를 정상적으로 출시하기 위해 생산팀의 생산 계획을 수립한 상황입니다. 그러나 원가가 곧 실적으로 이어지는 구매팀에서는 최대한 원가를 줄여 전반적 단가를 낮추려고 원가절감을 위한 제안을 하였으나, 연구개발팀에서는 구매팀이 제안한 방식으로 제품을 생산할 경우 대부분이 구매팀의 실적으로 산정될 것이므로 제대로 확인도 해보지 않은 채 적합하지 않은 방식이라고 판단하고 있습니다. 당신은 어떻게 하겠습니까?

• 준비전략 : 상황면접은 먼저 주어진 상황에서 핵심이 되는 문제가 무엇인지를 파악하는 것에서 시작한다. 주질문과 세부질문을 통하여 질문의 의도를 파악하였다면, 그에 대한 구체적인 행동이나 생각 등에 대해 응답할수록 높은 점수를 얻을 수 있다.

⑤ 역할면접

㉠ 면접 방식 및 판단기준

• 면접 방식 : 역할면접 또는 역할연기 면접은 기업 내 발생 가능한 상황에서 부딪히게 되는 문제와 역할을 가상적으로 설정하여 특정 역할을 맡은 사람과 상호작용하고 문제를 해결해 나가도록 하는 방식으로 진행된다. 역할연기 면접에서는 면접관이 직접 역할연기를 하면서 지원자를 관찰하기도 하지만, 역할연기 수행만 전문적으로 하는 사람을 투입할 수도 있다.

• 판단기준 : 대처능력, 대인관계능력, 의사소통능력 등

㉡ 특징 : 역할면접은 실제 상황과 유사한 가상 상황에서의 행동을 관찰함으로서 지원자의 성격이나 대처 행동 등을 관찰할 수 있다.

㉢ 예시 문항 및 준비전략

• 예시 문항

> [금융권 역할면접의 예]
> 당신은 ○○은행의 신입 텔러이다. 사람이 많은 월말 오전 한 할아버지(면접관 또는 역할담당자)께서 ○○은행을 사칭한 보이스피싱으로 인해 500만 원을 피해 보았다며 소란을 일으키고 있다. 실제 업무상황이라고 생각하고 상황에 대처해 보시오.

- 준비전략 : 역할연기 면접에서 측정하는 역량은 주로 갈등의 원인이 되는 문제를 해결 하고 제시된 해결방안을 상대방에게 설득하는 것이다. 따라서 갈등해결, 문제해결, 조정·통합, 설득력과 같은 역량이 중요시된다. 또한 갈등을 해결하기 위해서 상대방에 대한 이해도 필수적인 요소이므로 고객지향을 염두에 두고 상황에 맞게 대처해야 한다.

  역할면접에서는 변별력을 높이기 위해 면접관이 압박적인 분위기를 조성하는 경우가 많기 때문에 스트레스 상황에서 불안해하지 않고 유연하게 대처할 수 있도록 시간과 노력을 들여 충분히 연습하는 것이 좋다.

2　면접 이미지 메이킹

(1) 성공적인 이미지 메이킹 포인트

① 복장 및 스타일

　㉠ 남성

- 양복 : 양복은 단색으로 하며 넥타이나 셔츠로 포인트를 주는 것이 효과적이다. 짙은 회색이나 감청색이 가장 단정하고 품위 있는 인상을 준다.
- 셔츠 : 흰색이 가장 선호되나 자신의 피부색에 맞추는 것이 좋다. 푸른색이나 베이지색은 산뜻한 느낌을 줄 수 있다. 양복과의 배색도 고려하도록 한다.
- 넥타이 : 의상에 포인트를 줄 수 있는 아이템이지만 너무 화려한 것은 피한다. 지원자의 피부색은 물론, 정장과 셔츠의 색을 고려하며, 체격에 따라 넥타이 폭을 조절하는 것이 좋다.
- 구두 & 양말 : 구두는 검정색이나 짙은 갈색이 어느 양복에나 무난하게 어울리며 깔끔하게 닦아 준비한다. 양말은 정장과 동일한 색상이나 검정색을 착용한다.
- 헤어스타일 : 머리스타일은 단정한 느낌을 주는 짧은 헤어스타일이 좋으며 앞머리가 있다면 이마나 눈썹을 가리지 않는 선에서 정리하는 것이 좋다.

ⓛ 여성

- 의상 : 단정한 스커트 투피스 정장이나 슬랙스 슈트가 무난하다. 블랙이나 그레이, 네이비, 브라운 등 차분해 보이는 색상을 선택하는 것이 좋다.
- 소품 : 구두, 핸드백 등은 같은 계열로 코디하는 것이 좋으며 구두는 너무 화려한 디자인이나 굽이 높은 것을 피한다. 스타킹은 의상과 구두에 맞춰 단정한 것으로 선택한다.
- 액세서리 : 액세서리는 너무 크거나 화려한 것은 좋지 않으며 과하게 많이 하는 것도 좋은 인상을 주지 못한다. 착용하지 않거나 작고 깔끔한 디자인으로 포인트를 주는 정도가 적당하다.
- 메이크업 : 화장은 자연스럽고 밝은 이미지를 표현하는 것이 좋으며 진한 색조는 인상이 강해 보일 수 있으므로 피한다.
- 헤어스타일 : 커트나 단발처럼 짧은 머리는 활동적이면서도 단정한 이미지를 줄 수 있도록 정리한다. 긴 머리의 경우 하나로 묶거나 단정한 머리망으로 정리하는 것이 좋으며, 짙은 염색이나 화려한 웨이브는 피한다.

② 인사

㉠ 인사의 의미 : 인사는 예의범절의 기본이며 상대방의 마음을 여는 기본적인 행동이라고 할 수 있다. 인사는 처음 만나는 면접관에게 호감을 살 수 있는 가장 쉬운 방법이 될 수 있기도 하지만 제대로 예의를 지키지 않으면 지원자의 인성 전반에 대한 평가로 이어질 수 있으므로 각별히 주의해야 한다.

㉡ 인사의 핵심 포인트

- 인사말 : 인사말을 할 때에는 밝고 친근감 있는 목소리로 하며, 자신의 이름과 수험번호 등을 간략하게 소개한다.
- 시선 : 인사는 상대방의 눈을 보며 하는 것이 중요하며 너무 빤히 쳐다본다는 느낌이 들지 않도록 주의한다.
- 표정 : 인사는 마음에서 우러나오는 존경이나 반가움을 표현하고 예의를 차리는 것이므로 살짝 미소를 지으며 하는 것이 좋다.
- 자세 : 인사를 할 때에는 가볍게 목만 숙인다거나 흐트러진 상태에서 인사를 하지 않도록 주의하며 절도 있고 확실하게 하는 것이 좋다.

③ 시선처리와 표정, 목소리

  ㉠ **시선처리와 표정** : 표정은 면접에서 지원자의 첫인상을 결정하는 중요한 요소이다. 얼굴표정은 사람의 감정을 가장 잘 표현할 수 있는 의사소통 도구로 표정 하나로 상대방에게 호감을 주거나, 비호감을 사기도 한다. 호감이 가는 인상의 특징은 부드러운 눈썹, 자연스러운 미간, 적당히 볼록한 광대, 올라간 입 꼬리 등으로 가볍게 미소를 지을 때의 표정과 일치한다. 따라서 면접 중에는 밝은 표정으로 미소를 지어 호감을 형성할 수 있도록 한다. 시선은 면접관과 고르게 맞추되 생기 있는 눈빛을 띄도록 하며, 너무 빤히 쳐다본다는 인상을 주지 않도록 한다.

  ㉡ **목소리** : 면접은 주로 면접관과 지원자의 대화로 이루어지므로 목소리가 미치는 영향이 상당하다. 답변을 할 때에는 부드러우면서도 활기차고 생동감 있는 목소리로 하는 것이 면접관에게 호감을 줄 수 있으며 적당한 제스처가 더해진다면 상승효과를 얻을 수 있다. 그러나 적절한 답변을 하였음에도 불구하고 콧소리나 날카로운 목소리, 자신감 없는 작은 목소리는 답변의 신뢰성을 떨어뜨릴 수 있으므로 주의하도록 한다.

④ **자세**

  ㉠ **걷는 자세**
- 면접장에 입실할 때에는 상체를 곧게 유지하고 발끝은 평행이 되게 하며 무릎을 스치듯 11자로 걷는다.
- 시선은 정면을 향하고 턱은 가볍게 당기며 어깨나 엉덩이가 흔들리지 않도록 주의한다.
- 발바닥 전체가 닿는 느낌으로 안정감 있게 걸으며 발소리가 나지 않도록 주의한다.
- 보폭은 어깨넓이만큼이 적당하지만, 스커트를 착용했을 경우 보폭을 줄인다.
- 걸을 때도 미소를 유지한다.

  ㉡ **서있는 자세**
- 몸 전체를 곧게 펴고 가슴을 자연스럽게 내민 후 등과 어깨에 힘을 주지 않는다.
- 정면을 바라본 상태에서 턱을 약간 당기고 아랫배에 힘을 주어 당기며 바르게 선다.
- 양 무릎과 발뒤꿈치는 붙이고 발끝은 11자 또는 V형을 취한다.
- 남성의 경우 팔을 자연스럽게 내리고 양손을 가볍게 쥐어 바지 옆선에 붙이고, 여성의 경우 공수자세를 유지한다.

ⓒ 앉은 자세

• 남성

> • 의자 깊숙이 앉고 등받이와 등 사이에 주먹 1개 정도의 간격을 두며 기대듯 앉지 않도록 주의한다. (남녀 공통 사항)
> • 무릎 사이에 주먹 2개 정도의 간격을 유지하고 발끝은 11자를 취한다.
> • 시선은 정면을 바라보며 턱은 가볍게 당기고 미소를 짓는다. (남녀 공통 사항)
> • 양손은 가볍게 주먹을 쥐고 무릎 위에 올려놓는다.
> • 앉고 일어날 때에는 자세가 흐트러지지 않도록 주의한다. (남녀 공통 사항)

• 여성

> • 스커트를 입었을 경우 왼손으로 뒤쪽 스커트 자락을 누르고 오른손으로 앞쪽 자락을 누르며 의자에 앉는다.
> • 양손을 모아 무릎 위에 모아 놓으며 스커트를 입었을 경우 스커트 위를 가볍게 누르듯이 올려놓는다.

(2) 면접 예절

① 행동 관련 예절

ㄱ **지각은 절대금물** : 시간을 지키는 것은 예절의 기본이다. 지각을 할 경우 면접에 응시할 수 없거나, 면접 기회가 주어지더라도 불이익을 받을 가능성이 높아진다. 따라서 면접장소가 결정되면 교통편과 소요시간을 확인하고 가능하다면 사전에 미리 방문해 보는 것도 좋다. 면접 당일에는 서둘러 출발하여 면접 시간 20~30분 전에 도착하여 회사를 둘러보고 환경에 익숙해지는 것도 성공적인 면접을 위한 요령이 될 수 있다.

ㄴ **면접 대기 시간** : 지원자들은 대부분 면접장에서의 행동과 답변 등으로만 평가를 받는다고 생각하지만 그렇지 않다. 면접관이 아닌 면접진행자 역시 대부분 인사실무자이며 면접관이 면접 후 지원자에 대한 평가에 있어 확신을 위해 면접진행자의 의견을 구한다면 면접진행자의 의견이 당락에 영향을 줄 수 있다. 따라서 면접 대기 시간에도 행동과 말을 조심해야 하며, 면접을 마치고 돌아가는 순간까지도 긴장을 늦춰서는 안 된다. 면접 중 압박적인 질문에 답변을 잘 했지만, 면접장을 나와 흐트러진 모습을 보이거나 욕설을 한다면 면접 탈락의 요인이 될 수 있으므로 주의해야 한다.

ⓒ **입실 후 태도** : 본인의 차례가 되어 호명되면 또렷하게 대답하고 들어간다. 만약 면접장 문이 닫혀 있다면 상대에게 소리가 들릴 수 있을 정도로 노크를 두세 번 한 후 대답을 듣고 나서 들어가야 한다. 문을 여닫을 때에는 소리가 나지 않게 조용히 하며 공손한 자세로 인사한 후 성명과 수험번호를 말하고 면접관의 지시에 따라 자리에 앉는다. 이 경우 착석하라는 말이 없는데 먼저 의자에 앉으면 무례한 사람으로 보일 수 있으므로 주의한다. 의자에 앉을 때에는 끝에 앉지 말고 무릎 위에 양손을 가지런히 얹는 것이 예절이라고 할 수 있다.

ⓔ **옷매무새를 자주 고치지 마라.** : 일부 지원자의 경우 옷매무새 또는 헤어스타일을 자주 고치거나 확인하기도 하는데 이러한 모습은 과도하게 긴장한 것 같아 보이거나 면접에 집중하지 못하는 것으로 보일 수 있다. 남성 지원자의 경우 넥타이를 자꾸 고쳐 맨다거나 정장 상의 끝을 너무 자주 만지작거리지 않는다. 여성 지원자는 머리를 계속 쓸어 올리지 않고, 특히 짧은 치마를 입고서 신경이 쓰여 치마를 끌어 내리는 행동은 좋지 않다.

ⓜ **다리를 떨거나 산만한 시선은 면접 탈락의 지름길** : 자신도 모르게 다리를 떨거나 손가락을 만지는 등의 행동을 하는 지원자가 있는데, 이는 면접관의 주의를 끌 뿐만 아니라 불안하고 산만한 사람이라는 느낌을 주게 된다. 따라서 가능한 한 바른 자세로 앉아 있는 것이 좋다. 또한 면접관과 시선을 맞추지 못하고 여기저기 둘러보는 듯한 산만한 시선은 지원자가 거짓말을 하고 있다고 여겨지거나 신뢰할 수 없는 사람이라고 생각될 수 있다.

② **답변 관련 예절**

ⓐ **면접관이나 다른 지원자와 가치 논쟁을 하지 않는다.** : 질문을 받고 답변하는 과정에서 면접관 또는 다른 지원자의 의견과 다른 의견이 있을 수 있다. 특히 평소 지원자가 관심이 많은 문제이거나 잘 알고 있는 문제인 경우 자신과 다른 의견에 대해 이의가 있을 수 있다. 하지만 주의할 것은 면접에서 면접관이나 다른 지원자와 가치 논쟁을 할 필요는 없다는 것이며 오히려 불이익을 당할 수도 있다. 정답이 정해져 있지 않은 경우에는 가치관이나 성장배경에 따라 문제를 받아들이는 태도에서 답변까지 충분히 차이가 있을 수 있으므로 굳이 면접관이나 다른 지원자의 가치관을 지적하고 고치려 드는 것은 좋지 않다.

ⓛ 답변은 항상 정직해야 한다. : 면접이라는 것이 아무리 지원자의 장점을 부각시키고 단점을 축소시키는 것이라고 해도 절대로 거짓말을 해서는 안 된다. 거짓말을 하게 되면 지원자는 불안하거나 꺼림칙한 마음이 들게 되어 면접에 집중을 하지 못하게 되고 수많은 지원자를 상대하는 면접관은 그것을 놓치지 않는다. 거짓말은 그 지원자에 대한 신뢰성을 떨어뜨리며 이로 인해 다른 스펙이 아무리 훌륭하다고 해도 채용에서 탈락하게 될 수 있음을 명심하도록 한다.

ⓒ 경력직을 경우 전 직장에 대해 험담하지 않는다. : 지원자가 전 직장에서 무슨 업무를 담당했고 어떤 성과를 올렸는지는 면접관이 관심을 둘 사항일 수 있지만, 이전 직장의 기업문화나 상사들이 어땠는지는 그다지 궁금해 하는 사항이 아니다. 전 직장에 대해 험담을 늘어놓는다든가, 동료와 상사에 대한 악담을 하게 된다면 오히려 지원자에 대한 부정적인 이미지만 심어줄 수 있다. 만약 전 직장에 대한 말을 해야 할 경우가 생긴다면 가능한 한 객관적으로 이야기하는 것이 좋다.

ⓔ 자기 자신이나 배경에 대해 자랑하지 않는다. : 자신의 성취나 부모 형제 등 집안사람들이 사회·경제적으로 어떠한 위치에 있는지에 대한 자랑은 면접관으로 하여금 지원자에 대해 오만한 사람이거나 배경에 의존하려는 나약한 사람이라는 이미지를 갖게 할 수 있다. 따라서 자기 자신이나 배경에 대해 자랑하지 않도록 하고, 자신이 한 일에 대해서 너무 자세하게 얘기하지 않도록 주의해야 한다.

3 면접 질문 및 답변 포인트

(1) 가족 및 대인관계에 관한 질문

① 당신의 가정은 어떤 가정입니까?
면접관들은 지원자의 가정환경과 성장과정을 통해 지원자의 성향을 알고 싶어 이와 같은 질문을 한다. 비록 가정 일과 사회의 일이 완전히 일치하는 것은 아니지만 '가화만사성'이라는 말이 있듯이 가정이 화목해야 사회에서도 화목하게 지낼 수 있기 때문이다. 그러므로 답변 시에는 가족사항을 정확하게 설명하고 집안의 분위기와 특징에 대해 이야기하는 것이 좋다.

② 친구 관계에 대해 말해 보십시오.
지원자의 인간성을 판단하는 질문으로 교우관계를 통해 답변자의 성격과 대인관계능력을 파악할 수 있다. 새로운 환경에 적응을 잘하여 새로운 친구들이 많은 것도 좋지만, 깊고 오래 지속되어온 인간관계를 말하는 것이 더욱 바람직하다.

(2) 성격 및 가치관에 관한 질문

① 당신의 PR포인트를 말해 주십시오.

PR포인트를 말할 때에는 지나치게 겸손한 태도는 좋지 않으며 적극적으로 자기를 주장하는 것이 좋다. 앞으로 입사 후 하게 될 업무와 관련된 자기의 특성을 구체적인 일화를 더하여 이야기하도록 한다.

② 당신의 장·단점을 말해 보십시오.

지원자의 구체적인 장·단점을 알고자 하기 보다는 지원자가 자기 자신에 대해 얼마나 알고 있으며 어느 정도의 객관적인 분석을 하고 있나, 그리고 개선의 노력 등을 시도하는지를 파악하고자 하는 것이다. 따라서 장점을 말할 때는 업무와 관련된 장점을 뒷받침할 수 있는 근거와 함께 제시하며, 단점을 이야기할 때에는 극복을 위한 노력을 반드시 포함해야 한다.

③ 가장 존경하는 사람은 누구입니까?

존경하는 사람을 말하기 위해서는 우선 그 인물에 대해 알아야 한다. 잘 모르는 인물에 대해 존경한다고 말하는 것은 면접관에게 바로 지적당할 수 있으므로, 추상적이라도 좋으니 평소에 존경스럽다고 생각했던 사람에 대해 그 사람의 어떤 점이 좋고 존경스러운지 대답하도록 한다. 또한 자신에게 어떤 영향을 미쳤는지도 언급하면 좋다.

(3) 학교생활에 관한 질문

① 지금까지의 학교생활 중 가장 기억에 남는 일은 무엇입니까?

가급적 직장생활에 도움이 되는 경험을 이야기하는 것이 좋다. 또한 경험만을 간단하게 말하지 말고 그 경험을 통해서 얻을 수 있었던 교훈 등을 예시와 함께 이야기하는 것이 좋으나 너무 상투적인 답변이 되지 않도록 주의해야 한다.

② 성적은 좋은 편이었습니까?

면접관은 이미 서류심사를 통해 지원자의 성적을 알고 있다. 그럼에도 불구하고 이 질문을 하는 것은 지원자가 성적에 대해서 어떻게 인식하느냐를 알고자 하는 것이다. 성적이 나빴던 이유에 대해서 변명하려 하지 말고 담백하게 받아드리고 그것에 대한 개선노력을 했음을 밝히는 것이 적절하다.

③ 학창시절에 시위나 집회 등에 참여한 경험이 있습니까?

기업에서는 노사분규를 기업의 사활이 걸린 중대한 문제로 인식하고 거시적인 차원에서 접근한다. 이러한 기업문화를 제대로 인식하지 못하여 학창시절의 시위나 집회 참여 경험을 자랑스럽게 답변할 경우 감점요인이 되거나 심지어는 탈락할 수 있다는 사실에 주의한다. 시위나 집회에 참가한 경험을 말할 때에는 타당성과 정도에 유의하여 답변해야 한다.

(4) 지원동기 및 직업의식에 관한 질문

① 왜 우리 회사를 지원했습니까?

이 질문은 어느 회사나 가장 먼저 물어보고 싶은 것으로 지원자들은 기업의 이념, 대표의 경영능력, 재무구조, 복리후생 등 외적인 부분을 설명하는 경우가 많다. 이러한 답변도 적절하지만 지원 회사의 주력 상품에 관한 소비자의 인지도, 경쟁사 제품과의 시장점유율을 비교하면서 입사동기를 설명한다면 상당히 주목 받을 수 있을 것이다.

② 만약 이번 채용에 불합격하면 어떻게 하겠습니까?

불합격할 것을 가정하고 회사에 응시하는 지원자는 거의 없을 것이다. 이는 지원자를 궁지로 몰아넣고 어떻게 대응하는지를 살펴보며 입사 의지를 알아보려고 하는 것이다. 이 질문은 너무 깊이 들어가지 말고 침착하게 답변하는 것이 좋다.

③ 당신이 생각하는 바람직한 사원상은 무엇입니까?

직장인으로서 또는 조직의 일원으로서의 자세를 묻는 질문으로 지원하는 회사에서 어떤 인재상을 요구하는 가를 알아두는 것이 좋으며, 평소에 자신의 생각을 미리 정리해 두어 당황하지 않도록 한다.

④ 직무상의 적성과 보수의 많음 중 어느 것을 택하겠습니까?

이런 질문에서 회사 측에서 원하는 답변은 당연히 직무상의 적성에 비중을 둔다는 것이다. 그러나 적성만을 너무 강조하다 보면 오히려 솔직하지 못하다는 인상을 줄 수 있으므로 어느 한 쪽을 너무 강조하거나 경시하는 태도는 바람직하지 못하다.

⑤ 상사와 의견이 다를 때 어떻게 하겠습니까?

과거와 다르게 최근에는 상사의 명령에 무조건 따르겠다는 수동적인 자세는 바람직하지 않다. 회사에서는 때에 따라 자신이 판단하고 행동할 수 있는 직원을 원하기 때문이다. 그러나 지나치게 자신의 의견만을 고집한다면 이는 팀원 간의 불화를 야기할 수 있으며 팀 체제에 악영향을 미칠 수 있으므로 선호하지 않는다는 것에 유념하여 답해야 한다.

⑥ 근무지가 지방인데 근무가 가능합니까?

근무지가 지방 중에서도 특정 지역은 되고 다른 지역은 안 된다는 답변은 바람직하지 않다. 직장에서는 순환 근무라는 것이 있으므로 처음에 지방에서 근무를 시작했다고 해서 계속 지방에만 있는 것은 아님을 유의하고 답변하도록 한다.

(5) 여가 활용에 관한 질문

① 취미가 무엇입니까?

기초적인 질문이지만 특별한 취미가 없는 지원자의 경우 대답이 애매할 수밖에 없다. 그래서 가장 많이 대답하게 되는 것이 독서, 영화감상, 혹은 음악감상 등과 같은 흔한 취미를 말하게 되는데 이런 취미는 면접관의 주의를 끌기 어려우며 설사 정말 위와 같은 취미를 가지고 있다하더라도 제대로 답변하기는 힘든 것이 사실이다. 가능하면 독특한 취미를 말하는 것이 좋으며 이제 막 시작한 것이라도 열의를 가지고 있음을 설명할 수 있으면 그것을 취미로 답변하는 것도 좋다.

② 술자리를 좋아합니까?

이 질문은 정말로 술자리를 좋아하는 정도를 묻는 것이 아니다. 우리나라에서는 대부분 술자리가 친교의 자리로 인식되기 때문에 그것에 얼마나 적극적으로 참여할 수 있는 가를 우회적으로 묻는 것이다. 술자리를 싫어한다고 대답하게 되면 원만한 대인관계에 문제가 있을 수 있다고 평가될 수 있으므로 술을 잘 마시지 못하더라도 술자리의 분위기는 즐긴다고 답변하는 것이 좋으며 주량에 대해서는 정확하게 말하는 것이 좋다.

(6) 지원자를 당황하게 하는 질문

① 성적이 좋지 않은데 이 정도의 성적으로 우리 회사에 입사할 수 있다고 생각합니까?

비록 자신의 성적이 좋지 않더라도 이미 서류심사에 통과하여 면접에 참여하였다면 기업에서는 지원자의 성적보다 성적 이외의 요소, 즉 성격·열정 등을 높이 평가했다는 것이라고 할 수 있다. 그러나 이런 질문을 받게 되면 지원자는 당황할 수 있으나 주눅 들지 말고 침착하게 대처하는 면모를 보인다면 더 좋은 인상을 남길 수 있다.

② 우리 회사 회장님 함자를 알고 있습니까?

회장이나 사장의 이름을 조사하는 것은 면접일을 통고받았을 때 이미 사전 조사되었어야 하는 사항이다. 단답형으로 이름만 말하기보다는 그 기업에 입사를 희망하는 지원자의 입장에서 답변하는 것이 좋다.

③ 당신은 이 회사에 적합하지 않은 것 같군요.

이 질문은 지원자의 입장에서 상당히 곤혹스러울 수밖에 없다. 질문을 듣는 순간 그렇다면 면접은 왜 참가시킨 것인가 하는 생각이 들 수도 있다. 하지만 당황하거나 흥분하지 말고 침착하게 자신의 어떤 면이 회사에 적당하지 않는지 겸손하게 물어보고 지적당한 부분에 대해서 고치겠다는 의지를 보인다면 오히려 자신의 능력을 어필할 수 있는 기회로 사용할 수도 있다.

④ 다시 공부할 계획이 있습니까?

이 질문은 지원자가 합격하여 직장을 다니다가 공부를 더 하기 위해 회사를 그만 두거나 학습에 더 관심을 두어 일에 대한 능률이 저하될 것을 우려하여 묻는 것이다. 이때에는 당연히 학습보다는 일을 강조해야 하며, 업무 수행에 필요한 학습이라면 업무에 지장이 없는 범위에서 야간학교를 다니거나 회사에서 제공하는 연수 프로그램 등을 활용하겠다고 답변하는 것이 적당하다.

⑤ 지원한 분야가 전공한 분야와 다른데 여기 일을 할 수 있겠습니까?

수험생의 입장에서 본다면 지원한 분야와 전공이 다르지만 서류전형과 필기전형에 합격하여 면접을 보게 된 경우라고 할 수 있다. 이는 결국 해당 회사의 채용 방침상 전공에 크게 영향을 받지 않는다는 것이므로 무엇보다 자신이 전공하지는 않았지만 어떤 업무도 적극적으로 임할 수 있다는 자신감과 능동적인 자세를 보여주도록 노력하는 것이 좋다.

CHAPTER 02 면접기출

1 그랜드코리아레저 면접기출

그랜드코리아레저의 면접은 임원면접과 실무면접으로 진행되며, 4~5명의 면접관에 더하여 3~4명의 참관직원이 동석한다. 면접은 각각 15~20분 정도 소요되며 지원자당 평균 3~5개의 질문을 받는다.

① 1분 동안 자기소개를 해 보시오.

② 외국어로 자기소개를 해 보시오.

③ 우리 회사에 지원한 동기를 말해 보시오.

④ 지원한 부문이 어떤 업무를 하는지 설명해 보고, 어떻게 해 나갈 건지 말해 보시오.

⑤ 60년 후 자신의 모습에 대해 말해 보시오.

⑥ 서비스직에 종사했던 경험에 대해 말해 보시오.

⑦ 봉사활동 경험에 대해 말해 보시오.

⑧ 고객 서비스란 무엇이라고 생각하는가?

⑨ 딜러에게 필요한 소양은 무엇이라고 생각하는가?

⑩ 현재 남북 관계와 대북 정책에 대한 자신의 생각을 말해 보시오.

⑪ 지원한 부문에서 중요시되는 태도는 무엇이라고 생각하는가?

⑫ 나이가 어린 선배와의 업무 수행에 대해서 어떻게 대처할 것인가?

⑬ 정당한 이유 없이 화를 내는 고객이 있는 상황에서 어떻게 대처할 것인가?

⑭ 한밤중에 아픈 고객이 있는 상황에서 병원이 문을 닫았을 때 어떻게 대처할 것인가?

⑮ VIP 고객이 돈을 빌려달라고 할 경우 어떻게 할 것인가?

⑯ 술에 만취한 VIP 고객이 영업장으로 들어가려고 할 때 어떻게 할 것인가?

⑰ 카지노에 대해서 어떻게 생각하는가?

⑱ 최초로 설립된 카지노는 어디인가?

⑲ VIP 고객 접대 상황에서 정해진 접대비를 초과할 것 같다면 어떻게 대처할 것인가?

⑳ 카지노 산업에 대한 전반적인 생각을 말해 보시오.

㉑ 우리나라의 서비스 산업 전망에 대한 자신의 생각을 말해 보시오.

㉒ 개인 봉사와 단체 봉사의 차이점은 무엇인가? (영어면접)

㉓ 카지노 딜러가 되고 싶은 이유는 무엇인가?

㉔ 3교대 근무라 체력이 요구되는데, 평소에 체력관리를 어떻게 하고 있는지 말해 보시오.

㉕ 그랜드코리아레저의 창립기념일이 언제인지 알고 있는가?

㉖ 딜러란 어떤 직업이라고 생각하는가?

㉗ 일반 고객이 VIP 전용 음식을 주문한다면 어떻게 대처할 것인가?

㉘ 카지노 산업을 지인에게 소개한다고 생각하고 설명해 보시오.

㉙ 불합리한 일을 겪었던 경험과 어떻게 대처했는지 말해 보시오.

㉚ 마지막으로 하고 싶은 말이 있다면 해 보시오.

2 공기업 면접기출

① 상사가 부정한 일로 자신의 이득을 취하고 있다. 이를 인지하게 되었을 때 자신이라면 어떻게 행동할 것인가?

② 본인이 했던 일 중 가장 창의적이었다고 생각하는 경험에 대해 말해보시오.

③ 직장 생활 중 적성에 맞지 않는다고 느낀다면 다른 일을 찾을 것인가? 아니면 참고 견뎌내겠는가?

④ 자신만의 특별한 취미가 있는가? 그것을 업무에서 활용할 수 있다고 생각하는가?

⑤ 면접을 보러 가는 길인데 신호등이 빨간불이다. 시간이 매우 촉박한 상황인데, 무단횡단을 할 것인가?

⑥ 원하는 직무에 배치 받지 못할 경우 어떻게 행동할 것인가?

⑦ 상사와 종교·정치에 대한 대화를 하던 중 본인의 생각과 크게 다른 경우 어떻게 하겠는가?

⑧ 타인과 차별화 될 수 있는 자신만의 장점 및 역량은 무엇인가?

⑨ 자격증을 한 번에 몰아서 취득했는데 힘들지 않았는가?

⑩ 오늘 경제신문 첫 면의 기사에 대해 브리핑 해보시오.

⑪ 무상급식 전국실시에 대한 본인의 의견을 말하시오.

⑫ 타인과 차별화 될 수 있는 자신만의 장점 및 역량은 무엇인가?

⑬ 외국인 노동자와 비정규직에 대한 자신의 의견을 말해보시오.

⑭ 장래에 자녀를 낳는다면 주말 계획은 자녀와 자신 중 어느 쪽에 맞춰서 할 것인가?

⑮ 공사 진행과 관련하여 민원인과의 마찰이 생기면 어떻게 대응하겠는가?

⑯ 직장 상사가 나보다 다섯 살 이상 어리면 어떤 기분이 들겠는가?

⑰ 현재 심각한 취업난인 반면 중소기업은 인력이 부족하다는데 어떻게 생각하는가?

⑱ 영어 자기소개, 영어 입사동기

⑲ 지방이나 오지 근무에 대해서 어떻게 생각하는가?

⑳ 상사에게 부당한 지시를 받으면 어떻게 행동하겠는가?

㉑ 최근 주의 깊게 본 시사 이슈는 무엇인가?

㉒ 자신만의 스트레스 해소법이 있다면 말해보시오.

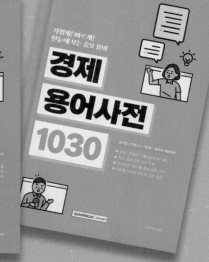